21世纪职业教育教材·公共课系列

教育部高校示范马克思主义学院和优秀教学科研团队建设项目（19JDSZK019）

U0782189

"毛泽东思想和中国特色社会主义理论体系概论"课

专题教学学生辅学教程

高职高专

（第二版）

主　编　朱欣成

副主编　刘洋利　李雄德

江国钰　许倩晔

北京大学出版社
PEKING UNIVERSITY PRESS

图书在版编目（CIP）数据

"毛泽东思想和中国特色社会主义理论体系概论"课专题教学学生辅学教程：高职高专/朱欣成主编. —2版.—北京：北京大学出版社，2022.4

21世纪职业教育教材·公共课系列

ISBN 978-7-301-32956-6

Ⅰ.①毛… Ⅱ.①朱… Ⅲ.①毛泽东思想－高等职业教育－教学参考资料 ②中国特色社会主义理论体系－高等职业教育－教学参考资料 Ⅳ.①A84 ②D610

中国版本图书馆 CIP 数据核字（2022）第 058552 号

书　　　　名	"毛泽东思想和中国特色社会主义理论体系概论"课专题教学学生辅学教程（高职高专）（第二版）
	"MAOZEDONG SIXIANG HE ZHONGGUO TESE SHEHUIZHUYI LILUN TIXI GAILUN" KE ZHUANTI JIAOXUE XUESHENG FUXUE JIAOCHENG（GAOZHI GAOZHUAN）（DI-ER BAN）
著作责任者	朱欣成　主编
责 任 编 辑	李　玥
标 准 书 号	ISBN 978-7-301-32956-6
出 版 发 行	北京大学出版社
地　　　　址	北京市海淀区成府路 205 号　　100871
网　　　　址	http://www.pup.cn　　新浪微博：@北京大学出版社
电 子 信 箱	zpup@pup.cn
电　　　　话	邮购部 010-62752015　发行部 010-62750672　编辑部 010-62704142
印 刷 者	北京虎彩文化传播有限公司
经 销 者	新华书店
	787 毫米×1092 毫米　16 开本　14.5 印张　345 千字
	2020 年 12 月第 1 版
	2022 年 4 月第 2 版　2023 年 9 月第 5 次印刷
定　　　　价	42.00 元

序

　　本书是《"毛泽东思想和中国特色社会主义理论体系概论"课专题教学学生辅学教程（高职高专）》的第二版，由朱欣成教授带领的江西财经职业学院马克思主义学院"毛泽东思想和中国特色社会主义理论体系概论"课（以下简称"概论"课）教研组精心研制，北京大学出版社出版发行。

　　本书依据马克思主义理论研究和建设工程重点教材《毛泽东思想和中国特色社会主义理论体系概论》（2021年版）（以下简称"2021年版《概论》"）编写而成。2021年版《概念》认真贯彻习近平新时代中国特色社会主义思想的最新发展成果，特别体现了习近平总书记在庆祝中国共产党成立100周年大会上的重要讲话精神，全面体现了"习近平经济思想""习近平法治思想""习近平生态文明思想""习近平强军思想""习近平外交思想"。2021年版《概论》对上一版本的教材的部分结构进行了适当调整，充分体现了党的十九届四中、五中全会的重大战略部署，把党中央最新精神全面准确有机融入各个章节；充分吸收一线师生的意见和建议，进一步改进了教材表达和呈现的方式。根据中共中央宣传部、教育部的统一部署，全国各高校从2021年秋季学期开始在"概论"课教学中使用2021年版《概论》。

　　2021年11月，中国共产党胜利召开了十九届六中全会，审议通过了《中共中央关于党的百年奋斗重大成就和历史经验的决议》。这是党的历史上的第三个历史决议，充分体现了党中央对党的百年奋斗的新认识，是一篇光辉的马克思主义纲领性文献，是新时代中国共产党人牢记初心使命、坚持和发展中国特色社会主义的政治宣言，是以史为鉴、开创未来、实现中华民族伟大复兴的行动指南。高校思想政治理论课，尤其是"概论"课应当积极贯彻落实党的十九届六中全会精神。

　　教材是教学之本，马克思主义理论研究和建设工程重点教材为高校思想政治理论课教学规定了基本的教学内容和观点，是教学的遵循。尤其是"概论"课在思想政治理论课体系中具有核心地位，其教材格外受到关注。为学生学习"概论"课编写辅学教程，需要吃透并贯彻最新版本教材的精神，这是一条必须坚持的原则。同时，由于教材编写出版受时间限制，难免存在一些滞后的问题，而学生辅学教程应该注意体现中央最新的部署和精神。

　　江西财经职业学院马克思主义学院在"概论"课教学中采取了专题教学的方式，这是一种合乎新时代思想政治理论课教学需要的选择。这种教学方式在教学实践中已经收到了很好的效果，在其他高职高专院校中推广也获得了很好的反响，本书的第二版继续坚持并完善这种方式。

　　在高校思想政治理论课教学中采取专题教学的方式，我想多说几句。这种教学方式最初是由北京大学马克思主义学院1997年秋季试点开设"邓小平理论概论"课的一种创造。

当年,北京大学将"邓小平理论概论"课设计为12个专题,请了12位知名教授承担,一人一个专题讲座。这种做法早在1997年9月就被《光明日报》《中国教育报》等多家主流媒体报道过,还上了中央电视台的《焦点访谈》,12位教授的讲稿由北京大学出版社在1998年结集出版,书名为《邓小平理论专题讲座》,先后印刷了30多次,发行总量接近30万册。这本书的附录详细介绍了"邓小平理论概论"课专题教学的做法和体会。这些报道,特别是这本书,对全国高校教学产生了重大影响。

北京大学的专题教学的做法曾经在多家主流媒体上报道过,得到了中央相关领导的充分肯定。1998年4月28日,中共中央宣传部、教育部在《关于普通高等学校开设〈邓小平理论概论〉课的通知》中指出:"有条件的高校都要学习北京大学的做法,集中本校相关学科政治上比较强的高水平教师讲授邓小平理论,提高课堂教学水平。"同年暑期,受中共中央宣传部和教育部委托,北京大学马克思主义学院曾举办过多期"邓小平理论概论"课骨干教师讲习班,12位教授轮流专题讲授,其影响超出了预期。此后,北京大学继续完善这种专题教学的做法,逐渐将知名教授组成教学组的做法调整为由知名教授领衔、又有其他教师参加的教学组的教师组合方式安排专题教学。后来,很多高校都效仿和参考北京大学的做法,使邓小平理论在高校"三进"(进教材、进课堂、进头脑)工作打开了新局面。《中共中央宣传部 教育部关于进一步加强和改进高等学校思想政治理论课的意见》(教社科〔2005〕5号)(以下简称"05方案")实施以来,这种专题教学又在其他几门思想政治理论课的教学中得到广泛推广。

北京大学创造的专题教学在高校思想政治理论课教育教学史上具有创新意义。这里讲的专题教学,打破了以往按照教材章节目顺序安排教学的惯例,而是在把握教材核心观点和基本观点的基础上,联系学生的思想实际,重新梳理教学重点,列出若干专题,教师围绕着这些专题进行课堂讲授。这种专题教学的立意在于使教师的教授内容与学生自学使用的教材形成一种辩证统一的关系。教师的课堂讲授应该与教材在基本体例和基本观点上保持一致,但讲授的问题及讨论的重点又应有所不同,绝不能照本宣科。凡是学生能够通过自学弄懂的地方教师就不需要系统讲,教师讲授的着力点是对学生的自学和思考提出要求,对一些重点和难点问题进行指导,对教材做必要的补充以及学术层面的讨论。

从多年开展专题教学的实践经验看,这样做的好处起码有如下几个:

一是切实提高了课堂教学的科研含量。高校思想政治理论课需要明确两个定位,一个是政治定位,另一个是学术定位。一方面,课程的基本内容和基本观点是统一规定的,在重大问题上的认识上必须同党中央保持一致,这是政治纪律,不得违反。另一方面,课程讲授时不能仅仅是对中央精神的某种政治表态,而应该对这些政治性很强的问题达到科学研究的高度,讲出学术性来。专题式讲座追求的目标是用学术讲政治,以实现思想政治理论课的政治性与学术性的有机结合。

二是更加明确了课堂教学的教学重点。这其中最主要的是处理好教学体系与教材体系之间的关系。教材是为学生学习这门课程需要了解和掌握的知识体系而编写的主要参考书,需要通过章节目来比较完备地展现理论体系,而教学(这里主要讲的是课堂讲授)既需要坚持理论体系的系统性,又需要突出教学重点。专题教学的创新在于用突出重点的办法来体现教学的系统性,以实现从教材体系向教学体系的过渡。

三是形成了对学生思考问题方法论层面上的引领。对大学生进行思想政治教育,不能停留在"是什么"层面的讲解,而应该在"是什么"的基础上往"为什么"的层面去引导。大学生学习思想政治理论课的主要目的不在于记住几个概念,而在于明白这些概念之间有机连接的道理,不能停留在感性认识的增加上,而应该着眼于理性认识的提高;在于帮助他们养成理论思维习惯,提高理论思维能力。教师进行专题教学并非简单重复教材内容,而是把自己对这些重大问题的理解讲授给学生,对他们进行方法论指导。

专题教学在思想政治理论课的实施有几个必备的要素和步骤:一是教师必须对教学大纲和教材的重点(包括核心观点和基本观点)有准确的把握;二是教师必须对大学生的关注点(包括热点和难点)有深切的了解;三是教师必须把教材的重点和学生的关注点结合起来,以形成若干个专题点;四是教师必须对这些专题点用科学研究的方法开展认真的研究,并形成研究成果;五是教师在课堂讲授中要很自然地介绍和讲解自己的研究成果。

专题教学在于课堂讲授既不离开教材,又不照搬教材。这样的课,教师讲起来才会自如、自信、自然,学生听起来才会有滋、有味、有温度。有条件的高校,可以将马克思主义理论及相关学科的教师(其中一定要包括知名教授)组织起来,形成教师组合,根据教学需要和各自的研究所长,分工协作,完成某一门课程的专题教学任务。这样做,将有助于满足学生希望能得到高水平教师指导的愿望,同时也有助于找到一种培养青年教师的便捷途径。

其实,专题教学并不排斥其他教学方法,在专题教学中同样需要贯彻启发式、研究式、讨论式的教学方法,同样可以在需要的时候采取案例式、体验式等方法。在一定意义上,专题教学是一个包容性很强的大方法,以至于它更多的是一种教学理念,一种合乎新时代高校思想政治理论课教学需求的教学方法论。

令人高兴的是,"05方案"实施以来,专题教学不仅在本科院校的思想政治理论课教学中被普遍采用,而且在高职高专院校的思想政治理论课教学中也得到推广。特别是,中共中央宣传部、教育部2015年7月27日印发的《普通高校思想政治理论课建设体系创新计划》强调:"各地各高校要积极推进专题教学,凝练教学内容,强化问题意识,构建重点突出、贴近实际的教学体系。"中共中央办公厅、国务院办公厅在2019年8月7日印发的《关于深化新时代学校思想政治理论课改革创新的若干意见》更是要求"分课程组织编写高校思政课专题教学指南"。2019年3月18日,习近平总书记在学校思想政治理论课教师座谈会上的讲话中肯定和提倡的思想政治理论课教学新方法中,就包括"专题式教学"。应该说,在高校思想政治理论课教学中推进专题教学,既有坚实的教学实践基础,又合乎中央的指示精神。

《"毛泽东思想和中国特色社会主义理论体系概论"课专题教学学生辅学教程(高职高专)》(第二版)在第一版的基础上,更加密切联系高职高专院校学生的实际,精心设计了24个教学专题,针对性很强,理论性、政策性和可操作性都很好;编者团队在教学专题设计中不仅注意了高职高专学生的特殊需求,还注意了地域和行业的不同特点。值得一提的是,编者团队在本书第二版中增加了多个运用江西红色资源的"红故事"、弘扬中华优秀传统文化的"老故事"、宣传脱贫攻坚和长江经济带高质量发展的"新故事"等。他们的探索很有新意,很有推广价值。这本书的第一版出版发行之后,在全国高校获得了很好的评价,相信第二版能发挥更大的作用。

　　衷心祝愿江西财经职业学院和全国高职高专院校的同行们,在新时代高校思想政治理论课的教学和科研上,再接再厉,取得新的和更大的成绩!

2022 年 1 月 20 日

　　(本文作者陈占安为北京大学马克思主义学院教授、博士生导师,中央马克思主义理论研究和建设工程首席专家,教育部国家重点教材研究基地北京大学"概论"课研究基地学术委员会主任。)

　　本教材配有教学课件或其他相关教学资源,如有老师需要,可扫描右边二维码关注北京大学出版社微信公众号"未名创新大学堂"(zyjy-pku)索取。

· 课件申请
· 样书申请
· 教学服务
· 编读往来

目　　录

第一部分

上 下 求 索

——毛泽东思想

真理光芒　普照神州

——马克思主义中国化进程及其理论成果

一 聚焦问题

马克思主义为什么要中国化?

如何正确理解马克思主义中国化三次飞跃的理论成果之间的关系?

二 学习主要内容

(一) 马克思主义为什么要中国化

1. 马克思主义行

(1) 什么是马克思主义?

1848 年 2 月,《共产党宣言》发表,标志着马克思主义的诞生。

马克思主义是关于自然界、人类社会、人类思维发展的一般规律的理论体系,内容涵盖政治、经济、文化、军事、历史和人类社会发展与自然界的关系等诸多领域和各个方面,极其深刻、丰富。

(2) 马克思主义的产生和发展。

马克思主义是时代的产物。

马克思主义在实践中不断发展。

(3) 马克思主义的科学性。

马克思主义是科学的理论,创造性地揭示了人类社会的发展规律。

马克思主义是人民的理论,第一次创立了人民实现自身解放的思想体系。

马克思主义是实践的理论,马克思主义具有鲜明的实践品格,指引着人民改造世界的行动。

马克思主义是不断发展的开放的理论,始终站在时代前沿。

2. 马克思主义中国化的必然性

马克思主义中国化是中国共产党团结带领中国人民实现中华民族伟大复兴的需要。

(1) 中国为什么选择马克思主义?

① 近代中国国情。中华民族在五千多年的历史进程中,创造了灿烂的中华文明。鸦片

战争后,中国逐渐成为半殖民地半封建社会,这是近代中国最基本的国情。半殖民地半封建社会,既不同于封建社会,也有别于资本主义社会,蕴含着特殊的社会矛盾和革命要求。

②近代中国革命的时代特征。近代中国衰败之后,中国仁人志士为救亡图存进行了多种尝试,但均告失败;十月革命给中国送来了马克思列宁主义,中国先进分子从马克思列宁主义真理中看到了解决中国问题的出路,选择了马克思列宁主义。在马克思列宁主义同中国工人运动结合的过程中,1921年中国共产党应运而生,中国发生了历史性的转折。

(2)马克思主义为什么要中国化?

马克思主义中国化是马克思主义理论本身的内在要求。

马克思主义中国化也是中国革命、建设和改革伟大实践的客观需要。

(3)马克思主义中国化的提出。

1938年,毛泽东在党的六届六中全会上作了《论新阶段》的报告,正式提出"马克思主义中国化"的命题。

(4)马克思主义中国化的内涵。

马克思主义中国化就是坚持把马克思主义基本原理同中国具体实际相结合、同中华优秀传统文化相结合,运用马克思主义的立场、观点、方法研究和解决中国革命、建设、改革中的实际问题;就是总结和提炼中国革命、建设、改革的实践经验,从而认识和掌握客观规律,为马克思主义理论宝库增添新的内容;就是运用中国人民喜闻乐见的民族语言来阐述马克思主义理论,使之成为具有中国特色、中国风格、中国气派的马克思主义。

(二)马克思主义中国化的理论成果

在中国革命、建设、改革的历史进程中,马克思主义中国化实现了三次飞跃,分别形成了毛泽东思想、中国特色社会主义理论体系和习近平新时代中国特色社会主义思想。

1.毛泽东思想

毛泽东思想是被实践证明了的关于中国革命和建设的正确的理论原则和经验总结,是马克思主义中国化的第一次历史性飞跃。

2.中国特色社会主义理论体系

(1)邓小平理论。

(2)"三个代表"重要思想。

(3)科学发展观。

3.习近平新时代中国特色社会主义思想

2018年,第十三届全国人民代表大会第一次会议通过的宪法修正案把马克思列宁主义、毛泽东思想、邓小平理论、"三个代表"重要思想、科学发展观、习近平新时代中国特色社会主义思想共同确立为国家指导思想。

4.如何正确理解马克思主义中国化三次飞跃的理论成果之间的关系

毛泽东思想、中国特色社会主义理论体系和习近平新时代中国特色社会主义思想都是马克思主义中国化的理论成果,都是中国化的马克思主义,它们同马克思列宁主义一起,是中国共产党长期坚持的指导思想和全国各族人民团结奋斗的共同思想基础。

三 课堂教学案例推荐

真理真"甜"

推荐语：1920年春,陈望道翻译《共产党宣言》时因为过于投入,错将墨汁当成红糖蘸着吃的故事。

1920年的早春,陈望道带着两本外文版《共产党宣言》,冒着寒风、踩着雪花,回到了自己的故乡浙东小山村分水塘。

为了安静,陈望道就在自己家的柴屋里搁了一张桌子,开始了他的翻译。

············

——何建明.初心如此壮丽[N].解放军报,2019-07-01(12).（标题为编者所加）

四 影视资料推荐

（1）纪录片：《不朽的马克思》。

（2）纪录片：《共产党宣言》。

（3）通俗理论对话节目：《马克思是对的》。

（4）纪录片：《筑梦路上》第一集"群英寻路"。

（5）纪录片：《正道沧桑——社会主义500年》第二十五集"开天辟地"。

（6）纪录片：《重生》。

（7）电视节目：《国家记忆》"中国有了共产党"系列——第一集"东方欲晓"、第二集"开天辟地"、第三集"红船起航"。

（8）纪录片：《山河岁月》第2集、第6集。

（9）电视剧：《觉醒年代》。

（10）电视剧：《光荣与梦想》。

（11）纪录片：《百年求索》第一集"真理之光"、第二集"五四惊雷"。

五 经典文献阅读推荐

1. 习近平论马克思主义

——马克思主义是科学的理论,创造性地揭示了人类社会发展规律。在马克思提出科学社会主义之前,空想社会主义者早已存在,他们怀着悲天悯人的情感,对理想社会有很多美好的设想,但由于没有揭示社会发展规律,没有找到实现理想的有效途径,因而也就难以真正对社会发展发生作用。马克思创建了唯物史观和剩余价值学说,揭示了人类社会发展的一般规律,揭示了资本主义运行的特殊规律,为人类指明了从必然王国向自由王国飞跃的途径，为人民指明了实现自由和解放的道路。

——马克思主义是人民的理论，第一次创立了人民实现自身解放的思想体系。马克思主义博大精深，归根到底就是一句话，为人类求解放。在马克思之前，社会上占统治地位的理论都是为统治阶级服务的。马克思主义第一次站在人民的立场探求人类自由解放的道路，以科学的理论为最终建立一个没有压迫、没有剥削、人人平等、人人自由的理想社会指明了方向。马克思主义之所以具有跨越国度、跨越时代的影响力，就是因为它植根人民之中，指明了依靠人民推动历史前进的人间正道。

——马克思主义是实践的理论，指引着人民改造世界的行动。马克思说，"全部社会生活在本质上是实践的"，"哲学家们只是用不同的方式解释世界，问题在于改变世界"。实践的观点、生活的观点是马克思主义认识论的基本观点，实践性是马克思主义理论区别于其他理论的显著特征。马克思主义不是书斋里的学问，而是为了改变人民历史命运而创立的，是在人民求解放的实践中形成的，也是在人民求解放的实践中丰富和发展的，为人民认识世界、改造世界提供了强大精神力量。

——马克思主义是不断发展的开放的理论，始终站在时代前沿。马克思一再告诫人们，马克思主义理论不是教条，而是行动指南，必须随着实践的变化而发展。一部马克思主义发展史就是马克思、恩格斯以及他们的后继者们不断根据时代、实践、认识发展而发展的历史，是不断吸收人类历史上一切优秀思想文化成果丰富自己的历史。因此，马克思主义能够永葆其美妙之青春，不断探索时代发展提出的新课题、回应人类社会面临的新挑战。

....

实践证明，马克思主义的命运早已同中国共产党的命运、中国人民的命运、中华民族的命运紧紧连在一起，它的科学性和真理性在中国得到了充分检验，它的人民性和实践性在中国得到了充分贯彻，它的开放性和时代性在中国得到了充分彰显！

实践还证明，马克思主义为中国革命、建设、改革提供了强大思想武器，使中国这个古老的东方大国创造了人类历史上前所未有的发展奇迹。历史和人民选择马克思主义是完全正确的，中国共产党把马克思主义写在自己的旗帜上是完全正确的，坚持马克思主义基本原理同中国具体实际相结合、不断推进马克思主义中国化时代化是完全正确的。

可以告慰马克思的是，马克思主义指引中国成功走上了全面建设社会主义现代化强国的康庄大道，中国共产党人作为马克思主义的忠诚信奉者、坚定实践者，正在为坚持和发展马克思主义而执着努力！

——中共中央党史和文献研究院.十九大以来重要文献选编：上[M].北京：中央文献出版社,2019：423—428.

中华民族是世界上伟大的民族，有着5000多年源远流长的文明历史，为人类文明进步作出了不可磨灭的贡献。1840年鸦片战争以后，中国逐步成为半殖民地半封建社会，国家蒙辱、人民蒙难、文明蒙尘，中华民族遭受了前所未有的劫难。从那时起，实现中华民族伟大复兴，就成为中国人民和中华民族最伟大的梦想。

为了拯救民族危亡，中国人民奋起反抗，仁人志士奔走呐喊，太平天国运动、戊戌变法、义和团运动、辛亥革命接连而起，各种救国方案轮番出台，但都以失败而告终。中国迫切需要新的思想引领救亡运动，迫切需要新的组织凝聚革命力量。

十月革命一声炮响，给中国送来了马克思列宁主义。在中国人民和中华民族的伟大觉醒中，在马克思列宁主义同中国工人运动的紧密结合中，中国共产党应运而生。中国产生了共产党，这是开天辟地的大事变，深刻改变了近代以后中华民族发展的方向和进程，深刻改变了中国人民和中华民族的前途和命运，深刻改变了世界发展的趋势和格局。

——习近平. 在庆祝中国共产党成立100周年大会上的讲话[M]，北京：人民出版社，2021：2—3.

……马克思主义是我们立党立国的根本指导思想，是我们党的灵魂和旗帜。中国共产党坚持马克思主义基本原理，坚持实事求是，从中国实际出发，洞察时代大势，把握历史主动，进行艰辛探索，不断推进马克思主义中国化时代化，指导中国人民不断推进伟大社会革命。中国共产党为什么能，中国特色社会主义为什么好，归根到底是因为马克思主义行！

——习近平. 在庆祝中国共产党成立100周年大会上的讲话[M]，北京：人民出版社，2021：12—13.

2. 习近平论马克思主义中国化时代化大众化

理论的生命力在于不断创新，推动马克思主义不断发展是中国共产党人的神圣职责。我们要坚持用马克思主义观察时代、解读时代、引领时代，用鲜活丰富的当代中国实践来推动马克思主义发展，用宽广视野吸收人类创造的一切优秀文明成果，坚持在改革中守正出新、不断超越自己，在开放中博采众长、不断完善自己，不断深化对共产党执政规律、社会主义建设规律、人类社会发展规律的认识，不断开辟当代中国马克思主义、二十一世纪马克思主义新境界！

——中共中央党史和文献研究院. 十九大以来重要文献选编：上[M]. 北京：中央文献出版社，2019：434—435.

我们党是用马克思主义武装起来的政党，马克思主义是我们共产党人理想信念的灵魂。发展21世纪马克思主义、当代中国马克思主义，必须立足中国、放眼世界，保持与时俱进的理论品格，深刻认识马克思主义的时代意义和现实意义，锲而不舍推进马克思主义中国化、时代化、大众化，使马克思主义放射出更加灿烂的真理光芒。

在人类思想史上，就科学性、真理性、影响力、传播面而言，没有一种思想理论能达到马克思主义的高度，也没有一种学说能像马克思主义那样对世界产生了如此巨大的影响。这体现了马克思主义的巨大真理威力和强大生命力，表明马克思主义对人类认识世界、改造世界、推动社会进步仍然具有不可替代的作用。学习研究当代世界马克思主义思潮，对我们推进马克思主义中国化，发展21世纪马克思主义、当代中国马克思主义具有积极作用。

时代在变化，社会在发展，但马克思主义基本原理依然是科学真理。尽管我们所处的时代同马克思所处的时代相比发生了巨大而深刻的变化,但从世界社会主义500年的大视野来看,我们依然处在马克思主义所指明的历史时代。这是我们对马克思主义保持坚定信心、对社会主义保持必胜信念的科学根据。马克思主义就是我们党和人民事业不断发展的参天大树之根本,就是我们党和人民不断奋进的万里长河之泉源。背离或放弃马克思主义,我们党就会失去灵魂、迷失方向。在坚持以马克思主义为指导这一根本问题上,我们必须坚定不移,任何时候任何情况下都不能动摇。

只有民族的才是世界的,只有引领时代才能走向世界。要立足时代特点,推进马克思主义时代化,更好运用马克思主义观察时代、解读时代、引领时代,真正搞懂面临的时代课题,深刻把握世界历史的脉络和走向。新中国成立以来特别是改革开放以来,中国发生了深刻变革,置身这一历史巨变之中的中国人更有资格、更有能力揭示这其中所蕴含的历史经验和发展规律,为发展马克思主义作出中国的原创性贡献。要有这样的理论自觉,更要有这样的理论自信。要立足我国实际,以我们正在做的事情为中心,聆听人民心声,回应现实需要,深入总结中国特色社会主义实践,更好实现马克思主义基本原理同当代中国具体实际相结合,同时也要放宽视野,吸收人类文明一切有益成果,不断创新和发展马克思主义。

世界格局正处在加快演变的历史进程之中,产生了大量深刻复杂的现实问题,提出了大量亟待回答的理论课题。这就需要我们加强对当代资本主义的研究,分析把握其出现的各种变化及其本质,深化对资本主义和国际政治经济关系深刻复杂变化的规律性认识。当代世界马克思主义思潮,一个很重要的特点就是他们中很多人对资本主义结构性矛盾以及生产方式矛盾、阶级矛盾、社会矛盾等进行了批判性揭示,对资本主义危机、资本主义演进过程、资本主义新形态及本质进行了深入分析。这些观点有助于我们正确认识资本主义发展趋势和命运,准确把握当代资本主义新变化新特征,加深对当代资本主义变化趋势的理解。对国外马克思主义研究新成果,我们要密切关注和研究,有分析、有鉴别,既不能采取一概排斥的态度,也不能搞全盘照搬。同时,我们要坚持把自己的事情办好,不断发展中国特色社会主义,不断壮大我国综合国力,充分展示我国社会主义制度的优越性。

回顾党的奋斗历程可以发现,我们党之所以能够不断历经艰难困苦创造新的辉煌,很重要的一条就是我们党始终重视思想建党、理论强党,坚持用科学理论武装广大党员、干部的头脑,使全党始终保持统一的思想、坚定的意志、强大的战斗力。我们要赢得优势、赢得主动、赢得未来,战胜前进道路上各种各样的拦路虎、绊脚石,必须把马克思主义作为看家本领,以更宽广的视野、更长远的眼光来思考把握未来发展面临的一系列重大问题,不断提高全党运用马克思主义分析和解决实际问题的能力,不断提高运用科学理论指导我们应对重大挑战、抵御重大风险、克服重大阻力、解决重大矛盾的能力。要坚持不懈用马克思主义中国化最新成果武装头脑、凝心聚魂,坚定全党马克思主义信仰和共产主义理想,不断提高全党特别是领导干部的理论思维能力和思想政治水平。领导干部特别是高级干部要带头学习,原原本本学习和研读马克思主义经典著作,学习毛泽东思想、邓小平理论、"三个代表"重要思想、科学发展观,学习党中央治国理政新理念新思想新战略,要深入学、持久学、刻苦学,带着问题学、联系实际学,把科学思想理论转化为认识世界、改造世界的强大物质力量,以更好坚持和发展中国特色社会主义。

　　　　　　——习近平.习近平谈治国理政:第二卷[M].北京:外文出版社,2017:65—68.

　　历史唯物主义作为马克思主义哲学的重要组成部分,是关于人类社会发展一般规律的科学。在革命、建设、改革各个历史时期,我们党运用历史唯物主义,系统、具体、历史地分析中国社会运动及其发展规律,在认识世界和改造世界过程中不断把握规律、积极运用规律,推动党和人民事业取得了一个又一个胜利。毛泽东同志提出的以农村包围城市、武装夺取政权的道路,我们党带领人民进行艰辛的社会主义建设探索,新的历史时期我们党科学分析我国社会主要矛盾、果断决定把党和国家工作中心转移到经济建设上来、实行改革开放,都是正确运用历史唯物主义的结果。我们党在实践中不断回答"什么是社会主义、怎样建设社会主义""建设什么样的党、怎样建设党""实现什么样的发展、怎样发展"这些重大历史性课题,也都是正确运用历史唯物主义的结果。历史和现实都表明,只有坚持历史唯物主义,我们才能不断把对中国特色社会主义规律的认识提高到新的水平,不断开辟当代中国马克思主义发展新境界。

　　　　——习近平.坚持历史唯物主义 不断开辟当代中国马克思主义发展新境界[J].求是,2020(2):4—5.

　　3. 中共中央关于中国共产党百年奋斗的伟大成就

　　……党的百年奋斗从根本上改变了中国人民的前途命运,中国人民彻底摆脱了被欺负、被压迫、被奴役的命运,成为国家、社会和自己命运的主人,中国人民对美好生活的向往不断变为现实;党的百年奋斗开辟了实现中华民族伟大复兴的正确道路,中国仅用几十年时间就走完发达国家几百年走过的工业化历程,创造了经济快速发展和社会长期稳定两大奇迹;党的百年奋斗展示了马克思主义的强大生命力,马克思主义的科学性和真理性在中国得到充分检验,马克思主义的人民性和实践性在中国得到充分贯彻,马克思主义的开放性和时代性在中国得到充分彰显;党的百年奋斗深刻影响了世界历史进程,党领导人民成功走出中国式现代化道路,创造了人类文明新形态,拓展了发展中国家走向现代化的途径;党的百年奋斗锻造了走在时代前列的中国共产党,形成了以伟大建党精神为源头的精神谱系,保持了党的先进性和纯洁性,党的执政能力和领导水平不断提高,中国共产党无愧为伟大光荣正确的党。

　　　　——编写组.《中共中央关于党的百年奋斗重大成就和历史经验的决议》辅导读本[M].北京:人民出版社,2021:11—12.

六 学习资料链接

1.《共产党宣言》永放光芒

主要观点:《共产党宣言》对科学社会主义原理首次作出了系统完整而又简洁凝练的表

述,不仅是国际共产主义运动的第一个纲领性文献,更为无产阶级解放运动提供了科学理论指导。它回应了历史发展的呼唤,闪耀着马克思主义真理的光辉,为无产阶级解放提供了革命纲领,谱写了新时代发展新篇章。中国特色社会主义伟大实践所取得的举世瞩目的成就,更证明了《共产党宣言》的科学性、真理性和预见性。

　　——燕连福.感悟马克思主义的真理力量——重温《共产党宣言》[J].红旗文稿,2020(2):43—47.

2. 准确把握马克思主义基本原理

主要观点:马克思主义具有科学性、人民性、实践性、发展开放性的本质特性,这种本质特性和当代价值不仅存在于当代中国现实之中,中国的巨大成就以无可辩驳的事实证明马克思主义的本质特性迸发的理论力量;而且也体现在当代西方的思潮中。掌握马克思主义基本原理,不仅要掌握其原理,而且要把马克思主义作为一个不可分割的整体,懂得它们之间如何在理论上在逻辑上相互支撑。真正准确把握马克思主义基本原理,必须认真学习马克思主义经典著作;读马克思主义经典著作非为读而读,重要的是着重掌握其中的基本原理。

　　——陈先达.马克思主义的本质特性和当代价值[J].求是,2020(3):61—68.

3. 正确认识马克思主义大众化

主要观点:马克思主义是为了人民的理论,实现马克思主义大众化是马克思主义永存真理性的内在需要;马克思主义是来自人民的理论,实现大众化是马克思主义永葆生命力的必须途径;马克思主义是依靠人民的理论,实现大众化是马克思主义永续战斗力的动力源泉;马克思主义大众化的结果,必然是马克思主义的中国化和时代化,马克思主义大众化与其中国化、时代化紧密联系,统一于人民的伟大实践。

　　——王伟光.马克思主义大众化的时代价值与现实意义[J].红旗文稿.2020(7):4—10.

4. 续写马克思主义中国化新篇章

主要观点:贯通党的百年历程的马克思主义中国化,经历了从探索到明晰的认识过程,经历了从不成熟到比较成熟的践行过程,是中国共产党以科学理论为指导,成功推进中国革命、建设、改革的基本经验。党的十八大以来,以习近平同志为核心的党中央,勇于推进实践基础上的理论创新,全面系统回答了新时代坚持和发展什么样的中国特色社会主义、怎样坚持和发展中国特色社会主义这个时代课题,创立了习近平新时代中国特色社会主义思想这一当代中国马克思主义、21世纪马克思主义。与时代同步伐,与人民共命运,关注和回答时代和实践提出的重大课题,是马克思主义永葆生机活力的奥妙所在。

　　——商志晓.马克思主义中国化的百年发展[J].红旗文稿,2021(9):12—15.

5. 马克思主义中国化是中国共产党创造奇迹的关键

主要观点:马克思主义不仅深刻改变了世界,也深刻改变了中国,使中国这个古老的东方大国创造了人类历史上前所未有的发展奇迹。中国共产党的历史性贡献与马克思主义中国化的历史进程紧密相连。马克思主义中国化的伟大进程,为党和人民事业发展提供了既一脉相承又与时俱进的科学理论指导,为增进全党全国各族人民团结统一提供了坚实的思想基础。

  ——王伟光.马克思主义中国化：百年党史的精彩华章[J].求是,2021(13)：44—50.

6. 马克思主义大众化的过程是自我超越、自我革新的过程

  主要观点：马克思主义大众化的过程是理论传播和武装群众的过程,也是理论与实践相结合不断超越和创新的过程。一百年来,马克思主义大众化在传播过程中也实现了自我超越,在武装群众头脑的同时也完成了自我革新。未来,马克思主义大众化还将继续承担起统一思想、凝心聚力的历史使命,为中国共产党带领全国各族人民努力奋斗、实现中华民族伟大复兴贡献力量。

  ——冯刚.传播与超越：中国共产党推动马克思主义大众化的百年历程和基本经验[J].四川大学学报(哲学社会科学版),2021(4)：5—13.

7. 马克思主义中国化是"化中国"和"中国化"的结合

  主要观点：马克思主义中国化是"化中国"和"中国化"的结合,前者主要是理论运用于实践的过程,后者是实践上升到理论的过程;前者主要是理论指导和运用的过程,后者主要是理论概括和升华的过程。"四个全面"战略布局是21世纪中国马克思主义发展的新成果,也是马克思主义"化中国"和"中国化"历史的、辩证的、发展的生动体现。

  ——顾海良.马克思主义中国化是"化中国"和"中国化"的结合[N].长江日报,2021-06-18(12).

七 习 题

（一）单选题

1.（ ）具有鲜明的实践品格,不仅致力于科学"解释世界",而且致力于积极"改变世界"。

  A. 凯恩斯主义 B. 马克思主义 C. 无政府主义 D. 三民主义

2. 马克思主义中国化的第一次历史性飞跃发生在新民主主义革命时期,形成了（ ）。

  A. 毛泽东思想

  B. 习近平新时代中国特色社会主义思想

  C. 邓小平理论

  D. 中国特色社会主义思想体系

3. 毛泽东思想是在革命和建设的长期实践中,以毛泽东为主要代表的中国共产党人,根据马克思列宁主义基本原理,形成的适合中国情况的科学指导思想,是被实践证明了的关于（ ）的正确的理论原则和经验总结,是中国共产党集体智慧的结晶。

  A. 中国革命、建设和改革   B. 中国建设和改革

  C. 中国革命和改革   D. 中国革命和建设

4.（ ）召开的党的十一届三中全会,实现了新中国成立以来党的历史上具有深远意

义的伟大转折,开启了改革开放和社会主义现代化建设的历史新时期。

A. 1949 年 B. 1956 年 C. 1978 年 D. 1992 年

5. 在邓小平理论的指导下,20 世纪的中国又一次发生了翻天覆地的变化,开启了中华民族( )的新征程。

A. 强起来 B. 站起来 C. 好起来 D. 富起来

6. ( )是加强和改进党的建设、推进我国社会主义自我完善和发展的强大理论武器,丰富和发展了中国特色社会主义理论体系,成功把中国特色社会主义推向了 21 世纪。

A. 毛泽东思想   B. 邓小平理论

C. "三个代表"重要思想   D. 科学发展观

7. ( )是对马克思列宁主义的继承和发展,是马克思主义中国化的最新理论成果。

A. 毛泽东思想   B. 习近平新时代中国特色社会主义思想

C. 邓小平理论   D. 中国特色社会主义思想体系

8. 近代中国社会的各种矛盾中最主要的是( )。

A. 封建主义和人民大众的矛盾 B. 帝国主义和中华民族的矛盾

C. 无产阶级和资产阶级的矛盾 D. 地主阶级和农民阶级的矛盾

(二)多选题

1. 马克思主义是关于(   )发展的一般规律的理论体系。

A. 自然界   B. 人类社会

C. 人类思维   D. 人类极限

2. 马克思主义中国化就是把马克思主义基本原理同中国具体实际和时代特征结合起来,运用马克思主义的(   )研究和解决中国革命、建设、改革中的实际问题。

A. 问题 B. 立场 C. 观点 D. 方法

3. 中国特色社会主义理论体系实现了马克思主义中国化新的飞跃,主要包括(   )。

A. 邓小平理论

B. "三个代表"重要思想

C. 科学发展观

D. 习近平新时代中国特色社会主义思想

4. 2018 年,第十三届全国人民代表大会第一次会议通过的宪法修正案把马克思列宁主义、毛泽东思想、(   )共同确立为国家指导思想。

A. 邓小平理论

B. "三个代表"重要思想

C. 科学发展观

D. 习近平新时代中国特色社会主义思想

5. 以下哪些事件发生在旧民主主义革命阶段?(   )

A. 土地革命战争   B. 戊戌变法

C. 辛亥革命   D. 太平天国运动

6. 在半殖民地半封建的近代中国,社会矛盾呈现出错综复杂的状况。在诸多社会矛盾中,占支配地位的主要矛盾是(   )。

A. 帝国主义和中华民族的矛盾

B. 帝国主义和封建统治的矛盾

C. 人民日益增长的美好生活需要和发展不平衡不充分之间的矛盾

D. 封建主义和人民大众的矛盾

（三）判断题

1. 马克思主义只有中国化才能在中国大地上闪耀真理光芒,也只有实现中国化才能救中国、发展中国、发展社会主义。   (   )

2. 马克思主义中国化的进程是一帆风顺的。   (   )

3. 习近平新时代中国特色社会主义思想鲜明地回答了什么是社会主义、怎样建设社会主义这个首要的基本的理论问题。   (   )

4. 毛泽东思想和中国特色社会主义理论体系,都是马克思主义中国化的理论成果,都是中国化的马克思主义。   (   )

5. 邓小平理论从理论和实践结合上系统回答了新时代坚持和发展什么样的中国特色社会主义、怎样坚持和发展中国特色社会主义这个重大时代课题。   (   )

6. 在"三个代表"重要思想的指导下,20世纪的中国又一次发生了翻天覆地的变化,开启了中华民族"富起来"的新征程。   (   )

7. 辛亥革命一声炮响,给中国送来了马克思列宁主义。   (   )

8. 中国共产党成立后,将"为中国人民谋幸福、为中华民族谋复兴"作为历史使命,谱写革命、建设和改革的壮丽篇章。   (   )

（四）简答题

1. 什么是马克思主义中国化?

2. 马克思主义中国化实现了哪三次飞跃?

3. 简述近代中国的基本国情。

井冈星火　东方红日

——毛泽东思想及其历史地位

一 聚焦问题

毛泽东思想形成的背景是什么？

如何正确理解毛泽东思想的当代价值？

二 学习主要内容

（一）毛泽东思想产生的背景及形成和发展

1. 毛泽东思想产生的背景

（1）时代背景。

近代中国国情：半殖民地半封建社会。

近代中国革命：十月革命给中国送来了马克思列宁主义，中国革命从此有了科学的指导思想。

（2）实践基础。

旧民主主义革命失败呼唤新的革命理论。

中国共产党领导中国人民进行新民主主义革命的艰辛探索和进行社会主义建设的成功实践。

2. 毛泽东思想的形成和发展

（1）形成时期：第一次国内革命战争时期和土地革命战争时期。

（2）成熟时期：遵义会议到党的七大。

（3）继续发展时期：解放战争时期和中华人民共和国成立后。

（二）毛泽东思想的主要内容和活的灵魂

1. 主要内容

（1）新民主主义革命理论。

（2）社会主义革命和社会主义建设理论。

（3）革命军队建设和军事战略的理论。

（4）政策和策略的理论。

（5）思想政治工作和文化工作的理论。

（6）党的建设理论。

2．活的灵魂

（1）实事求是。

（2）群众路线。

（3）独立自主。

（三）毛泽东思想的历史地位

（1）马克思主义中国化的第一次历史性飞跃的理论成果。

（2）中国革命和建设的科学指南。

（3）中国共产党和中国人民宝贵的精神财富。

（四）怎样科学评价毛泽东和毛泽东思想

（1）毛泽东是伟大的马克思主义者，伟大的无产阶级革命家、战略家和理论家。

（2）应将毛泽东晚年的错误同经过长期历史检验而成为科学理论的毛泽东思想区别开来。

三 课堂教学案例推荐

安义路63号：毛泽东人生中重要转折点

推荐语：27岁时的毛泽东在上海探索湖南自治和改造旧制度、组织新制度。

伟人毛泽东的一生波澜壮阔、跌宕起伏，历经多次转折。据毛泽东回忆，1920年夏天，他在上海转变为信念坚定的马克思主义者，是"一生转变的原因"。其间，他就居住在现在静安区的一座石库门房子里。

············

——贾彦. 安义路63号：毛泽东人生中重要转折点［EB/OL］. (2019-10-15)［2020-02-16］. https：//www. xuexi. cn/lgpage/detail/index. html？id＝10972511855162963888.

四 影视资料推荐

（1）《人民日报》青春创业大片：《中国的红色梦想》。

（2）纪录片：《筑梦中国——中华民族复兴之路》。

（3）纪录片：《毛泽东》。

（4）电影：《建国大业》。

（5）电影：《建党伟业》。

（6）歌曲：《东方红》。

（7）纪录片：《山河岁月》第1集、第16集、第22集。

（8）纪录片：《百年求索》第十二集"遵义会议"。

五 经典文献阅读推荐

1. 毛泽东论矛盾的普遍性和特殊性

由于特殊的事物是和普遍的事物联结的，由于每一个事物内部不但包含了矛盾的特殊性，而且包含了矛盾的普遍性，普遍性即存在于特殊性之中，所以，当着我们研究一定事物的时候，就应当去发现这两方面及其互相联结，发现一事物内部的特殊性和普遍性的两方面及其互相联结，发现一事物和它以外的许多事物的互相联结。斯大林在他的名著《论列宁主义基础》一书中说明列宁主义的历史根源的时候，他分析了列宁主义所由产生的国际环境，分析了在帝国主义条件下已经发展到极点的资本主义的诸矛盾，以及这些矛盾使无产阶级革命成为直接实践的问题，并造成了直接冲击资本主义的良好的条件。不但如此，他又分析了为什么俄国成为列宁主义的策源地，分析了沙皇俄国当时是帝国主义一切矛盾的集合点以及俄国无产阶级所以能够成为国际的革命无产阶级的先锋队的原因。这样，斯大林分析了帝国主义的矛盾的普遍性，说明列宁主义是帝国主义和无产阶级革命时代的马克思主义；又分析了沙俄帝国主义在这一般矛盾中所具有的特殊性，说明俄国成了无产阶级革命理论和策略的故乡，而在这种特殊性中间就包含了矛盾的普遍性。斯大林的这种分析，给我们提供了认识矛盾的特殊性和普遍性及其互相联结的模范。

马克思和恩格斯，同样地列宁和斯大林，他们对于应用辩证法到客观现象的研究的时候，总是指导人们不要带上任何的主观随意性，而必须从客观的实际运动所包含的具体的条件，去看出这些现象中的具体的矛盾、矛盾各方面的具体的地位以及矛盾的具体的相互关系。我们的教条主义者因为没有这种研究态度，所以弄得一无是处。我们必须以教条主义的失败为鉴戒，学会这种研究态度，舍此没有第二种研究法。

矛盾的普遍性和矛盾的特殊性的关系，就是矛盾的共性和个性的关系。其共性是矛盾存在于一切过程中，并贯串于一切过程的始终，矛盾即是运动，即是事物，即是过程，也即是思想。否认事物的矛盾就是否认了一切。这是共通的道理，古今中外，概莫能外。所以它是共性，是绝对性。然而这种共性，即包含于一切个性之中，无个性即无共性。假如除去一切个性，还有什么共性呢？因为矛盾的各各特殊，所以造成了个性。一切个性都是有条件地暂时地存在的，所以是相对的。

这一共性个性、绝对相对的道理，是关于事物矛盾的问题的精髓，不懂得它，就等于抛弃了辩证法。

——毛泽东.毛泽东选集：第一卷[M].北京：人民出版社,1991：318—320.

2. 毛泽东论实事求是

但是我们还是有缺点的，而且还有很大的缺点。据我看来，如果不纠正这类缺点，就无法使我们的工作更进一步，就无法使我们在将马克思列宁主义的普遍真理和中国革命的具体实践互相结合的伟大事业中更进一步。……

为了反复地说明这个意思，我想将两种互相对立的态度对照地讲一下。

第一种：主观主义的态度。

在这种态度下，就是对周围环境不作系统的周密的研究，单凭主观热情去工作，对于中国今天的面目若明若暗。在这种态度下，就是割断历史，只懂得希腊，不懂得中国，对于中国昨天和前天的面目漆黑一团。在这种态度下，就是抽象地无目的地去研究马克思列宁主义的理论。不是为了要解决中国革命的理论问题、策略问题而到马克思、恩格斯、列宁、斯大林那里找立场，找观点，找方法，而是为了单纯地学理论而去学理论。不是有的放矢，而是无的放矢。马克思、恩格斯、列宁、斯大林教导我们说：应当从客观存在着的实际事物出发，从其中引出规律，作为我们行动的向导。为此目的，就要像马克思所说的详细地占有材料，加以科学的分析和综合的研究。我们的许多人却是相反，不去这样做。其中许多人是做研究工作的，但是他们对于研究今天的中国和昨天的中国一概无兴趣，只把兴趣放在脱离实际的空洞的"理论"研究上。许多人是做实际工作的，他们也不注意客观情况的研究，往往单凭热情，把感想当政策。这两种人都凭主观，忽视客观实际事物的存在。或作讲演，则甲乙丙丁、一二三四的一大串；或作文章，则夸夸其谈的一大篇。无实事求是之意，有哗众取宠之心。华而不实，脆而不坚。自以为是，老子天下第一，"钦差大臣"满天飞。这就是我们队伍中若干同志的作风。这种作风，拿了律己，则害了自己；拿了教人，则害了别人；拿了指导革命，则害了革命。总之，这种反科学的反马克思列宁主义的主观主义的方法，是共产党的大敌，是工人阶级的大敌，是人民的大敌，是民族的大敌，是党性不纯的一种表现。大敌当前，我们有打倒它的必要。只有打倒了主观主义，马克思列宁主义的真理才会抬头，党性才会巩固，革命才会胜利。我们应当说，没有科学的态度，即没有马克思列宁主义的理论和实践统一的态度，就叫做没有党性，或叫做党性不完全。

有一副对子，是替这种人画像的。那对子说：

墙上芦苇，头重脚轻根底浅；

山间竹笋，嘴尖皮厚腹中空。

对于没有科学态度的人，对于只知背诵马克思、恩格斯、列宁、斯大林著作中的若干词句的人，对于徒有虚名并无实学的人，你们看，像不像？如果有人真正想诊治自己的毛病的话，我劝他把这副对子记下来；或者再勇敢一点，把它贴在自己房子里的墙壁上。马克思列宁主义是科学，科学是老老实实的学问，任何一点调皮都是不行的。我们还是老实一点吧！

第二种：马克思列宁主义的态度。

在这种态度下，就是应用马克思列宁主义的理论和方法，对周围环境作系统的周密的调查和研究。不是单凭热情去工作，而是如同斯大林所说的那样：把革命气概和实际精神结合起来。在这种态度下，就是不要割断历史。不单是懂得希腊就行了，还要懂得中国；不但要懂得外国革命史，还要懂得中国革命史；不但要懂得中国的今天，还要懂得中国的昨天和前天。在这种态度下，就是要有目的地去研究马克思列宁主义的理论，要使马克思列宁主义的理论和中国革命的实际运动结合起来，是为着解决中国革命的理论问题和策略问题而去从它找立场，找观点，找方法的。这种态度，就是有的放矢的态度。"的"就是中国革命，"矢"就是马克思列宁主义。我们中国共产党人所以要找这根"矢"，就是为了要射中国革命和东方革命这个"的"的。这种态度，就是实事求是的态度。"实事"就是客观存在着的一切事物，"是"就是客观事物的内部联系，即规律性，"求"就是我们去研究。我们要从国内外、省内外、县内外、区内外的实际情况出发，从其中引出其固有的而不是臆造的规律性，即找出周围事变的内部联系，作为我们行动的向导。而要这样做，就须不凭主观想象，不凭一时的热情，不凭死的书本，而凭客观存在的事实，详细地占有材料，在马克思列宁主义一般原理的指导下，从这些材料中引出正确的结论。这种结论，不是甲乙丙丁的现象罗列，也不是夸夸其谈的滥调文章，而是科学的结论。这种态度，有实事求是之意，无哗众取宠之心。这种态度，就是党性的表现，就是理论和实际统一的马克思列宁主义的作风。这是一个共产党员起码应该具备的态度。如果有了这种态度，那就既不是"头重脚轻根底浅"，也不是"嘴尖皮厚腹中空"了。

——毛泽东.毛泽东选集：第三卷[M].北京：人民出版社，1991：796—801.

3. 毛泽东论"三大法宝"

……我们有许多宝贵的经验。一个有纪律的，有马克思列宁主义的理论武装的，采取自我批评方法的，联系人民群众的党。一个由这样的党领导的军队。一个由这样的党领导的各革命阶级各革命派别的统一战线。这三件是我们战胜敌人的主要武器。这些都是我们区别于前人的。依靠这三件，使我们取得了基本的胜利。我们走过了曲折的道路。我们曾和党内的机会主义倾向作斗争，右的和"左"的。凡在这三件事上犯了严重错误的时候，革命就受挫折。错误和挫折教训了我们，使我们比较地聪明起来了，我们的事情就办得好一些。任何政党，任何个人，错误总是难免的，我们要求犯得少一点。犯了错误则要求改正，改正得越迅速，越彻底，越好。

——毛泽东.毛泽东选集：第四卷[M].北京：人民出版社，1991：1480.

4. 毛泽东论革命战争

我们现在是从事战争，我们的战争是革命战争，我们的革命战争是在中国这个半殖民地的半封建的国度里进行的。因此，我们不但要研究一般战争的规律，还要研究特殊的革命战争的规律，还要研究更加特殊的中国革命战争的规律。

中国革命战争——不论是国内战争或民族战争，是在中国的特殊环境之内进行的，比较一般的战争，一般的革命战争，又有它的特殊的情形和特殊的性质。因此，在一般战争和一般革命战争的规律之外，又有它的一些特殊的规律。如果不懂得这些，就不能在中国革命战争中打胜仗。

——毛泽东.毛泽东选集：第一卷[M].北京：人民出版社，1991：171.

……中国的特点是：不是一个独立的民主的国家，而是一个半殖民地的半封建的国家；

在内部没有民主制度,而受封建制度压迫;在外部没有民族独立,而受帝国主义压迫。因此,无议会可以利用,无组织工人举行罢工的合法权利。在这里,共产党的任务,基本地不是经过长期合法斗争以进入起义和战争,也不是先占城市后取乡村,而是走相反的道路。

——毛泽东.毛泽东选集:第二卷[M].北京:人民出版社,1991:542.

5. 邓小平论毛泽东思想

……毛泽东思想的基本点就是实事求是,就是把马列主义的普遍原理同中国革命的具体实践相结合。毛泽东同志在延安为中央党校题了"实事求是"四个大字,毛泽东思想的精髓就是这四个字。毛泽东同志所以伟大,能把中国革命引导到胜利,归根到底,就是靠这个。马克思、列宁从来没有说过农村包围城市,这个原理在当时世界上还是没有的。但是毛泽东同志根据中国的具体条件指明了革命的具体道路,在军阀割据的时候,在敌人控制薄弱的地区,领导人民建立革命根据地,用农村包围城市,最后夺取了政权。列宁领导的布尔什维克党是在帝国主义世界的薄弱环节搞革命,我们也是在敌人控制薄弱的地区搞革命,这在原则上是相同的,但我们不是先搞城市,而是先搞农村,用农村包围城市。如果没有实事求是的基本思想,能提出和解决这样的问题吗？能把中国革命搞成功吗？

中华人民共和国建立以后,毛泽东同志运用实事求是这一真理领导我们继续前进。当然,有好多东西当时还不具备提出来的条件。我们高举毛泽东思想的旗帜,就要在每一时期,处理各种方针政策问题时,都坚持从实际出发。

——邓小平.邓小平文选:第二卷[M].北京:人民出版社,1994:126—127.

6. 江泽民论毛泽东思想

……毛泽东思想是完整的科学思想体系。它在新民主主义革命,社会主义革命和社会主义建设,革命军队建设、军事战略和国防建设,政策和策略,思想政治工作和文化工作,党的建设等广泛的方面,以独创性的理论,丰富和发展了马克思列宁主义。……毛泽东思想永远是中国共产党人的理论宝库和中华民族的精神支柱,永远是我们建设社会主义现代化国家的行动指南。

——江泽民.江泽民文选:第一卷[M].北京:人民出版社,2006:344—345.

7. 胡锦涛论毛泽东思想

在革命和建设长期实践中,以毛泽东同志为主要代表的中国共产党人,努力推进马克思主义中国化,形成了具有鲜明中国特点的科学指导思想,这就是毛泽东思想。毛泽东思想在新民主主义革命、社会主义革命和建设,革命军队建设、军事战略和国防建设,政策和策略,思想政治工作和文化工作,外交工作和党的建设等方面,以独创性的理论丰富和发展了马克思列宁主义。时代的条件、人民的实践孕育了毛泽东思想,毛泽东思想指引和推动了中国社会前进。毛泽东思想是马克思列宁主义在中国的创造性运用和发展,是被实践证明了的关于中国革命和建设的正确的理论原则和经验总结,是中国共产党集体智慧的结晶。在任何时候任何情况下,我们都要始终高举毛泽东思想伟大旗帜。

——胡锦涛.胡锦涛文选:第二卷[M].北京:人民出版社,2016:134—135.

8. 习近平论毛泽东思想

在革命和建设长期实践中,以毛泽东同志为主要代表的中国共产党人,根据马克思列宁主义基本原理,形成了适合中国情况的科学指导思想,这就是毛泽东思想。毛泽东思想以独创性理论丰富和发展了马克思列宁主义。毛泽东思想教育了几代中国共产党人,它培养的大批骨干,不仅在新民主主义革命、社会主义革命、社会主义建设时期发挥了重要作用,也为新的历史时期开创和建设中国特色社会主义发挥了重要作用。邓小平同志说,毛泽东思想这个旗帜丢不得,丢掉了实际上就否定了我们党的光辉历史;任何时候都不能动摇高举毛泽东思想旗帜的原则,我们将永远高举毛泽东思想的旗帜前进。

——中共中央文献研究室.十八大以来中央文献选编:上[C].北京:中央文献出版社,2014:691—692.

9. 中共中央总结毛泽东思想

以毛泽东同志为主要代表的中国共产党人,根据马克思列宁主义的基本原理,把中国长期革命实践中的一系列独创性经验作了理论概括,形成了适合中国情况的科学的指导思想,这就是马克思列宁主义普遍原理和中国革命具体实践相结合的产物——毛泽东思想。……毛泽东思想是马克思列宁主义在中国的运用和发展,是被实践证明了的关于中国革命的正确的理论原则和经验总结,是中国共产党集体智慧的结晶。

——《关于若干历史问题的决议》《关于建国以来党的若干历史问题的决议》[M].北京:中共党史出版社,2010:97—98.

在革命斗争中,以毛泽东同志为主要代表的中国共产党人,把马克思列宁主义基本原理同中国具体实际相结合,对经过艰苦探索、付出巨大牺牲积累的一系列独创性经验作了理论概括,开辟了农村包围城市、武装夺取政权的正确革命道路,创立了毛泽东思想,为夺取新民主主义革命胜利指明了正确方向。

············

毛泽东思想是马克思列宁主义在中国的创造性运用和发展,是被实践证明了的关于中国革命和建设的正确的理论原则和经验总结,是马克思主义中国化的第一次历史性飞跃。

——中共中央关于党的百年奋斗重大成就和历史经验的决议[M].北京:人民出版社,2021:7—13.

(六) 学习资料链接

1. 毛泽东思想是民族精神的集中体现

主要观点:毛泽东思想主要是以毛泽东同志为代表的中国共产党人将马克思主义与中国实际结合起来而创立的思想体系。"中国实际"既包含中国革命与建设的实践,也包含中国的文化传统。要把毛泽东思想当成我们党与国家的活的灵魂,实事求是、与时俱进地理解与坚持,指导我们的中国特色社会主义事业不断前进。

——黄立志.当代中国社会导论[M].上海:上海人民出版社,2015:21—22.

2. 疫情防控要坚决反对形式主义、官僚主义

主要观点：与疫情抢时间，必须分秒必争。疫情防控"急"且"重"，推动工作取得实效要力戒形式主义、官僚主义，切忌"表格式防疫"，简单地以会议落实会议、以文件落实文件。广大领导干部要率先垂范，身体力行，冲在前头，深入一线，做到既挂帅又出征，全面了解群众所思所想所需，及时研究疫情变化，把责任扛起来，把使命担起来。

——央视评论员. 疫情防控要坚决反对形式主义、官僚主义［EB/OL］.（2020-02-06）［2020-02-16］. http://news. cctv. com/2020/02/06/ARTIH6GREokd5HYW8ABVnHKt200206. shtml.

3. 毛泽东思想在全党指导地位的确立

主要内容：红军长征胜利到达陕北后，毛泽东同志深刻思考着思想路线的重大问题。从 1935 年到 1945 年，毛泽东以惊人的毅力和巨大的理论勇气，撰写了《实践论》《矛盾论》《新民主主义革命论》等著作，主持编辑了《六大以来》《六大以前》等文献，正确总结中国革命的成功经验和失败教训，独立自主探索中国革命的规律，确立实事求是的思想路线，形成了与中国革命实际相结合的中国化马克思主义——毛泽东思想。

——《求是》杂志社调研组. 用马克思主义之箭射中国革命之的——党的七大确立毛泽东思想在全党的指导地位［J］. 求是，2021(12)：29—39.

七 习 题

（一）单选题

1. 毛泽东思想被确立为党的指导思想是在（　　）上。

A. 党的六大　　　　　　　　　　B. 党的六届二中全会

C. 党的七大　　　　　　　　　　D. 洛川会议

2. 毛泽东思想活的灵魂，包括（　　）。

A. 土地革命、武装斗争、根据地建设

B. 提出了实现马克思主义中国化的历史任务

C. 阐述了马克思主义与中国实际相结合的原则

D. 实事求是、群众路线、独立自主

3. （　　）是党的生命线和根本工作路线。

A. 实事求是　　　B. 独立自主　　　C. 群众路线　　　D. 谦虚谨慎

4. 毛泽东思想形成和发展的时代条件是（　　）。

A. 俄国十月革命开辟了世界无产阶级社会主义革命的新时代

B. 1840 年以后中国成为半殖民地半封建社会

C. 1919 年以后中国革命进入新民主主义革命时期

D. 1927 年以后中国共产党独立担负起领导中国革命的重任

5. （　　）开辟了世界无产阶级社会主义革命的新时代。

A. 新民主主义革命 　　　　　　　　B. 新文化运动

C. 1917 年俄国十月革命的胜利 　　　D. 第二次世界大战

6. 中国的武装斗争是无产阶级领导的以（　　）为主体的革命战争,通过建立农村根据地,进行长期的革命斗争,发展和壮大革命力量,开创出一条以农村包围城市,最后夺取全国胜利的道路。

A. 工人 　　　　　　　　　　　　　B. 城市小资产阶级

C. 知识分子 　　　　　　　　　　　D. 农民

7. 毛泽东思想形成的标志是（　　）。

A. 提出了新民主主义革命的基本思想

B. 提出了农村包围城市、武装夺取政权的革命新道路理论

C. 提出了系统的新民主主义革命理论

D. 提出了人民民主专政、社会主义改造和建设理论

8. 毛泽东思想完备成熟的标志是（　　）。

A. 农村包围城市的革命道路理论的形成

B. 哲学体系的建构

C. 新民主主义革命理论的完整形成

D. 政策和策略的理论

9. 毛泽东把游击战争提到了战略的地位,认为中国革命战争在长时期内的主要作战形式是（　　）。

A. 游击战 　　　　　　　　　　　　B. 运动战

C. 游击战和带游击性的运动战 　　　D. 闪电战

10. （　　）是马克思主义的根本观点,是中国共产党人认识世界、改造世界的根本要求,是中国共产党思想路线的核心,是我们党的基本思想方法、工作方法、领导方法。

A. 实事求是 　　B. 群众路线 　　C. 独立自主 　　D. 党的建设

11. 以下哪一项不是在毛泽东思想的直接指引下完成的?（　　）

A. 结束了中国半殖民地半封建社会的历史

B. 完成了农业、手工业和资本主义工商业的社会主义改造

C. 建立起了独立的比较完整的工业体系和国民经济体系

D. 确立了社会主义市场经济体制

（二）多选题

1. 毛泽东思想活的灵魂的三个基本方面是（　　　　）。

A. 实事求是 　　B. 群众路线 　　C. 统一战线 　　D. 独立自主

2. 以下属于毛泽东思想的主要内容的有（　　　　）。

A. 新民主主义革命理论 　　　　　B. 社会主义革命和社会主义建设理论

C. 政策和策略的理论　　　　　　　D. 思想政治工作和文化工作理论

3. 毛泽东思想形成和发展的时代条件是（　　　　　）。

A. 世界进入帝国主义时代

B. 世界进入无产阶级革命时代

C. 第二次世界大战以后以美苏为首的两极争霸的世界格局

D. 全球化与多极化成为时代潮流

4. 下列说法正确的有（　　　　　）。

A. 毛泽东思想在土地革命战争时期形成

B. 毛泽东思想在抗日战争时期走向成熟

C. 毛泽东思想在解放战争时期和中华人民共和国成立后继续发展

D. 毛泽东思想是党必须长期坚持的指导思想

5. 中国共产党区别于其他任何政党的显著标志是（　　　　　）三大作风。

A. 和人民群众紧密联系在一起　　　　B. 理论和实践相结合

C. 批评与自我批评　　　　　　　　　D. 廉洁自律

6. 解放战争时期和中华人民共和国成立以后，以毛泽东为主要代表的中国共产党人先后提出（　　　　　）。

A. 人民民主专政理论

B. 社会主义改造理论

C. 农村包围城市、武装夺取政权的思想

D. 关于严格区分和正确处理两类矛盾的学说，特别是正确处理人民内部矛盾的理论

7. 毛泽东曾说，"中国的命运一经操在人民自己的手里，中国就将如太阳升起在东方那样，以自己的辉煌的光焰普照大地"。这句话体现了（　　　　　）。

A. 人民群众是历史的创造者　　　　B. 中国革命的胜利离不开人民群众的伟力

C. 人民是推动历史发展的主体力量　　D. 历史前进的基本规律

8. 毛泽东思想作为马克思主义中国化第一个理论成果，它是（　　　　　）。

A. 马克思列宁主义在中国的发展和运用

B. 被实践证明是正确的中国革命和建设的理论原则和经验总结

C. 中国共产党集体智慧的结晶

D. 毛泽东一生思想与实践的完整体现

9. 在中国共产党初创时期，集中体现我党把马克思列宁主义和中国实际相结合的最初成果是（　　　　　）。

A.《反对本本主义》　　　　　　　B.《中国社会各阶级的分析》

C.《星星之火，可以燎原》　　　　D.《湖南农民运动考察报告》

（三）判断题

1. 毛泽东思想所确立的马克思主义中国化的奋斗方向、基本原则和基本方法，指导着

党不断把马克思主义中国化的进程推向前进。 （ ）

2. 毛泽东思想不仅过去引导我们取得革命胜利,现在和将来还应该是我国党和国家的宝贵财富。 （ ）

3. 毛泽东规定了全心全意为人民服务是人民军队的唯一宗旨,规定了是党指挥枪而不是枪指挥党的原则。 （ ）

4. 马克思主义的具体运用要根据各国的具体情况,是因为马克思主义不具有普遍的指导意义。 （ ）

5. 毛泽东思想是中国特色社会主义理论体系的重要思想渊源。 （ ）

6.《论十大关系》重要讲话的发表是毛泽东思想初步形成的重要标志。 （ ）

7.《解放思想,实事求是,团结一致向前看》是党对毛泽东和毛泽东思想的历史地位作出科学评价的重要文献。 （ ）

8. 实事求是与解放思想在本质上是完全一致的。 （ ）

（四）简答题

1. 毛泽东思想的主要内容是什么?

2. 毛泽东思想活的灵魂是什么?

3. 简述毛泽东思想的历史地位。

第三专题

推翻大山　人民解放
——新民主主义革命理论

一 聚焦问题

1. 新民主主义革命理论的意义和当代启示是什么？
2. 中国革命为什么要走新民主主义革命道路？

二 学习主要内容

（一）新民主主义革命的总路线和基本纲领

1. 新民主主义革命的总路线

（1）新民主主义革命的对象：帝国主义、封建主义、官僚资本主义。

（2）新民主主义革命的动力：无产阶级、农民阶级、城市小资产阶级、民族资产阶级。

（3）新民主主义革命的领导力量：无产阶级。

（4）新民主主义革命的性质和前途：资产阶级民主主义革命，必然转向社会主义革命。

区别新旧民主主义革命的根本标志是革命的领导权掌握在无产阶级还是资产阶级手中，无产阶级掌握革命的领导权是新民主主义革命的核心问题。中国近代史上，由于民族资产阶级的软弱性和妥协性导致了旧民主主义革命的失败，领导中国革命取得胜利的重任历史性地落到了无产阶级及其政党肩上。

2. 新民主主义的基本纲领

（1）新民主主义政治纲领：推翻帝国主义和封建主义的统治，建立一个无产阶级领导的、以工农联盟为基础的、各革命阶级联合专政的新民主主义共和国。

（2）新民主主义经济纲领：没收封建地主阶级的土地归农民所有，没收官僚资产阶级的垄断资本归新民主主义的国家所有，保护民族工商业。

（3）新民主主义文化纲领：无产阶级领导的人民大众的反帝反封建的文化，即民族的科学的大众的文化。

（二）新民主主义革命的道路和基本经验

1. 新民主主义革命的道路

（1）新民主主义革命道路的提出。

（2）新民主主义革命道路形成的必然性。

中国革命的时代特点和特殊国情。

（3）新民主主义革命道路的内容及意义。

2．新民主主义革命的三大法宝

（1）统一战线：无产阶级政党策略思想的重要内容。

（2）武装斗争：中国革命的特点和优点之一。

（3）党的建设：不断加强党的思想建设、组织建设和作风建设。

3．新民主主义革命理论的意义

（1）揭示了近代中国革命发展的客观规律，解决了在一个以农民为主体的、落后的半殖民地半封建的东方大国里进行革命的一系列理论问题，在当时的历史条件下科学地回答了中国革命向何处去的问题，以及中国革命的发展阶段问题，极大地丰富了马克思主义的理论宝库。

（2）正确地指导了中国共产党领导人民完成了新民主主义革命，建立了中华人民共和国，开创了中国历史新纪元。

（3）有力地鼓舞和推动了世界上被压迫民族和被压迫人民反抗帝国主义、殖民主义的斗争，极大地增强了他们反对帝国主义斗争的信心，增强了世界人民争取和平的力量。

三 课堂教学案例推荐

井冈山根据地——中国革命的摇篮

推荐语：毛泽东、朱德等老一辈无产阶级革命家在井冈山开辟"农村包围城市、武装夺取政权"的中国革命胜利之路，开启马克思主义基本原理同中国革命具体实际相结合的伟大实践。

在全党为挽救革命、寻找革命新道路而进行的艰苦斗争中，以毛泽东为主要代表的一大批共产党人，经过创建、发展红军和农村革命根据地的实践，逐步找到了一条推动中国革命走向复兴和胜利的道路。

…………

——中共中央党史研究室.中国共产党历史：第一卷（1921—1949）（上册）[M].北京：中共党史出版社,2011：252—258.（标题为编者所加）

四 影视资料推荐

（1）纪录片：《筑梦路上》第二集"存亡之秋"、第三集"井冈星火"、第四集"万里长征"。

（2）纪录片：《复兴之路》之"新民主主义革命历程"。

（3）纪录片：《永远的丰碑·红色的记忆》之"农村包围城市、武装夺取政权思想的提出"。

（4）纪录片：《正道沧桑——社会主义500年》第二十六集"革命新路"。

（5）纪录片：《我们走在大路上》第一集"新中国诞生"。

（6）电影：《秋收起义》。

（7）歌曲：《十送红军》。

五　经典文献阅读推荐

1. 毛泽东论阶级分析

谁是我们的敌人？谁是我们的朋友？这个问题是革命的首要问题。中国过去一切革命斗争成效甚少，其基本原因就是因为不能团结真正的朋友，以攻击真正的敌人。革命党是群众的向导，在革命中未有革命党领错了路而革命不失败的。我们的革命要有不领错路和一定成功的把握，不可不注意团结我们的真正的朋友，以攻击我们的真正的敌人。我们要分辨真正的敌友，不可不将中国社会各阶级的经济地位及其对于革命的态度，作一个大概的分析。

中国社会各阶级的情况是怎样的呢？

地主阶级和买办阶级。在经济落后的半殖民地的中国，地主阶级和买办阶级完全是国际资产阶级的附庸，其生存和发展，是附属于帝国主义的。这些阶级代表中国最落后的和最反动的生产关系，阻碍中国生产力的发展。他们和中国革命的目的完全不相容。特别是大地主阶级和大买办阶级，他们始终站在帝国主义一边，是极端的反革命派。其政治代表是国家主义派和国民党右派。

中产阶级。这个阶级代表中国城乡资本主义的生产关系。中产阶级主要是指民族资产阶级，他们对于中国革命具有矛盾的态度：他们在受外资打击、军阀压迫感觉痛苦时，需要革命，赞成反帝国主义反军阀的革命运动；但是当着革命在国内有本国无产阶级的勇猛参加，在国外有国际无产阶级的积极援助，对于其欲达到大资产阶级地位的阶级的发展感觉到威胁时，他们又怀疑革命。其政治主张为实现民族资产阶级一阶级统治的国家。有一个自称为戴季陶"真实信徒"的，在北京《晨报》上发表议论说："举起你的左手打倒帝国主义，举起你的右手打倒共产党。"这两句话，画出了这个阶级的矛盾惶遽状态。他们反对以阶级斗争学说解释国民党的民生主义，他们反对国民党联俄和容纳共产党及左派分子。但是这个阶级的企图——实现民族资产阶级统治的国家，是完全行不通的，因为现在世界上的局面，是革命和反革命两大势力作最后斗争的局面。这两大势力竖起了两面大旗：一面是红色的革命的大旗，第三国际高举着，号召全世界一切被压迫阶级集合于其旗帜之下；一面是白色的反革命的大旗，国际联盟高举着，号召全世界一切反革命分子集合于其旗帜之下。那些中间阶级，必定很快地分化，或者向左跑入革命派，或者向右跑入反革命派，没有他们"独立"的余地。所以，中国的中产阶级，以其本阶级为主体的"独立"革命思想，仅仅是一个幻想。

小资产阶级。如自耕农，手工业主，小知识阶层——学生界、中小学教员、小员司、小事务员、小律师，小商人等都属于这一类。这一个阶级，在人数上，在阶级性上，都值得大大注意。自耕农和手工业主所经营的，都是小生产的经济。这个小资产阶级内的各阶层虽然同处在小资产阶级经济地位，但有三个不同的部分。第一部分是有余钱剩米的，即用其体力或脑力劳动所得，除自给外，每年有余剩。这种人发财观念极重，对赵公元帅礼拜最勤，虽不妄想发大财，却总想爬上中产阶级地位。他们看见那些受人尊敬的小财东，往往垂着一尺长的涎水。这种人胆子小，他们怕官，也有点怕革命。因为他们的经济地位和中产阶级颇接近，故对于中产阶级的宣传颇相信，对于革命取怀疑的态度。这一部分人在小资产阶级中占少数，是小资产阶级的右翼。第二部分是在经济上大体上可以自给的。这一部分人比较第一部分人大不相同，他们也想发财，但是赵公元帅总不让他们发财，而且因为近年以来帝国主义、军阀、封建地主、买办大资产阶级的压迫和剥削，他们感觉现在的世界已经不是从前的世界。他们觉得现在如果只使用和从前相等的劳动，就会不能维持生活。必须增加劳动时间，每天起早散晚，对于职业加倍注意，方能维持生活。他们有点骂人了，骂洋人叫"洋鬼子"，骂军阀叫"抢钱司令"，骂土豪劣绅叫"为富不仁"。对于反帝国主义反军阀的运动，仅怀疑其未必成功（理由是：洋人和军阀的来头那么大），不肯贸然参加，取了中立的态度，但是绝不反对革命。这一部分人数甚多，大概占小资产阶级的一半。第三部分是生活下降的。这一部分人好些大概原先是所谓殷实人家，渐渐变得仅仅可以保住，渐渐变得生活下降了。他们每逢年终结账一次，就吃惊一次，说："咳，又亏了！"这种人因为他们过去过着好日子，后来逐年下降，负债渐多，渐次过着凄凉的日子，"瞻念前途，不寒而栗"。这种人在精神上感觉的痛苦很大，因为他们有一个从前和现在相反的比较。这种人在革命运动中颇要紧，是一个数量不小的群众，是小资产阶级的左翼。以上所说小资产阶级的三部分，对于革命的态度，在平时各不相同；但到战时，即到革命潮流高涨、可以看得见胜利的曙光时，不但小资产阶级的左派参加革命，中派亦可参加革命，即右派分子受了无产阶级和小资产阶级左派的革命大潮所裹挟，也只得附和着革命。我们从一九二五年的五卅运动和各地农民运动的经验看来，这个断定是不错的。

半无产阶级。此处所谓半无产阶级，包含：（一）绝大部分半自耕农，（二）贫农，（三）小手工业者，（四）店员，（五）小贩等五种。绝大部分半自耕农和贫农是农村中一个数量极大的群众。所谓农民问题，主要就是他们的问题。半自耕农、贫农和小手二业者所经营的，都是更细小的小生产的经济。绝大部分半自耕农和贫农虽同属半无产阶级，但其经济状况仍有上、中、下三个细别。半自耕农，其生活苦于自耕农，因其食粮每年大约有一半不够，须租别人田地，或者出卖一部分劳动力，或经营小商，以资弥补。春夏之间，青黄不接，高利向别人借债，重价向别人籴粮，较之自耕农的无求于人，自然景遇要苦，但是优于贫农。因为贫农无土地，每年耕种只得收获之一半或不足一半；半自耕农则租于别人的部分虽只收获一半或不足一半，然自有的部分却可全得。故半自耕农的革命性优于自耕农而不及贫农。贫农是农村中的佃农，受地主的剥削。其经济地位又分两部分。一部分贫农有比较充足的农具和相当数量的资金。此种农民，每年劳动结果，自己可得一半。不足部分，可以种杂粮、捞鱼虾、饲鸡豕，或出卖一部分劳动力，勉强维持生活，于艰难竭蹶之中，存聊以卒岁之想。故其生活苦于半自耕农，然较另一部分贫农为优。其革命性，则优于半自耕农而不及另一部分贫农。所谓另一部分贫农，则既无充足的农具，又无资金，肥料不足，土地歉收，送租之外，所得无几，更需要出卖一部分劳动力。荒时暴月，向亲友乞哀告怜，借得几斗几升，敷衍三日五日，债务丛集，如牛负重。他们是农民中极艰苦者，极易接受革命的宣传。小手工业者所以称为半无产阶级，是因为他们虽然自有简单的生产手段，且系一种自由职业，但他们也常常被迫出卖一部分劳动力，其经济地位略与农村中的贫农相当。因其家庭负担之重，工资和生活费用之不相称，时有贫困的压迫和失业的恐慌，和贫农亦大致相同。店员是商店的雇员，以微薄的薪资，供家庭的费用，物价年年增长，薪给往往须数年一增，偶与此辈倾谈，便见叫苦不迭。其地位和贫农及小手工业者不相上下，对于革命宣传极易接受。小贩不论肩挑叫卖，或街畔摊售，总之本小利微，吃着不够。其地位和贫农不相上下，其需要一个变更现状的革命，也和贫农相同。

无产阶级。现代工业无产阶级约二百万人。中国因经济落后，故现代工业无产阶级人数不多。二百万左右的产业工人中，主要为铁路、矿山、海运、纺织、造船五种产业的工人，而其中很大一个数量是在外资产业的奴役下。工业无产阶级人数虽不多，却是中国新的生产力的代表者，是近代中国最进步的阶级，做了革命运动的领导力量。我们看四年以来的罢工运动，如海员罢工、铁路罢工、开滦和焦作煤矿罢工、沙面罢工以及"五卅"后上海香港两处的大罢工所表现的力量，就可知工业无产阶级在中国革命中所处地位的重要。他们所以能如此，第一个原因是集中。无论哪种人都不如他们的集中。第二个原因是经济地位低下。他们失了生产手段，剩下两手，绝了发财的望，又受着帝国主义、军阀、资产阶级的极残酷的待遇，所以他们特别能战斗。都市苦力工人的力量也很可注意。以码头搬运夫和人力车夫占多数，粪夫清道夫等亦属于这一类。他们除双手外，别无长物，其经济地位和产业工人相似，惟不及产业工人的集中和在生产上的重要。中国尚少新式的资本主义的农业。所谓农村无产阶级，是指长工、月工、零工等雇农而言。此等雇农不仅无土地，无农具，又无丝毫资金，只得营工度日。其劳动时间之长，工资之少，待遇之薄，职业之不安定，超过其他工人。此种人在乡村中是最感困难者，在农民运动中和贫农处于同一紧要的地位。

此外，还有数量不小的游民无产者，为失了土地的农民和失了工作机会的手工业工人。他们是人类生活中最不安定者。他们在各地都有秘密组织，如闽粤的"三合会"，湘鄂黔蜀的"哥老会"，皖豫鲁等省的"大刀会"，直隶及东三省的"在理会"，上海等处的"青帮"，都曾经是他们的政治和经济斗争的互助团体。处置这一批人，是中国的困难的问题之一。这一批人很能勇敢奋斗，但有破坏性，如引导得法，可以变成一种革命力量。

综上所述，可知一切勾结帝国主义的军阀、官僚、买办阶级、大地主阶级以及附属于他们的一部分反动知识界，是我们的敌人。工业无产阶级是我们革命的领导力量。一切半无产阶级、小资产阶级,是我们最接近的朋友。那动摇不定的中产阶级,其右翼可能是我们的敌人,其左翼可能是我们的朋友——但我们要时常提防他们,不要让他们扰乱了我们的阵线。

——毛泽东.毛泽东选集:第一卷[M].北京:人民出版社,1991:3—9.

2. 毛泽东论战争与战略

革命的中心任务和最高形式是武装夺取政权,是战争解决问题。这个马克思列宁主义的革命原则是普遍地对的,不论在中国在外国,一概都是对的。

⋯⋯⋯⋯⋯

经验告诉我们,中国的问题离开武装就不能解决。认识这一点,对于今后进行胜利的抗日战争是有利益的。抗日战争中全民武装反抗的具体事实,将教育全党进一步地认识这个问题的重要性,每个党员都要时刻准备武装上前线。我们这次会议又决定党的主要工作方面是在战区和敌后,更给了一个明确的方针。这对于有些党员愿作党的组织工作,愿作民众运动的工作,而不愿研究战争和参加战争,有些学校没有注意鼓励学生上前线,等等现象,还是一剂对症的良药。大部分中国领土内党的组织工作和民众运动工作是直接联系于武装斗争的,没有也不能有单独的孤立的党的工作或民众运动。一部分距离战区较远的后方(如云南、贵州、四川)和一部分敌人控制的地区(如北平、天津、南京、上海),党的组织工作和民众运动也是配合战争的,只能也只应服从前线的要求。一句话,全党都要注重战争,学习军事,准备打仗。

——毛泽东.毛泽东选集:第二卷[M].北京:人民出版社,1991:541—545.

3. 毛泽东论三大法宝

所以,统一战线问题,武装斗争问题,党的建设问题,是我们党在中国革命中的三个基本问题。正确地理解了这三个问题及其相互关系,就等于正确地领导了全部中国革命。而在十八年党的历史中,凭借我们丰富的经验,失败和成功、后退和前进、缩小和发展的深刻的和丰富的经验,我们已经能够对这三个问题做出正确的结论来了。就是说,我们已经能够正确地处理统一战线问题,又正确地处理武装斗争问题,又正确地处理党的建设问题。也就是说,十八年的经验,已使我们懂得:统一战线,武装斗争,党的建设,是中国共产党在中国革命中战胜敌人的三个法宝,三个主要的法宝。这是中国共产党的伟大成绩,也是中国革命的伟大成绩。

⋯⋯⋯⋯⋯

十八年的经验告诉我们,统一战线和武装斗争,是战胜敌人的两个基本武器。统一战线,是实行武装斗争的统一战线。而党的组织,则是掌握统一战线和武装斗争这两个武器以实行对敌冲锋陷阵的英勇战士。这就是三者的相互关系。

——毛泽东.毛泽东选集:第二卷[M].北京:人民出版社,1991:605—613.

4. 毛泽东论新民主主义

现阶段的中国革命究竟是一种什么性质的革命呢? 资产阶级民主主义的革命,还是无产阶级社会主义的革命呢? 显然地,不是后者,而是前者。

既然中国社会还是一个殖民地、半殖民地、半封建的社会，既然中国革命的敌人主要的还是帝国主义和封建势力，既然中国革命的任务是为了推翻这两个主要敌人的民族革命和民主革命，而推翻这两个敌人的革命，有时还有资产阶级参加，即使大资产阶级背叛革命而成了革命的敌人，革命的锋芒也不是向着一般的资本主义和资本主义的私有财产，而是向着帝国主义和封建主义，既然如此，所以，现阶段中国革命的性质，不是无产阶级社会主义的，而是资产阶级民主主义的。

但是，现时中国的资产阶级民主主义的革命，已不是旧式的一般的资产阶级民主主义的革命，这种革命已经过时了，而是新式的特殊的资产阶级民主主义的革命。这种革命正在中国和一切殖民地半殖民地国家发展起来，我们称这种革命为新民主主义的革命。这种新民主主义的革命是世界无产阶级社会主义革命的一部分，它是坚决地反对帝国主义即国际资本主义的。它在政治上是几个革命阶级联合起来对于帝国主义者和汉奸反动派的专政，反对把中国社会造成资产阶级专政的社会。它在经济上是把帝国主义者和汉奸反动派的大资本大企业收归国家经营，把地主阶级的土地分配给农民所有，同时保存一般的私人资本主义的企业，并不废除富农经济。因此，这种新式的民主革命，虽然在一方面是替资本主义扫清道路，但在另一方面又是替社会主义创造前提。中国现时的革命阶段，是为了终结殖民地、半殖民地、半封建社会和建立社会主义社会之间的一个过渡的阶段，是一个新民主主义的革命过程。这个过程是从第一次世界大战和俄国十月革命之后才发生的，在中国则是从一九一九年五四运动开始的。所谓新民主主义的革命，就是在无产阶级领导之下的人民大众的反帝反封建的革命。中国的社会必须经过这个革命，才能进一步发展到社会主义的社会去，否则是不可能的。

....

在将现阶段上中国社会的性质，中国革命的对象、任务、动力和性质这些基本问题弄清楚了之后，对于中国革命的前途问题，就是说，中国资产阶级民主主义革命和无产阶级社会主义革命的关系问题，中国革命的现在阶段和将来阶段的关系问题，也就容易明白了。

因为既然在现阶段上的中国资产阶级民主主义的革命，不是一般的旧式的资产阶级民主主义的革命，而是特殊的新式的民主主义的革命，而是新民主主义的革命，而中国革命又是处在二十世纪三十和四十年代的新的国际环境中，即处在社会主义向上高涨、资本主义向下低落的国际环境中，处在第二次世界大战和革命的时代，那末，中国革命的终极的前途，不是资本主义的，而是社会主义和共产主义的，也就没有疑义了。

——毛泽东．毛泽东选集：第二卷［M］．北京：人民出版社，1991：646—650.

这种新民主主义共和国，一方面和旧形式的、欧美式的、资产阶级专政的、资本主义的共和国相区别，那是旧民主主义的共和国，那种共和国已经过时了；另一方面，也和苏联式的、无产阶级专政的、社会主义的共和国相区别，那种社会主义的共和国已经在苏联兴盛起来，并且还要在各资本主义国家建立起来，无疑将成为一切工业先进国家的国家构成和政权构成的统治形式;但是那种共和国,在一定的历史时期中,还不适用于殖民地半殖民地国家的革命。因此,一切殖民地半殖民地国家的革命,在一定历史时期中所采取的国家形式,只能是第三种形式,这就是所谓新民主主义共和国。这是一定历史时期的形式,因而是过渡的形式,但是不可移易的必要的形式。

——毛泽东.毛泽东选集:第二卷[M].北京:人民出版社,1991:675.

5. 中共中央关于新民主主义革命

经过二十八年浴血奋斗,党领导人民,在各民主党派和无党派民主人士积极合作下,于一九四九年十月一日宣告成立中华人民共和国,实现民族独立、人民解放.彻底结束了旧中国半殖民地半封建社会的历史,彻底结束了极少数剥削者统治广大劳动人民的历史,彻底结束了旧中国一盘散沙的局面,彻底废除了列强强加给中国的不平等条约和帝国主义在中国的一切特权,实现了中国从几千年封建专制政治向人民民主的伟大飞跃,也极大改变了世界政治格局,鼓舞了全世界被压迫民族和被压迫人民争取解放的斗争。

实践充分说明,历史和人民选择了中国共产党,没有中国共产党领导,民族独立、人民解放是不可能实现的。中国共产党和中国人民以英勇顽强的奋斗向世界庄严宣告,中国人民从此站起来了,中华民族任人宰割、饱受欺凌的时代一去不复返了,中国发展从此开启了新纪元。

——中共中央关于党的百年奋斗重大成就和历史经验的决议[M].北京:人民出版社,2021:8—9.

(六) 学习资料链接

1. 民主革命时期的党员构成情况

主要内容:据 1929 年 6 月党的六届二中全会的统计,全党党员人数增加到 69 000 人,工人党员的比例却由党的六大时的 10% 下降到 7%。到 1949 年年底,全党党员总数达 448.8 万多人。是 1945 年 4 月党的七大时的 3.7 倍。从社会成分来看,工人 11.2 万人,占 2.5%;农民 267.6 万人,占 59.6%;军人 107.6 万人,占 24%;职员 49.8 万人,占 11.1%;学生 3.6 万人,占 0.8%;其他 9.0 万人,占 2%。

——北京市邓小平理论研究中心课题组.中国共产党党员队伍社会成分的历史考察[J].中国特色社会主义研究,2002(1):46—51.

2. 新时代统一战线具有八个基本特征

主要观点:社会结构变化对统一战线产生了重大影响,一是改变了传统所有制形式,二是改变了传统的社会阶层结构,三是社会思想观念更加多元。新时代统一战线具有以下基本特征:第一,实现了由线下到线上的转型;第二,实现了从单位制到社会制的转型;第三,实现了从封闭到开放的转型;第四,实现了从两个范围联盟到构建人类命运共同体的转型;第五,实现了从"请进来"到"走出去"的转型;第六,实现了从爱国到强国的转型;第七,实现了从传统阶层到新阶层的转型;第八,实现了从政治到治理的转型。

——肖存良.新时代统一战线的基本特征[EB/OL].(2018-10-19)[2020-07-05].http://www.zytzb.gov.cn/llyds/297059.jhtml.

七 习 题

（一）单选题

1. 中国革命最基本的动力是（　　）。

A. 无产阶级　　　　　　　　　　B. 农民阶级

C. 城市小资产阶级　　　　　　　D. 民族资产阶级

2. 中国革命的基本问题是（　　）。

A. 工人问题　　　B. 农民问题　　　C. 土地问题　　　D. 政权问题

3. 毛泽东在下列哪一部著作中首次提出了"新民主主义革命"的科学概念？（　　）

A.《中国社会各阶级的分析》　　　B.《中国的红色政权为什么能够存在？》

C.《中国革命和中国共产党》　　　D.《新民主主义论》

4. 毛泽东完整地提出新民主主义革命总路线内容的著作是（　　）。

A.《论持久战》　　　　　　　　　B.《中国革命和中国共产党》

C.《新民主主义论》　　　　　　　D.《在晋绥干部会议上的讲话》

5. 中国共产党领导创建的第一块农村革命根据地是（　　）。

A. 井冈山革命根据地　　　　　　B. 中央革命根据地

C. 闽浙赣革命根据地　　　　　　D. 左右江革命根据地

6. 毛泽东关于"工农武装割据"的思想包括三个不可分割的部分是（　　）。

A. 实事求是、群众路线、独立自主

B. 武装斗争、土地革命、农村革命根据地建设

C. 游击战争、红色政权、党的建设

D. 武装斗争、统一战线、党的建设

7. 坚持（　　），是建设新型人民军队的根本原则，是毛泽东建军思想的核心。

A. 党对军队的绝对领导　　　　　B. 全心全意为人民服务

C. 正确的战略战术原则　　　　　D. 三大纪律八项注意

8. 中国无产阶级最可靠的同盟军是（　　）。

A. 农民阶级　　　　　　　　　　B. 城市小资产阶级

C. 民族资产阶级　　　　　　　　D. 开明士绅

9. 中国新民主主义革命的前途是（　　）。

A. 资本主义　　　B. 社会主义　　　C. 民主主义　　　D. 民族主义

10. 标志着旧民主主义革命向新民主主义革命转变的重大事件是（　　）。

A. 新文化运动的兴起　　　　　　B. 五四运动

C. 中国共产党的建立　　　　　　　D. 北伐战争

11. 解决革命问题的基本前提是（　　）。

A. 认清革命对象　　　　　　　　　B. 认清革命动力

C. 认清国情　　　　　　　　　　　D. 认清革命阶段

12. 新民主主义革命的性质是（　　）。

A. 无产阶级社会主义革命　　　　　B. 社会主义革命

C. 资产阶级民主主义革命　　　　　D. 农民阶级革命

13. 中国革命的中心问题是（　　）。

A. 革命的纲领　　　　　　　　　　B. 无产阶级的领导权

C. 认清国情　　　　　　　　　　　D. 分清敌友

14. 毛泽东具体阐述新民主主义革命纲领是在（　　）中。

A.《论联合政府》　　　　　　　　B.《〈共产党人〉发刊词》

C.《中国革命和中国共产党》　　　D.《新民主主义论》

15. 中国革命选择农村包围城市、武装夺取政权的道路,最根本的决定因素是（　　）。

A. 毛泽东的卓越才能　　　　　　　B. 中国所处的时代特点和具体国情

C. 实事求是思想路线的确立　　　　D. 中国共产党人吸取经验教训

16. 中国革命分两步走,第一步是（　　）。

A. 完成反帝反封建的新民主主义革命　　B. 打倒帝国主义

C. 完成社会主义革命　　　　　　　D. 推翻封建主义

（二）多选题

1. 新民主主义革命的对象是（　　）。

A. 民族资产阶级　　　　　　　　　B. 帝国主义

C. 官僚资本主义　　　　　　　　　D. 封建主义

2. 新民主主义革命的动力包括（　　）。

A. 农民阶级　　　　　　　　　　　B. 无产阶级

C. 城市小资产阶级　　　　　　　　D. 民族资产阶级

3. 在中国共产党领导的新民主主义革命中战胜敌人的主要法宝是（　　）。

A. 统一战线　　　　　　　　　　　B. 土地革命

C. 武装斗争　　　　　　　　　　　D. 党的建设

4. 党在长期斗争中形成的三大优良作风是（　　）。

A. 理论联系实际　　　　　　　　　B. 密切联系群众

C. 批评与自我批评　　　　　　　　D. 独立自主、自力更生

5. "工农武装割据"思想的主要内容包括（　　）。

A. 土地革命是民主革命的基本内容

B. 武装斗争是农村革命根据地建设和土地革命强有力的保证

C. 农民是无产阶级最可靠的同盟者

D. 农村革命根据地是中国革命的战略阵地

6. 中华人民共和国的成立标志着（　　　　　）。

A. 半殖民地半封建社会结束　　　　　B. 中国进入新民主主义社会

C. 中国进入社会主义社会　　　　　　D. 新民主主义革命基本胜利

7. 新民主主义文化是（　　　　）的文化。

A. 历史的　　　　　B. 民族的　　　　　C. 科学的　　　　　D. 大众的

8. 近代中国半殖民地半封建社会的主要矛盾是（　　　　　）。

A. 帝国主义和中华民族的矛盾　　　　B. 封建主义和人民大众的矛盾

C. 地主阶级和农民阶级的矛盾　　　　D. 资产阶级和无产阶级的矛盾

9. 近代中国革命的根本任务是（　　　　　）。

A. 推翻帝国主义、封建主义和官僚资本主义的统治

B. 变革阻碍生产力发展的生产关系

C. 从根本上推翻反动腐朽的政治上层建筑

D. 建立社会主义制度

10. 新旧民主主义革命的区别有哪些？（　　　　　）。

A. 革命的领导阶级不同　　　　　　　B. 革命所处的时代不同

C. 革命的指导思想不同　　　　　　　D. 革命的前途不同

11. 对于中国革命道路的理解，正确的有（　　　　　）。

A. 创造性地发展了马克思主义

B. 反映了中国半殖民地半封建社会民主革命发展的规律

C. 是坚持实事求是思想路线的结果

D. 对于推进马克思主义中国化具有重要的方法论意义

（三）判断题

1. 近代中国，帝国主义的侵略加速了封建社会自给自足的自然经济的解体，民族资本主义已经成为中国社会经济的主要形式。　　　　　　　　　　　　　　　　（　　　）

2. 近代中国社会的性质和主要矛盾，决定了中国革命的性质仍然是资产阶级民主革命。　　　　　　　　　　　　　　　　　　　　　　　　　　　　　　（　　　）

3. 秋收起义失败后，毛泽东领导创建井冈山革命根据地，把武装斗争的主攻方向首先指向农村。　　　　　　　　　　　　　　　　　　　　　　　　　　　（　　　）

4. 在《新民主主义论》中，毛泽东完整地表述了新民主主义革命总路线的内容。（　　　）

5. 无产阶级是中国革命最基本的动力，亦是中国革命的主力军。　　　　（　　　）

6. 民主主义革命是社会主义革命的必要准备，社会主义革命是民主主义革命的必然趋势。　　　　　　　　　　　　　　　　　　　　　　　　　　　　　　（　　　）

7. 加强党的思想建设，关键是以无产阶级思想克服和改造各种非无产阶级思想。

（　　　）

8. 土地革命和武装斗争是中国革命的两个基本特点,是战胜敌人的两个基本武器。

（　　）

（四）简答题

1. 简述新民主主义基本纲领的主要内容。

2. 简述土地革命、武装斗争、农村革命根据地建设三者之间的关系。

3. 新民主主义革命总路线的内容是什么？

4. 简述新民主主义革命三大法宝及其相互关系。

一化三改　确立制度

——社会主义改造理论

一　聚焦问题

为什么说社会主义改造实现了中华民族有史以来最为广泛而深刻的社会变革？

二　学习主要内容

（一）从新民主主义到社会主义的转变

1. 新民主主义社会是一个过渡性的社会

从中华人民共和国成立到 1956 年社会主义改造基本完成，我国社会的性质是新民主主义社会，这是由新民主主义向社会主义转变的过渡性社会形态。

社会主义工业化必然要求对个体经济和私人资本主义经济进行改造。

2. 党在过渡时期的总路线

（1）党在过渡时期总路线的提出。

1953 年 6 月，毛泽东在中央政治局会议上正式提出过渡时期的总路线和总任务，同年 12 月形成关于总路线的完整表述。

（2）过渡时期总路线的主要内容。

"一化三改"："一化"即社会主义工业化，这是"主体"；"三改"即对个体农业、手工业和资本主义工商业的社会主义改造，这是"两翼"。

（3）党在过渡时期总路线的理论依据。

马克思、恩格斯的设想。

列宁"和平赎买"设想。

以毛泽东为主要代表的中国共产党人，将马克思列宁主义关于过渡时期的理论在中国具体化了。

（二）适合中国特点的社会主义改造道路和历史经验

1. 社会主义改造道路

（1）农业、手工业的社会主义改造。

农业社会主义改造：积极引导农民组织起来，走互助合作道路。遵循自愿互利、典型示范

36

和国家帮助的原则,以互助合作的优越性吸引农民走互助合作道路。正确分析农村的阶级和阶层状况,制定正确的阶级政策。坚持积极领导、稳步前进的方针,采取循序渐进的步骤。

手工业社会主义改造:采取积极领导、稳步前进的方针。在步骤上,第一步是办手工业供销小组,第二步是办手工业供销合作社,第三步是建立手工业生产合作社。

(2)资本主义工商业的社会主义改造。

党和政府有计划、有步骤地开展了对资本主义工商业的社会主义改造。

第一,用和平赎买的方法改造资本主义工商业;

第二,采取从低级到高级的国家资本主义的过渡形式;

第三,把资本主义工商业者改造成为自食其力的社会主义劳动者。

其经历了三个步骤:第一步主要实行初级形式的国家资本主义。第二步主要实行个别企业的公私合营。这两步改造中的企业的利润,按国家所得税、企业公积金、工人福利费、资方红利进行分配("四马分肥")。第三步是实行全行业的公私合营。

2. 社会主义改造的历史经验

(1)社会主义改造的历史经验。

第一,坚持社会主义工业化建设与社会主义改造同时并举。

第二,采取积极引导、逐步过渡的方式。

第三,用和平方法进行改造。

(2)正确认识社会主义改造过程中出现的失误和偏差。

原因:主要是在1955年夏季以后,农业合作化以及对手工业和个体商业的改造要求过急,工作过粗,改变过快,形式也过于简单划一。

但是,不能因为出现这些失误和偏差而否定社会主义改造的伟大意义。

(三) 社会主义制度在中国的确立

1. 社会主义基本制度的确立及其理论依据

(1)社会主义经济制度的确立:1956年年底,三大改造基本完成,社会主义公有制已成为我国社会的经济基础。

(2)社会主义政治制度的确立:1954年9月,第一届全国人民代表大会召开和《中华人民共和国宪法》的制定及颁布施行。

(3)社会阶级关系发生根本变化:广大劳动人民成为掌握生产资料的国家和社会的主人以及掌握自己命运的主人。

实践证明,中国可以在没有实现工业化的情况下进入社会主义,社会主义基本制度的确立正是为了推进中国的工业化、现代化建设;另一方面,由于经济文化还比较落后,中国的社会主义还只能是初级阶段的社会主义。

2. 确立社会主义基本制度的重大意义

(1)极大地提高了工人阶级和广大劳动人民的积极性、创造性,极大地促进了我国社会生产力的发展。

（2）使广大劳动人民真正成为国家的主人。

（3）使占世界人口 1/4 的东方大国进入了社会主义社会，这是世界社会主义发展史上又一个历史性的伟大胜利。它进一步改变了世界政治经济格局，增强了社会主义的力量，对维护世界和平产生了积极影响。

（4）不仅再次证明了马克思列宁主义的真理性，而且以其独创性的理论原则和经验总结丰富和发展了科学社会主义理论。

三 课堂教学案例推荐

荣毅仁与毛泽东

推荐语：荣毅仁与毛泽东真情交往的故事。

从一个民族资本家到共和国的国家副主席，荣毅仁的经历颇有些传奇色彩，在对荣毅仁的一生有重要影响的人物中，有一个人对他来讲是会永远铭记在心的。几十年来，他一直怀着崇敬的心情来看待这位伟人。这就是毛泽东。

············

——叶介甫. 荣毅仁与中共领袖的真情交往［EB/OL］.（2016-06-12）［2020-02-16］. ht-tp://dangshi. people. com. cn/n1/2016/0612/c85037-28425842. html.

四 影视资料推荐

（1）纪录片：《筑梦路上》第十集"土改翻身"、第十二集"大业奠基"。

（2）纪录片：《辉煌 60 年》第二集"奠基立业"。

（3）纪录片：《正道沧桑——社会主义 500 年》第二十九集"春天脚步"、第三十集"激情岁月"。

（4）纪录片：《我们走在大路上》第二集"敢教日月换新天"、第三集"大业奠基"、第七集"艰辛探索"。

（5）视频：《中国工业化的起步》。

（6）电视剧：《大宅门》第二部第 26 集。

五 经典文献阅读推荐

1. 毛泽东论过渡时期总路线

党在过渡时期的总任务，是要经过三个五年计划，基本上完成社会主义工业化和对农业、手工业、资本主义工商业的社会主义改造。……

中国农业现在大部分是个体经济，要有步骤地进行社会主义改造。发展农业互助合作运动，要坚持自愿原则。不去发展，就会走资本主义道路，这是右倾。搞猛了也不行，那是

"左"倾。要有准备有步骤地进行。

  ——毛泽东.毛泽东文集：第六卷[M].中共中央文献研究室编.北京：人民出版社，1999：280.

  从中华人民共和国成立，到社会主义改造基本完成，这是一个过渡时期。党在这个过渡时期的总路线和总任务，是要在一个相当长的时期内，逐步实现国家的社会主义工业化，并逐步实现国家对农业、对手工业和对资本主义工商业的社会主义改造。……

  党在过渡时期的总路线的实质，就是使生产资料的社会主义所有制成为我国国家和社会的唯一的经济基础。我们所以必须这样做，是因为只有完成了由生产资料的私人所有制到社会主义所有制的过渡，才利于社会生产力的迅速向前发展，才利于在技术上起一个革命，把在我国绝大部分社会经济中使用简单的落后的工具农具去工作的情况，改变为使用各类机器直至最先进的机器去工作的情况，借以达到大规模地出产各种工业和农业产品，满足人民日益增长着的需要，提高人民的生活水平，确有把握地增强国防力量，反对帝国主义的侵略，以及最后地巩固人民政权，防止反革命复辟这些目的。要完成这个任务，大约需要经过三个五年计划，就是大约十五年左右的时间（从一九五三年算起，到一九六七年基本上完成，加上经济恢复时期的三年，则为十八年，这十八年中已经过去了四年），那时中国就可以基本上建设成为一个伟大的社会主义国家。

  ——毛泽东.毛泽东文集：第六卷[M].中共中央文献研究室编.北京：人民出版社，1999：316—317.

2. 毛泽东论新民主主义革命向社会主义革命转变

  革命的转变，那是将来的事。在将来，民主主义的革命必然要转变为社会主义的革命。何时转变，应是否具备了转变的条件为标准，时间会要相当地长。不到具备了政治上经济上一切应有的条件之时，不到转变对于全国最大多数人民有利而不是不利之时，不应当轻易谈转变。

  ——毛泽东.毛泽东选集：第一卷[M].北京：人民出版社，1991：160.

3. 毛泽东论国家资本主义经济和资本主义工商业改造

  中国现在的资本主义经济，其绝大部分是在人民政府管理之下的，用各种形式和国营社会主义经济联系着的，并受工人监督的资本主义经济。这种资本主义经济已经不是普通的资本主义经济，而是一种特殊的资本主义经济，即新式的国家资本主义经济。它主要地不是为了资本家的利润而存在，而是为了供应人民和国家的需要而存在。……因此，这种新式国家资本主义经济是带着很大的社会主义性质的，是对工人和国家有利的。

  ——毛泽东.毛泽东文集：第六卷[M].中共中央文献研究室编.北京：人民出版社，1999：282.

  现在所说的改造，还不是取消资本家私人所有制，使之变为社会主义企业的最后改造步骤，而是指在承认资本家的受限制的不完全的私人所有制条件下，使资本主义企业逐步变为国家资本主义企业，即在人民政府管理下的、用各种方式同国营社会主义经济联系着和合作的、受工人监督的国家资本主义企业。这种资本主义企业，已经不是解放前的那种资本主义企业，它们主要是为国家和人民的需要而生产，资本家已不能唯利是图。当然，工人还要为资本家生产一部分利润，但这部分利润，在整个盈利中至多占百分之二十五；而百分之七十五以上的盈利部分，是为国家（所得税）、为工人（福利费）和为扩大企业设备（公积金——其中包含一小部分是为资本家生产利润的）而生产的。……

国家资本主义转变为社会主义靠什么条件？第一，社会主义的几千个大工厂；第二，农业合作化，要有计划地、稳步地、积极地、自愿地搞互助合作；第三，国家资本主义企业内部的条件，包括党组织和工会，加上我们的领导，可以保证企业转到社会主义，取消资本家的所有权，同时把他们安排好。在这里，头一步是变资本主义为国家资本主义，把独立的、不受限制的、有自由市场的资本主义，变为不独立、受限制、没有自由市场的资本主义，即国家资本主义。第二步由国家资本主义变为社会主义，消灭阶级。

——毛泽东.毛泽东文集：第六卷［M］.中共中央文献研究室编.北京：人民出版社，1999：286—287.

4. 毛泽东论社会主义革命目的

目前我国正处在伟大的社会主义革命的高潮中。中华人民共和国的成立标志着中国革命由资产阶级民主革命阶段转变到社会主义革命阶段，即进入由资本主义到社会主义的过渡时期。在过去的六年中，前三年的工作主要是恢复国民经济和进行前一革命阶段中没有完成的各项社会改革，主要是土地改革。从去年夏季以来，社会主义改造，也就是社会主义革命就以极广阔的规模和极深刻的程度展开起来。大约再有三年的时间，社会主义革命就可以在全国范围内基本上完成。

社会主义革命的目的是为了解放生产力。农业和手工业由个体的所有制变为社会主义的集体所有制，私营工商业由资本主义所有制变为社会主义所有制，必然使生产力大大地获得解放。这样就为大大地发展工业和农业的生产创造了社会条件。

我们进行社会主义革命所用的方法是和平的方法。……在我国的条件下，用和平的方法，即用说服教育的方法，不但可以改变个体的所有制为社会主义的集体所有制，而且可以改变资本主义所有制为社会主义所有制。

——毛泽东.毛泽东文集：第七卷［M］.中共中央文献研究室编.北京：人民出版社，1999：1—2.

5. 邓小平论社会主义改造

……我们的社会主义改造是搞得成功的，很了不起。这是毛泽东同志对马克思列宁主义的一个重大贡献。今天我们也还需要从理论上加以阐述。当然缺点也有。

——邓小平.邓小平文选：第二卷［M］.北京：人民出版社，1994：302.

6. 胡锦涛论社会主义改造

以毛泽东同志为核心的党的第一代中央领导集体带领全党全国各族人民完成了新民主主义革命，进行了社会主义改造，确立了社会主义基本制度，成功实现了中国历史上最深刻最伟大的社会变革，为当代中国一切发展进步奠定了根本政治前提和制度基础。在探索过程中,虽然经历了严重曲折,但党在社会主义建设中取得的独创性理论成果和巨大成就,为新的历史时期开创中国特色社会主义提供了宝贵经验、理论准备、物质基础。

——中共中央文献研究室.十八大以来重要文献选编:上[M].北京:中央文献出版社,2014:8.

7. 中共中央关于社会主义革命和建设时期

在这个时期,毛泽东同志提出把马克思列宁主义基本原理同中国具体实际进行"第二次结合",以毛泽东同志为主要代表的中国共产党人,结合新的实际丰富和发展毛泽东思想,提出关于社会主义建设的一系列重要思想,包括社会主义社会是一个很长的历史阶段,严格区分和正确处理敌我矛盾和人民内部矛盾,正确处理我国社会主义建设的十大关系,走出一条适合我国国情的工业化道路,尊重价值规律,在党与民主党派的关系上实行"长期共存、互相监督"的方针,在科学文化工作中实行"百花齐放、百家争鸣"的方针等。这些独创性理论成果至今仍有重要指导意义。

···········

中国共产党和中国人民以英勇顽强的奋斗向世界庄严宣告,中国人民不但善于破坏一个旧世界、也善于建设一个新世界,只有社会主义才能救中国,只有社会主义才能发展中国。

——中共中央关于党的百年奋斗重大成就和历史经验的决议[M].北京:人民出版社,2021:12—14.

(六) 学习资料链接

中华人民共和国历史上的第一个"五年计划"

主要内容:第一个"五年计划"从 1951 年开始编制,历时四年、五易其稿,其间一方面初步编制和开始执行,一方面不断讨论修改完善,到 1954 年 9 月基本定稿。1955 年 3 月经党的全国代表会议讨论通过,同年 7 月 30 日全国人大一届二次会议审议通过。计划规定,五年内国家用于经济和文化建设的投资总额为 766.4 亿元,折合黄金 7 亿多两,这在我国历史上是空前的,全部投资的 58.2% 用于工业基本建设,其中 88.8% 用于重工业建设。

——根据下列文献整理:胡绳.中国共产党的七十年[M].北京:中共党史出版社,1991:293—297;毛泽东.毛泽东文集:第七卷[M].中共中央文献研究室编.北京:人民出版社,1999:3.

七 习 题

(一) 单选题

1. 1949 年中华人民共和国成立,标志着中国已从半殖民地半封建社会进入( )。

A. 资本主义社会　　　　　　　　B. 新民主主义社会

C. 社会主义社会　　　　　　　　　　D. 共产主义社会

2. 资本主义工商业的社会主义改造基本完成的标志是实现（　　　）。

A. 和平赎买　　　　　　　　　　　　B. 全行业的公私合营

C. 个别企业的公私合营　　　　　　　D. "四马分肥"

3. 中华人民共和国成立,尤其是土地制度的改革完成后,中国国内的主要矛盾已经转变为（　　　）。

A. 帝国主义与中华民族、封建主义与人民大众的矛盾

B. 人民日益增长的美好生活需要和不平衡不充分的发展之间的矛盾

C. 无产阶级与资产阶级、社会主义道路与资本主义道路的矛盾

D. 人民对于经济文化迅速发展的需要同当前经济文化不能满足人民需要的状况之间的矛盾

4. 我国对农业的社会主义改造采取的循序渐进的过渡形式是（　　　）。

A. 初级社、互助组、高级社　　　　　B. 高级社、初级社、互助组

C. 互助组、高级社、初级社　　　　　D. 互助组、初级社、高级社

5. 我国在资本主义工商业的社会主义改造中,对资本家实行（　　　）。

A. 利用、限制、改造的方针　　　　　B. 斗争、限制、改造的方针

C. 团结、教育、改造的方针　　　　　D. 团结、教育、利用的方针

6. 对资本主义工商业的社会主义改造,在利润分配上采取的政策是（　　　）。

A. 统筹兼顾　　　　B. 劳资两利　　　　C. 公私兼顾　　　　D. "四马分肥"

7. 1956 年我国在生产资料所有制的社会主义改造基本完成后,开始进入（　　　）。

A. 新民主主义时期　　　　　　　　　B. 国民经济恢复时期

C. 从新民主主义向社会主义过渡时期　D. 社会主义初级阶段

8. 中国共产党提出把中国"稳步由农业国转变为工业国,由新民主主义国家转变为社会主义国家"的思想是在（　　　）。

A. 党的七届三中全会　　　　　　　　B. 党的八大

C. 党的七届二中全会　　　　　　　　D. 党的七大

9. 党在过渡时期的总路线和总任务可以概括为（　　　）。

A. "三化一改"　　　　　　　　　　　B. "一化三改"

C. "一化两改"　　　　　　　　　　　D. "三改两化"

10. 我国对资本主义工商业的社会主义改造所采取的政策是（　　　）。

A. 强制改造　　　　B. 自愿充公　　　　C. 暴力没收　　　　D. 和平赎买

（二）多选题

1. 中国共产党在过渡时期的总路线和总任务是逐步实现（　　　）。

A. 国家的社会主义工业化　　　　　　B. 对农业的社会主义改造

C. 对手工业的社会主义改造　　　　　D. 对资本主义工商业的社会主义改造

2. 在新民主主义社会中,存在(　　　　)经济成分。

　A. 合作社经济　　　　　　　　　B. 私人资本主义经济

　C. 农民和手工业者的个体经济　　　D. 国营经济和国家资本主义经济

3. 党在过渡时期总路线和总任务的"两翼"是指(　　　　)。

　A. 社会主义工业化　　　　　　　B. 对个体农业的社会主义改造

　C. 对手工业的社会主义改造　　　D. 对资本主义工商业的社会主义改造

4. 在对农业进行社会主义改造的过程中,经历的三个发展阶段是(　　　　)。

　A. 互助组　　　　B. 人民公社　　　　C. 高级社　　　　D. 初级社

5. 中国共产党对农业实行社会主义改造的原则是(　　　　)。

　A. 典型示范　　　　　　　　　　B. 自愿互利

　C. 国家帮助　　　　　　　　　　D. 稳步前进

6. 手工业的社会主义改造经历了由小到大、由低级到高级的步骤是(　　　　)。

　A. 手工业供销合作社　　　　　　B. 手工业初级社

　C. 手工业供销小组　　　　　　　D. 手工业生产合作社

7. 在对资本主义工商业的社会主义改造中,国家资本主义的初级形式有(　　　　)。

　A. 经销代销　　　B. 统购包销　　　C. 加工订货　　　D. 公私合营

8. 全行业公私合营前,国家对资本主义工商业采取的赎买政策是"四马分肥",下列哪些属于"四马分肥"的内容?(　　　　)

　A. 国家所得税　　　B. 企业公积金　　　C. 工人福利费　　　D. 资本家的利润

9. 1949 年在党的七届二中全会提出"两个转变",是指(　　　　)

　A. 稳步地由农业国转变为工业国

　B. 由新民主主义国家转变为社会主义国家

　C. 由半殖民地半封建国家转变为社会主义国家

　D. 由落后的农业国转变为先进的工业国

(三)判断题

1. "量才使用,适当照顾"的原则,与对资本主义工商业的改造有关。　　　　(　　)

2. 中华人民共和国的成立,标志着我国新民主主义革命胜利和社会主义建设开始。

(　　)

3. 社会主义改造的基本完成,使得中国几千年来以生产资料私有制为基础的阶级剥削制度基本上被消灭。　　　　(　　)

4. 中国是在没有实现工业化的情况下进入社会主义社会历史发展阶段的。　(　　)

5. 国家资本主义虽然主要是为了资本家的利润而存在,但又是有利于国家对资本主义工商业进行社会主义改造的一种经济过渡形式。　　　　(　　)

6. 我国进行社会主义改造,坚持社会主义现代化建设与社会主义改造同时并举。

(　　)

7. 中华人民共和国成立后,我国对民族资本主义工商业的社会主义改造实行的是没收政策。 （　　）

（四）简答题

1. 简述社会主义改造的历史经验。

2. 我国社会主义基本制度确立的重大意义是什么?

第五专题

工业主导 各得其所

——社会主义建设道路初步探索的理论成果

一 聚焦问题

社会主义建设道路初步探索的理论成果对中国特色社会主义有何重大意义？

二 学习主要内容

（一）初步探索的重要理论成果

1. 调动一切积极因素为社会主义事业服务的思想

1956 年 4 月和 5 月，毛泽东先后在中央政治局扩大会议和最高国务会议上，作了《论十大关系》的报告，明确提出要以苏为鉴，独立自主地探索适合中国情况的社会主义建设道路。

《论十大关系》标志着党探索中国社会主义建设道路的良好开端，确定了调动一切积极因素为社会主义事业服务的基本方针。

调动一切积极因素为社会主义事业服务，必须坚持中国共产党的领导，必须发展社会主义民主政治，认识社会主义发展阶段和社会主义建设规律。

2. 正确认识和处理社会主义社会矛盾的思想

1957 年 2 月，毛泽东作了《如何处理人民内部矛盾》（后改为《关于正确处理人民内部矛盾的问题》）的报告，系统论述了社会主义社会矛盾的理论。

毛泽东指出，矛盾是普遍存在的，社会主义社会同样充满着矛盾，正是这些矛盾推动着社会主义社会不断向前发展。社会主义社会的基本矛盾仍然是生产关系和生产力、上层建筑和经济基础的矛盾，只是它不是对抗性的矛盾，而是非对抗性的矛盾。社会主义社会存在敌我矛盾和人民内部矛盾，必须严格区分和处理两类不同性质的矛盾并采取不同的解决方法。

3. 走中国工业化道路的思想

实现工业化是中国近代以来历史发展的必然要求，也是民族独立和国家富强的必要条件。在《关于正确处理人民内部矛盾的问题》中，毛泽东明确提出了中国工业化道路的问题，主要是指重工业和轻工业、农业的发展关系问题，要走一条有别于苏联的中国工业化道路。

走中国工业化道路,必须明确战略目标和战略步骤,必须采取正确的经济建设方针,必须发展科学技术和文化教育,必须重视知识分子工作,必须调整和完善所有制结构,必须积极探索适合我国情况的经济体制和运行机制。

（二）初步探索的意义和经验教训

1. 初步探索的意义

（1）巩固和发展了我国的社会主义制度。

（2）为开创中国特色社会主义提供了宝贵经验、理论准备、物质基础。

（3）丰富了科学社会主义的理论和实践。

2. 初步探索的经验教训

（1）必须把马克思主义与中国实际相结合,探索符合中国特点的社会主义建设道路。

（2）必须正确认识社会主义社会的主要矛盾和根本任务,集中力量发展生产力。

（3）必须从实际出发进行社会主义建设,建设规模和速度要和国力相适应,不能急于求成。

（4）必须发展社会主义民主,健全社会主义法制。

（5）必须坚持党的民主集中制和集体领导制度,加强执政党建设。

（6）必须坚持对外开放,借鉴和吸收人类文明成果建设社会主义,不能关起门来搞建设。

三 课堂教学案例推荐

礼赞 70 年

推荐语:第一个五年计划期间,华北制药厂迅速建成并投产。

"中国已经有 10% 左右的现代性的工业经济""中国还有大约 90% 左右的分散的、个体的农业经济和手工业经济"毛泽东在七届二中全会上这样讲道。以"一九开"基本国情为起点,1953 年,中国实施第一个五年计划,开启社会主义工业化建设。

············

——张琰.从"一五"计划到"十三五"规划[N/OL].(2019-08-30)[2020-02-16].http://www.jjjcb.cn/content/2019-08/30/content_81327.htm.

四 影视资料推荐

（1）纪录片:《筑梦路上》第十三集"道路初探"。

（2）纪录片:《旗帜》第四集"艰辛探索"。

（3）纪录片:《正道沧桑——社会主义 500 年》第二十二集"苏联模式"。

（4）纪录片:《我们走在大路上》（第 4—7 集）。

（5）纪录片:《刘少奇》（第 6 集）。

（6）纪录片:《红色档案》第四集"《如何处理人民内部矛盾》讲话提纲(1957)"。

（7）电影：《邓稼先》。

（8）电影：《周恩来的四个昼夜》。

五　经典文献阅读推荐

1. 毛泽东论重工业、轻工业和农业的关系

重工业是我国建设的重点。必须优先发展生产资料的生产，这是已经定了的。但是决不可以因此忽视生活资料尤其是粮食的生产。如果没有足够的粮食和其他生活必需品，首先就不能养活工人，还谈什么发展重工业？所以，重工业和轻工业、农业的关系，必须处理好。

．．．．．．．．．．

我们现在的问题，就是还要适当地调整重工业和农业、轻工业的投资比例，更多地发展农业、轻工业。这样，重工业是不是不为主了？它还是为主，还是投资的重点。但是，农业、轻工业投资的比例要加重一点。

．．．．．．．．．．

我们现在发展重工业可以有两种办法，一种是少发展一些农业、轻工业，一种是多发展一些农业、轻工业。从长远观点来看，前一种办法会使重工业发展得少些和慢些，至少基础不那么稳固，几十年后算总账是划不来的。后一种办法会使重工业发展得多些和快些，而且由于保障了人民生活的需要，会使它发展的基础更加稳固。

————毛泽东. 毛泽东文集：第七卷［M］. 中共中央文献研究室编. 北京：人民出版社，1999：24—25.

2. 毛泽东论人民内部矛盾

敌我之间的矛盾是对抗性的矛盾。人民内部的矛盾，在劳动人民之间说来，是非对抗性的；在被剥削阶级和剥削阶级之间说来，除了对抗性的一面以外，还有非对抗性的一面。人民内部的矛盾不是现在才有的，但是在各个革命时期和社会主义建设时期有着不同的内容。在我国现在的条件下，所谓人民内部的矛盾，包括工人阶级内部的矛盾，农民阶级内部的矛盾，知识分子内部的矛盾，工农两个阶级之间的矛盾，工人、农民同知识分子之间的矛盾，工人阶级和其他劳动人民同民族资产阶级之间的矛盾，民族资产阶级内部的矛盾，等等。我们的人民政府是真正代表人民利益的政府，是为人民服务的政府，但是它同人民群众之间也有一定的矛盾。这种矛盾包括国家利益、集体利益同个人利益之间的矛盾，民主同集中的矛盾，领导同被领导之间的矛盾，国家机关某些工作人员的官僚主义作风同群众之间的矛盾。这种矛盾也是人民内部的一个矛盾。一般说来，人民内部的矛盾，是在人民利益根本一致的基础上的矛盾。

————毛泽东. 毛泽东文集：第七卷［M］. 中共中央文献研究室编. 北京：人民出版社，1999：205—206.

3．周恩来论知识分子

我们所以要建设社会主义经济，归根结底，是为了最大限度地满足整个社会经常增长的物质和文化的需要，而为了达到这个目的，就必须不断地发展社会生产力，不断地提高劳动生产率，就必须在高度技术的基础上，使社会主义生产不断地增长，不断地改善。因此，在社会主义时代，比以前任何时代都更加需要充分地提高生产技术，更加需要充分地发展科学和利用科学知识。因此，我们要又多、又快、又好、又省地发展社会主义建设，除了必须依靠工人阶级和广大农民的积极劳动以外，还必须依靠知识分子的积极劳动，也就是说，必须依靠体力劳动和脑力劳动的密切合作，依靠工人、农民、知识分子的兄弟联盟。我们现在所进行的各项建设，正在愈来愈多地需要知识分子参加。……因此，知识分子已经成为我们国家的各方面生活中的重要因素。而正确地解决知识分子问题，更充分地动员和发挥他们的力量，为伟大的社会主义建设服务，也就成为我们努力完成过渡时期总任务的一个重要条件。我们党的各个部门，党的各级组织，都应该重视这个问题。

……他们中间的绝大部分已经成为国家工作人员，已经为社会主义服务，已经是工人阶级的一部分。

——周恩来.周恩来选集：下卷[M].中共中央文献编辑委员会编.北京：人民出版社，1984：159—162.

4．刘少奇论社会主义市场

在利用、限制、改造资本主义企业时期所采取的许多关于购销关系的措施，现在必须改变，代之以适合于目前经济情况的措施。在资本主义工商业实行全行业公私合营以前，我们的国营商业曾经对于资本主义工业的产品实行加工定货、统购包销；对于农产品，除粮食、棉花、油料由国家实行统购以外，其余的大部分或者委托供销合作社统一收购，或者由国营商业直接收购；对于城市和集镇的市场，实行了严格的管理，统一议定商品价格，并且限制了某些私商贩运活动的范围。这些措施在当时是必要的，收到了成效的。但是这些措施的执行，也产生了某些副作用，这就是前面说的，一部分工业品质量下降，品种减少，一部分农产品和副业产品减产，一部分物资交流受到妨碍。现在必须克服这些缺点。我们应当改进现行的市场管理办法，取消过严过死的限制；并且应当在统一的社会主义市场的一定范围内，允许国家领导下的自由市场的存在和一定程度的发展，作为国家市场的补充。

——刘少奇.刘少奇选集：下卷[M].中共中央文献编辑委员会编.北京：人民出版社，1985：237.

5．刘少奇论人民民主

世界上一切国家的实质都是阶级的专政，问题只是什么阶级对什么阶级专政。一切地主阶级、资产阶级的国家都是少数人统治多数人、剥削者统治劳动人民的工具。俄国十月革命的伟大功绩，就是它首先把这种情况颠倒过来，使国家成为多数人统治少数人、劳动人民统治剥削者的工具。尽管我国的革命有自己的许多特点，可是中国共产党人把自己所干的事业看成是伟大的十月革命的继续。我们的人民民主专政就是以工人阶级为首的人民大众对于反动阶级、反动派和反抗社会主义革命的剥削者的专政。我们的民主不是属于少数人的，而是属于绝大多数人的，是属于工人、农民和其他一切劳动人民以及一切拥护社会主义和爱国的人民的。

　　——刘少奇.刘少奇选集：下卷[M].中共中央文献编辑委员会编.北京：人民出版社，1985：241—242.

6．陈云论"三个主体，三个补充"

　　对一部分商品采取选购和自销，让许多小工厂单独生产，把许多手工业合作社划小，分组或按户分散经营，把许多副业产品归农业合作社社员个人经营，放宽小土产的市场管理，不怕有些商品的价格在一定范围内暂时上涨，改变对某些部门计划管理的方法，所有这些，是否将使我国的市场退回到资本主义的自由市场呢？绝不会这样。采取上述措施的结果，在我国出现的绝不会是资本主义的市场，而是适合于我国情况和人民需要的社会主义的市场。我们的社会主义经济的情况将是这样：在工商业经营方面，国家经营和集体经营是工商业的主体，但是附有一定数量的个体经营。这种个体经营是国家经营和集体经营的补充。至于生产计划方面，全国工农业产品的主要部分是按照计划生产的，但是同时有一部分产品是按照市场变化而在国家计划许可范围内自由生产的。计划生产是工农业生产的主体，按照市场变化而在国家计划许可范围内的自由生产是计划生产的补充。因此，我国的市场，绝不会是资本主义的自由市场，而是社会主义的统一市场。在社会主义的统一市场里，国家市场是它的主体，但是附有一定范围内国家领导的自由市场。这种自由市场，是在国家领导之下，作为国家市场的补充，因此它是社会主义统一市场的组成部分。

　　——陈云.陈云文选（一九五六——一九八五年）[M].中共中央文献编辑委员会编.北京：人民出版社，1986：13.

六　学习资料链接

当代中国的伟大社会变革

　　主要观点：新中国成立以来，尤其是改革开放以来，当代中国发生了伟大社会变革。这种伟大社会变革不是简单延读我国历史文化的母版，而是马克思主义指导下中国历史文化的现代版；不是简单套用马克思主义经典作家设想的模板，而是科学社会主义的中国版；不是其他社会主义国家实践的再版，而是现实社会主义的扩展版；不是国外现代化发展的翻版，而是发展中国家实现现代化道路的创新版。

　　——秦宣.当代中国伟大社会变革的多维解读[J].马克思主义研究，2019(6)：5—9.

七 习 题

（一）单选题

1. （   ）正确分析了社会主义改造完成后我国社会主要矛盾的变化。

A. 党的七大　　　　　　　　　　　B. 党的八大

C. 1956年4月中央政治局扩大会议　　D. 1956年5月最高国务会议

2. 为了走中国工业化道路，党的八大提出（   ）的方针。

A. 以经济建设为中心

B. 以阶级斗争为中心

C. 既反保守又反冒进、在综合平衡中稳步前进

D. 统筹兼顾

3. 中国发展第一个五年计划，把优先发展（   ）作为建设的中心环节。

A. 农业　　　　B. 轻工业　　　　C. 重工业　　　　D. 工业

4. 毛泽东同志在《论十大关系》的报告中确定了党关于社会主义建设的一个极为重要的基本方针是（   ）。

A. 工业化建设和社会主义三大改造

B. 调动一切积极因素为社会主义建设服务

C. 从落后的农业国转变为先进的工业国

D. 以农立国

5. 1956年4月和5月，毛泽东作了（   ）的报告，初步总结了我社会主义建设的经验，明确提出了以苏为鉴，独立自主地探索适合中国情况的社会主义建设道路。

A.《论人民民主专政》

B.《论十大关系》

C.《关于正确处理人民内部矛盾的问题》

D.《反对本本主义》

6. "三个主体，三个补充"的思想是（   ）提出的。

A. 毛泽东　　　　B. 周恩来　　　　C. 刘少奇　　　　D. 陈云

7. 对科学文化领域里的矛盾，实行（   ）方针。

A. 百花齐放，百家争鸣　　　　　　B. 大鸣大放

C. 大字报　　　　　　　　　　　　D. 大批判

8.《论十大关系》中论述的第一大关系是（   ）。

A. 中央和地方的关系　　　　　　　B. 汉族和少数民族的关系

C. 是非关系　　　　　　　　　　　D. 重工业、轻工业、农业的关系

9. 毛泽东提出社会主义社会基本矛盾和两类不同性质矛盾学说的著作是（   ）。

A.《论十大关系》　　　　　　　　　B.《矛盾论》

C.《论人民民主专政》　　　　　　　D.《关于正确处理人民内部矛盾的问题》

10. 在社会主义建设道路初步探索的过程中,毛泽东提出了(　　　)发展国民经济的总方针。

A. 以农业为基础,以工业为主导,以农轻重为序

B. 以工业为基础,以农业为主导,以工农兵为序

C. 以农业为基础,以重工业为主导,以农轻重为序

D. 全面发展,综合平衡

(二)多选题

1. 社会主义建设道路初步探索的重要理论成果包括(　　　　)。

A. 调动一切积极因素为社会主义事业服务的思想

B. 正确认识和处理社会主义社会矛盾的思想

C. 作出了工作重心转移到经济建设上来,实行改革开放的决策

D. 走中国工业化道路的思想

2. 针对人民内部矛盾在具体实践中的不同情况,毛泽东提出了一系列具体方针、原则,有(　　　　)。

A. "团结—批评—团结"的方针　　　　B. 统筹兼顾、适当安排的方针

C. "百花齐放、百家争鸣"的方针　　　　D. 民主集中制原则

3. 党的八大指出,国内的主要矛盾为(　　　　)。

A. 人民对于经济文化迅速发展的需要同当前经济文化不能满足人民需要的状况之间的矛盾

B. 生产关系和生产力之间的矛盾

C. 人民对于建立先进的工业国的要求同落后的农业国的现实之间的矛盾

D. 上层建筑和经济基础之间的矛盾

4. 在《关于正确处理人民内部矛盾的问题》中,毛泽东明确提出了中国工业化道路的问题,主要是指(　　　　)的发展关系问题,要走一条有别于苏联的中国工业化道路。

A. 重工业　　　　B. 轻工业　　　　C. 农业　　　　D. 服务业

5. 在探索社会主义建设道路的初期,以毛泽东为代表的党的第一代领导集体在经济体制上提出的思想有(　　　　)。

A. "三个主体,三个补充"的思想　　　　B. 消灭了资本主义,又搞资本主义

C. 实行农业生产责任制　　　　D. 发展社会主义商品生产,重视价值规律

6. 毛泽东指出,敌我矛盾和人民内部矛盾的性质和解决方法分别是(　　　　)。

A. 前者是分清是非的问题,后者是分清敌我的问题

B. 前者是分清敌我的问题,后者是分清是非的问题

C. 前者采用专政方法,后者采用民主方法

D. 前者采用民主方法,后者采用专政方法

7. 毛泽东指出，对于中国共产党和民主党派的矛盾，实行在坚持社会主义道路和共产党领导的前提下（　　　　　）的方针。

A. 长期共存　　　　B. 荣辱与共　　　　C. 互相监督　　　　D. 肝胆相照

（三）判断题

1. 《论十大关系》确定了一个基本方针，就是"努力把党内党外、国内国外的一切积极的因素，直接的、间接的积极因素全部调动起来"，为社会主义建设服务。　　　（　　）

2. 关于社会主义社会的矛盾问题，马克思、恩格斯和列宁有专门论述。　　　（　　）

3. 社会主义社会的矛盾是对抗性的矛盾，因此它不能通过社会主义制度本身得到解决。　　　（　　）

4. 社会主义社会基本矛盾的特点是"又相适应，又相矛盾"。　　　（　　）

5. 中华人民共和国成立初期，我国主要是学习苏联经验，这在当时是必要的，也取得了一定的成效，这说明，照搬照抄苏联模式符合中国国情。　　　（　　）

6. 我国社会主义改造的任务完成以后，国内的社会矛盾和阶级关系发生重大变化，无产阶级同资产阶级之间的矛盾已经完全彻底解决。　　　（　　）

（四）简答题

1. 简述毛泽东关于社会主义社会存在两类不同性质矛盾的理论。

2. 简述社会主义建设道路初步探索的意义。

3. 简述社会主义建设道路初步探索有哪些重要思想成果。

第二部分

继 往 开 来

——中国特色社会主义理论体系

第六专题

改革开放 发展经济
——邓小平理论的重点

一 聚焦问题

如何准确理解邓小平理论的基本问题？

如何正确认识邓小平理论的历史地位？

二 学习主要内容

（一）邓小平理论的形成

1. 形成条件

时代背景：和平与发展成为时代主题。

历史根据：社会主义建设的经验教训。

现实依据：改革开放和现代化建设的实践。

2. 形成过程

1982年，邓小平在党的十二大开幕词中提出"建设有中国特色的社会主义"。

1987年，党的十三大第一次对中国特色社会主义理论的主要内容作了系统概括。

1992年，党的十四大报告系统阐释了中国特色社会主义理论的主要内容、历史地位和指导意义。

1997年，党的十五大正式提出"邓小平理论"这一概念，深刻阐述了邓小平理论的历史地位和指导意义，进一步论述了邓小平对这一理论的创立作出的独创性贡献。

（二）邓小平理论的基本问题和主要内容

1. 基本问题

"什么是社会主义、怎样建设社会主义"，是邓小平理论的首要的基本的理论问题。

社会主义的本质，是解放生产力，发展生产力，消灭剥削，消除两极分化，最终达到共同富裕。

2. 主要内容

（1）解放思想、实事求是的思想路线。

（2）社会主义初级阶段理论。

（3）党的基本路线。

（4）社会主义根本任务的理论。

（5）"三步走"战略。

（6）改革开放理论。

（7）社会主义市场经济理论。

（8）"两手抓，两手都要硬"。

（9）"一国两制"。

（10）中国问题的关键在党。

（三）邓小平理论的历史地位

（1）马克思列宁主义、毛泽东思想的继承和发展。

（2）中国特色社会主义理论体系的开篇之作。

（3）改革开放和社会主义现代化建设的科学指南。

三　课堂教学案例推荐

小平小道——改革开放的策源地

推荐语：小平小道是中国改革开放的策源地，是小平同志蛰伏等待之地，是改革开放的思想孕育之地和行动起源之地。

1969 年 10 月至 1973 年 2 月，受到错误批判的邓小平下放到江西新建县（今南昌市新建区）拖拉机修配厂劳动。为方便小平同志上下班，工人师傅们从工厂后墙开了个小门，并用炉灰渣铺了一条 500 米长的小路直通陆军步兵学校的住所。小平夫妇风雨无阻来来回回在这条小道上走了三年零四个月。人们把这条小道称为"小平小道"。

....

——朱虹.小平小道：改革开放的策源地[N].江西日报，2018-09-28（B01）.

四　影视资料推荐

（1）系列片：《红色故事汇》第 28 集"小平小道——改革路之源"。

（2）纪录片：《我们一起走过——致敬改革开放 40 周年》第一集"弄潮儿向涛头立"、第二集"在希望的田野上"、第三集"打开国门搞建设"。

（3）纪录片：《筑梦路上》第十六集"历史转折"、第十七集"拨乱反正"、第十八集"创建特区"、第十九集"市场经济"。

（4）纪录片：《正道沧桑——社会主义 500 年》第三十二集"拨开云雾"、第三十三集"伟大转折"、第三十四集"关键一步"、第三十六集"开辟新路"、第三十九集"南方谈话"。

（5）纪录片：《我们走在大路上》第九集"改革春潮"。

（6）电影：《邓小平》。

五 经典文献阅读推荐

1. 邓小平论实事求是

实事求是，是无产阶级世界观的基础，是马克思主义的思想基础。过去我们搞革命所取得的一切胜利，是靠实事求是；现在我们要实现四个现代化，同样要靠实事求是。

——邓小平.邓小平文选：第二卷[M].北京：人民出版社，1994：143.

……实事求是是马克思主义的精髓。要提倡这个，不要提倡本本。我们改革开放的成功，不是靠本本，而是靠实践，靠实事求是。

——邓小平.邓小平文选：第三卷[M].北京：人民出版社，1993：382.

2. 邓小平论改革开放

……改革是中国的第二次革命。……我们的方针是，胆子要大，步子要稳，走一步，看一步。我们的政策是坚定不移的，不会动摇的，一直要干下去，重要的是走一段就要总结经验。

——邓小平.邓小平文选：第三卷[M].北京：人民出版社，1993：113.

……对外开放具有重要意义，任何一个国家要发展，孤立起来，闭关自守是不可能的，不加强国际交往，不引进发达国家的先进经验、先进科学技术和资金，是不可能的。对内开放就是改革。

——邓小平.邓小平文选：第三卷[M].北京：人民出版社，1993：117.

……为了发展生产力，必须对我国的经济体制进行改革，实行对外开放的政策。

——邓小平.邓小平文选：第三卷[M].北京：人民出版社，1993：138.

中国的事情要按照中国的情况来办，要依靠中国人自己的力量来办。独立自主，自力更生，无论过去、现在和将来，都是我们的立足点。……任何外国不要指望中国做他们的附庸，不要指望中国会吞下损害我国利益的苦果。我们坚定不移地实行对外开放政策，在平等互利的基础上积极扩大对外交流。

——邓小平.邓小平文选：第三卷[M].北京：人民出版社，1993：3.

3. 邓小平论社会主义市场经济

说市场经济只存在于资本主义社会，只有资本主义的市场经济，这肯定是不正确的。社会主义为什么不可以搞市场经济，这个不能说是资本主义。……市场经济不能说只是资本主义的。市场经济，在封建社会时期就有了萌芽。社会主义也可以搞市场经济。

——邓小平.邓小平文选：第二卷[M].北京：人民出版社，1994：236.

计划多一点还是市场多一点，不是社会主义与资本主义的本质区别。计划经济不等于社会主义，资本主义也有计划；市场经济不等于资本主义，社会主义也有市场。计划和市场都是经济手段。

——邓小平.邓小平文选：第三卷[M].北京：人民出版社，1993：373.

4．邓小平论"两手都要硬"

我们的国家已经进入社会主义现代化建设的新时期。我们要在大幅度提高社会生产力的同时，改革和完善社会主义的经济制度和政治制度，发展高度的社会主义民主和完备的社会主义法制。我们要在建设高度物质文明的同时，提高全民族的科学文化水平，发展高尚的丰富多彩的文化生活，建设高度的社会主义精神文明。

————邓小平.邓小平文选：第二卷[M].北京：人民出版社，1994：208.

……不加强精神文明的建设，物质文明的建设也要受破坏，走弯路。光靠物质条件，我们的革命和建设都不可能胜利。过去我们党无论怎样弱小，无论遇到什么困难，一直有强大的战斗力，因为我们有马克思主义和共产主义的信念。

————邓小平.邓小平文选：第三卷[M].北京：人民出版社，1993：144.

要坚持两手抓，一手抓改革开放，一手抓打击各种犯罪活动。这两只手都要硬。打击各种犯罪活动，扫除各种丑恶现象，手软不得。

————邓小平.邓小平文选：第三卷[M].北京：人民出版社，1993：378.

5．邓小平论社会主义

……不坚持社会主义，不改革开放，不发展经济，不改善人民生活，只能是死路一条。……

计划多一点还是市场多一点，不是社会主义与资本主义的本质区别。计划经济不等于社会主义，资本主义也有计划；市场经济不等于资本主义，社会主义也有市场。计划和市场都是经济手段。社会主义的本质，是解放生产力，发展生产力，消灭剥削，消除两极分化，最终达到共同富裕。

————邓小平.邓小平文选：第三卷[M].北京：人民出版社，1993：370—373.

……经济长期处于停滞状态总不能叫社会主义。人民生活长期停止在很低的水平总不能叫社会主义。

————邓小平.邓小平文选：第二卷[M].北京：人民出版社，1994：312.

什么叫社会主义，什么叫马克思主义？我们过去对这个问题的认识不是完全清醒的。马克思主义最注重发展生产力。我们讲社会主义是共产主义的初级阶段，共产主义的高级阶段要实行各尽所能、按需分配，这就要求社会生产力高度发展，社会物质财富极大丰富。所以社会主义阶段的最根本任务就是发展生产力，社会主义的优越性归根到底要体现在它的生产力比资本主义发展得更快一些、更高一些，并且在发展生产力的基础上不断改善人民的物质文化生活。如果说我们建国以后有缺点，那就是对发展生产力有某种忽略。社会主义要消灭贫穷。贫穷不是社会主义，更不是共产主义。

在中国现在落后的状态下，走什么道路才能发展生产力，才能改善人民生活？这就又回到是坚持社会主义还是走资本主义道路的问题上来了。如果走资本主义道路，可以使中国百分之几的人富裕起来，但是绝对解决不了百分之九十几的人生活富裕的问题。而坚持社会主义，实行按劳分配的原则，就不会产生贫富过大的差距。再过二十年、三十年，我国生产力发展起来了，也不会两极分化。

——邓小平.邓小平文选：第三卷[M].北京：人民出版社，1993：63—64.

6. 邓小平论发展

……要注意经济稳定、协调地发展，但稳定和协调也是相对的，不是绝对的。发展才是硬道理。这个问题要搞清楚。

——邓小平.邓小平文选：第三卷[M].北京：人民出版社，1993：377.

……我们在国际事务中起的作用的大小，要看我们自己经济建设成就的大小。……在国际事务中反对霸权主义，台湾归回祖国、实现祖国统一，归根到底，都要求我们的经济建设搞好。

——邓小平.邓小平文选：第二卷[M].北京：人民出版社，1994：240.

……中国解决所有问题的关键是要靠自己的发展。

——邓小平.邓小平文选：第三卷[M].北京：人民出版社，1993：265.

7. 邓小平论"一国两制"

我们的政策是实行"一个国家，两种制度"，具体说，就是在中华人民共和国内，十亿人口的大陆实行社会主义制度，香港、台湾实行资本主义制度。

——邓小平.邓小平文选：第三卷[M].北京：人民出版社，1993：58.

8. 江泽民论邓小平理论

实践证明，作为毛泽东思想的继承和发展的邓小平理论，是指导中国人民在改革开放中胜利实现社会主义现代化的正确理论。在当代中国，只有把马克思主义同当代中国实践和时代特征结合起来的邓小平理论，而没有别的理论能够解决社会主义的前途和命运问题。邓小平理论是当代中国的马克思主义，是马克思主义在中国发展的新阶段。

——江泽民.江泽民文选：第二卷[M].北京：人民出版社，2006：9.

9. 胡锦涛论邓小平理论

……邓小平理论是马克思主义基本原理同当代中国实践和时代特征相结合的产物，是毛泽东思想的继承和发展，是当代中国的马克思主义，是马克思主义在中国发展的新阶段，是全党全国人民集体智慧的结晶。邓小平理论是指导中国人民胜利实现社会主义现代化的科学理论，是我们党必须长期坚持的指导思想。

——胡锦涛.胡锦涛文选：第二卷[M].北京：人民出版社，2016：214.

10. 中共中央关于改革开放和社会主义现代化建设新时期

党的十一届三中全会以后，以邓小平同志为主要代表的中国共产党人，团结带领全党全国各族人民，深刻总结新中国成立以来正反两方面经验，围绕什么是社会主义、怎样建设社会主义这一根本问题，借鉴世界社会主义历史经验，创立了邓小平理论，解放思想，实事求是,作出把党和国家工作中心转移到经济建设上来、实行改革开放的历史性决策,深刻揭示社会主义本质,确立社会主义初级阶段基本路线,明确提出走自己的路、建设中国特色社会主义,科学回答了建设中国特色社会主义的一系列基本问题,制定了到二十一世纪中叶分三步走、基本实现社会主义现代化的发展战略,成功开创了中国特色社会主义。

——中共中央关于党的百年奋斗重大成就和历史经验的决议[M].北京:人民出版社,2021:15—16.

六　学习资料链接

1. 邓小平是科学总结历史经验的光辉典范

主要观点:在我国改革开放和现代化建设的伟大实践中,邓小平同志以马克思列宁主义、毛泽东思想为指导,深入系统地总结了新中国成立后的历史经验、改革开放和现代化建设新时期的新鲜经验、我们党的执政经验和党的建设经验以及各种国际经验,第一次比较系统地初步回答了"什么是社会主义、怎样建设社会主义"这个根本问题,阐明了在中国建设社会主义、巩固和发展社会主义的基本问题,创立了邓小平理论,开辟了我国社会主义事业发展的新时期。

——全国邓小平生平和思想研讨会组织委员会.邓小平百周年纪念——全国邓小平生平和思想研讨会论文集:上[C].北京:中央文献出版社,2005:157—163.

2. 邓小平"南方谈话"意义深远

主要观点:邓小平同志的许多重要思想对我们全面深化改革仍有极强的指导意义。"南方谈话"从历史发展动力的高度,提出"革命是解放生产力,改革也是解放生产力"。"南方谈话"强调改革要打破在计划与市场问题上的束缚,提出社会主义可以搞市场经济。"南方谈话"从社会主义本质论出发,提出要消除两极分化,实现共同富裕。"南方谈话"强调必须注重大胆吸收和借鉴国外先进经验,要坚定不移地对外开放。

——王东京.邓小平"南方谈话"意义深远[N].经济日报,2014-08-20(15).

七　习　题

(一) 单选题

1. 1997年召开的(　　)正式提出"邓小平理论"这一概念,并深刻阐述了它的历史地位和指导意义。

　　A. 党的十二大　　　　　　　　B. 党的十三大

　　C. 党的十四大　　　　　　　　D. 党的十五大

2. (　　)成为时代主题是邓小平理论形成的时代背景。

　　A. 和平与发展　　　　　　　　B. 革命与战争

  C. 改革与开放   D. 结束"文化大革命"

  3. 1978 年 12 月召开的（ ），重新确立了解放思想、实事求是的思想路线，停止使用"以阶级斗争为纲"的错误提法，确定把全党工作的着重点转移到社会主义现代化建设上来。

  A. 党的十一届二中全会   B. 党的十二大

  C. 党的十一届三中全会   D. 党的十一届四中全会

  4. 社会主义的根本任务是（ ）。

  A. 发展生产力   B. 以经济建设为中心

  C. 走向共同富裕   D. 全面建成小康社会

  5. 党的十三大报告指出，我国社会主义初级阶段的主要矛盾是（ ）。

  A. 改革与开放的矛盾

  B. 人口增长与经济发展不相适应的矛盾

  C. 人民日益增长的物质文化需要同落后的社会生产之间的矛盾

  D. 无产阶级同资产阶级之间的矛盾

  6. 我党第一次系统阐述社会主义初级阶段理论，是在（ ）。

  A. 党的十一届三中全会   B. 党的十二大

  C. 党的十三大   D. 党的十四大

  7. 社会主义初级阶段是指（ ）。

  A. 任何国家进入社会主义都要经历的起始阶段

  B. 我国在生产力落后、商品经济不发达条件下，建设社会主义必然要经历的特定阶段

  C. 从新民主主义社会向社会主义社会过渡的阶段

  D. 从社会主义社会向共产主义社会过渡的阶段

  8. （ ）是党和国家的生命线、人民的幸福线。

  A. 党的基本路线   B. "以经济建设为中心"

  C. 四项基本原则   D. 改革开放

  9. 把"和谐"与"富强、民主、文明"一起写入党的基本路线的是在（ ）。

  A. 党的十三大   B. 党的十四大

  C. 党的十五大   D. 党的十七大

  10. （ ）深刻地概括出"科学技术是第一生产力"。

  A. 毛泽东   B. 周恩来   C. 邓小平   D. 江泽民

  11. 社会主义发展的直接动力是（ ）。

  A. 改革   B. 开放   C. 阶级斗争   D. 自我发展

  12. 邓小平指出，一个国家"要摆脱贫困，在经济政策和对外政策上都要立足于自己的实际，不要给自己设置障碍，不要孤立于世界之外。根据中国的经验，把自己孤立于世界之外是不利的"。这句话强调的是（ ）。

  A. 改革是社会主义中国的强国之路

B. 对外开放是我国必须长期坚持的基本国策

C. 四项基本原则是立国之本

D. 社会主义建设必须以经济建设为中心

13. 邓小平强调"改革是中国的第二次革命"。它不是也不允许否定和抛弃我们建立起来的社会主义基本制度,而是(   ),这是社会主义改革的性质。

A. 社会主义基本制度的改革　　　B. 社会主义经济运行方式的改革

C. 社会主义原有体制的修补　　　D. 社会主义制度的自我完善和发展

14. 党的十四大根据邓小平南方谈话精神,确定了我国经济体制改革的目标是(   )。

A. 解决人民日益增长的物质文化需要

B. 建设富强、民主、文明的社会主义国家

C. 宏观调控由直接向间接转变

D. 建立社会主义市场经济体制

15. "一国两制"的伟大构想的提出是从解决(   )开始的。

A. 台湾问题　　　B. 香港问题　　　C. 澳门问题　　　D. 经济特区问题

(二)多选题

1. 1978年12月召开的党的十一届三中全会,作出的重大决策有(   )。

A. 重新确立了解放思想、实事求是的思想路线

B. 停止使用"以阶级斗争为纲"的错误提法

C. 确定把全党工作的着重点转移到社会主义现代化建设上来

D. 实行改革开放

2. 邓小平反复强调并作为我国立国之本的四项基本原则是(   )。

A. 坚持社会主义基本制度

B. 坚持中国共产党的领导

C. 坚持人民民主专政

D. 坚持以马克思列宁主义、毛泽东思想为指导

3. 邓小平指出,社会主义的本质是(   )。

A. 以经济建设为中心　　　B. 解放生产力,发展生产力

C. 消灭剥削,消除两极分化　　　D. 最终达到共同富裕

4. 社会主义初级阶段的论断包括哪两层含义?(   )

A. 初级阶段是中国特有的国情所必须经历的一个阶段

B. 初级阶段是任何国家走向社会主义、共产主义都必须经历的阶段

C. 我国的社会主义社会还处在不发达的阶段,必须正视而不能超越初级阶段

D. 我国已经进入社会主义社会,必须坚持而不能离开社会主义

5. 党在社会主义初级阶段的基本路线的内容包括(   )。

A. "一个中心,两个基本点"

B. "领导和团结全国各族人民"

C. "自力更生，艰苦创业"

D. 建设"富强、民主、文明的社会主义现代化国家"

6. 邓小平提出的判断改革和一切工作是非得失的标准主要看是否（　　　　　）。

A. 有利于巩固和发展社会主义制度

B. 有利于发展社会主义社会的生产力

C. 有利于增强社会主义国家的综合国力

D. 有利于提高人民群众的生活水平

7. 邓小平"三步走"的发展战略构想明确提出（　　　　　）。

A. 从 1981 年到 1990 年，解决人民的温饱问题

B. 从 1991 年到 20 世纪末，达到小康水平

C. 到 21 世纪中叶，基本实现现代化

D. 到 21 世纪中叶，建成社会主义现代化强国

（三）判断题

1. 社会主义建设的经验教训是邓小平理论形成的现实依据。　　　　（　　）

2. 1978 年 12 月召开的党的十一届三中全会，重新确立了解放思想、实事求是的思想路线，停止使用"以阶级斗争为纲"的错误提法。　　　　（　　）

3. 解放思想、实事求是的思想路线，是邓小平在领导改革开放和现代化建设这一新的革命过程中，首要的基本的理论问题。　　　　（　　）

4. 党的十三大，第一次比较系统地论述了社会主义初级阶段理论。　　　　（　　）

5. 党的基本路线在改革开放实践中不断充实和完善，党的十九大进一步修改为"为把我国建设成为富强、民主、文明、和谐、美丽的社会主义现代化强国而奋斗"。　　（　　）

6. 邓小平强调，物质文明和精神文明都搞好，才是中国特色的社会主义。一手抓物质文明，一手抓精神文明，"两手抓，两手都要硬"，这是我国社会主义现代化建设的一个根本方针。　　　　（　　）

7. 建设中国特色社会主义，关键在于坚持、加强和改善党的领导。　　　　（　　）

（四）简答题

1. 邓小平理论的主要内容有哪些？

2. 为什么说社会主义的根本任务是发展生产力？

执政为民　始终如一
——"三个代表"重要思想的关键

一　聚焦问题

"三个代表"重要思想的核心观点是什么？

二　学习主要内容

（一）"三个代表"重要思想的形成

1. 形成条件

（1）对冷战结束后国际局势的科学判断。

世界多极化和经济全球化的趋势在曲折中发展；苏联解体、东欧剧变，国际共产主义运动遭受了重大挫折，霸权主义和强权政治依然存在；日新月异的现代科学技术深刻推动着世界经济的发展与全球化进程。

（2）科学判断党的历史方位和总结历史经验。

我们党经历革命、建设和改革，已成为领导人民掌握全国政权并长期执政的党，已成为对外开放和发展社会主义市场经济条件下领导国家建设的党。党所处地位和环境、党所肩负的历史任务、党的自身状况，都发生了新的重大变化。进一步提高党的领导水平和执政水平、提高拒腐防变和抵御风险的能力，是我们党必须解决好的两大历史性课题。

（3）建设中国特色社会主义的伟大实践。

伴随着改革开放和发展社会主义市场经济的进程，我国社会生活发生了广泛而深刻的变化，社会经济成分、组织形式、利益分配和就业方式等的多样化进一步发展，这给国家的政治经济文化和社会生活各个方面带来了深刻影响。党如何正确处理社会主义现代化建设中的若干重大关系，如何完善社会主义市场经济体制，如何推进政治体制改革，如何解决经济发展与资源、环境的矛盾，保持国民经济的可持续发展，都是摆在中国共产党面前的必须研究解决的紧迫而重大的问题。

2. 形成过程

党的十四大系统论述了加强党的建设和改善党的领导问题。

党的十四届四中全会通过了《中共中央关于加强党的建设几个重大问题的决定》，分析了党的建设面临的形势。

在党的十五大上，江泽民对新时期党的建设新的伟大工程的总目标进行了高度概括。

2000年2月25日，江泽民在广东考察工作时，首次对"三个代表"进行了较为全面的阐述。

2001年7月1日，江泽民在庆祝中国共产党成立80周年大会上的讲话中全面阐述了"三个代表"重要思想的科学内涵和基本内容。

在党的十六大报告中，江泽民全面阐述了"三个代表"重要思想形成的时代背景、历史地位、精神实质和指导意义。

(二)"三个代表"重要思想的核心观点和主要内容

1. 核心观点

(1) 始终代表中国先进生产力的发展要求。

(2) 始终代表中国先进文化的前进方向。

(3) 始终代表中国最广大人民的根本利益。

2. 主要内容

(1) 发展是党执政兴国的第一要务。

(2) 建立社会主义市场经济体制。

(3) 全面建设小康社会。

(4) 建设社会主义政治文明。

(5) 推进党的建设新的伟大工程。

(三)"三个代表"重要思想的历史地位

(1) 中国特色社会主义理论体系的丰富发展。

(2) 加强和改进党的建设、推进中国特色社会主义事业的强大理论武器。

三 课堂教学案例推荐

苏共亡党亡国的历史教训

推荐语：苏共垮台、苏联解体的主要原因，一是以美国为首的西方世界的"和平演变"和对其军事威胁与争霸；二是社会主义在实践中出现的失误和弊端；三是自赫鲁晓夫开始，对马克思主义和人民群众的脱离、背离，直至戈尔巴乔夫的最终背叛。

1991年，人类历史上发生了这样一件震惊世界的重大事件：苏联，这个有着2240多万平方公里的横跨欧亚两洲庞大疆域的大国、强国，在没有外敌入侵和特大自然变故的情况下，顷刻之间解体覆亡。苏联共产党在拥有35万多名党员的时候，取得了十月革命的胜利并执掌了全国政权；在拥有554万多名党员的时候，领导人民打败了不可一世的德国法西斯，为结束第二次世界大战立下了不朽功勋；而在拥有近2000万名党员的时候，却丧失了执政地位，亡党亡国。

··········
——李慎明.苏共亡党亡国的历史教训[J].人民论坛,2011(35)：6—9.

四　影视资料推荐

(1) 专题片：《复兴之路》第五集"世纪跨越"。

(2) 纪录片：《正道沧桑——社会主义 500 年》第四十集"破浪前行"。

(3) 纪录片：《我们走在大路上》第十集"突破重围"、第十二集"融入世界"。

(4) 专题片：《航标——〈"三个代表"重要思想学习纲要〉音像教材》。

(5) 歌曲：《秋天的诺言》。

五　经典文献阅读推荐

1. 江泽民论党的建设

······综观国际风云变幻,一些社会主义国家剧变的惨痛教训,西方大国的世界战略,国际敌对势力西化、分化我国的政治图谋,我们党丰富的正反两方面经验和肩负的历史使命,都说明不断加强新时期我们党的建设是极端重要和十分紧迫的。

··········

改革开放以来,我们坚持以邓小平理论和党的基本路线为指导,坚定地推进社会主义改革开放和现代化建设,使社会主义在中国的发展充满了新的活力,大大改善了全国人民的物质文化生活,人民群众真心诚意地拥护我们党。人民群众的拥护和支持,是我们党执政的坚实基础,也是党和国家事业不断发展的强大动力。同时,我们必须清醒地看到,形势在发展,情况在变化。我们党肩负的历史任务、所处的国内外环境以及党的队伍状况,都跟过去大不相同了,由此对党的建设提出了前所未有的新课题新要求。现在,党的建设同新形势新任务不相适应的地方还相当不少,党内在思想上、组织上、作风上存在的不符合甚至违背党的先进性和人民利益的问题也相当不少,在加强党的建设方面我们需要研究的新情况、解决的新问题也相当不少。人无远虑,必有近忧。领导干部特别是高级干部都要认真思考、研究那些涉及党和国家工作大局和长远发展的重大问题。在迈向新世纪的征途上,要解决好诸多复杂矛盾和困难,经受住新的考验和锻炼,继续推进社会主义的伟大事业,都要求我们党必须始终坚持"三个代表",进一步提高领导水平和执政水平。这个极其重大的问题,已经紧迫地提到了全党面前。只有解决好这个问题,我们党才能永远得到人民的衷心拥护并带领人民不断前进。

　　　　——江泽民.江泽民文选：第三卷[M].北京：人民出版社,2006：6,14—15.

落实从严治党的方针,不是一时一事的要求,必须全面贯穿于党的思想、政治、组织、作风、纪律和制度建设的各方面工作,切实体现到对各级党组织和广大党员、干部进行教育、管理、监督等各个环节中去。······这就是要严格按党章办事,按党的制度和规定办事;要对党员特别是领导干部严格要求,严格管理,严格监督;要在党内生活中讲党性,讲原则,开展积极的思想斗争,弘扬正气,反对歪风;要严格按照党章规定的标准发展党员,严肃处置不合格党员;要严格执行党的纪律,坚持在纪律面前人人平等。这五条,相互联系,不可分割,都很重要。各级党组织和全体党员、干部都要认真按照这些要求去做,领导干部更要以身作则、严于律己,起好带头作用。

——江泽民.江泽民文选:第二卷[M].北京:人民出版社,2006:498—499.

党的作风是党的形象,是党的性质、宗旨、纲领、路线的重要体现,是党的创造力、凝聚力、战斗力的重要内容。我们党是以全心全意为人民服务为宗旨的马克思主义政党,是一个领导着有十二亿多人口的发展中大国的大党,是一个带领人民建设有中国特色社会主义的执政党,党的作风状况关系党的生死存亡,关系国家的前途命运。

——江泽民.江泽民文选:第三卷[M].北京:人民出版社,2006:323.

2. 江泽民论"三个代表"

要把中国的事情办好,关键取决于我们党,取决于党的思想、组织、作风、纪律状况和战斗力、领导水平。这是毛主席、小平同志一贯强调的,也是我们党在领导人民进行革命、建设、改革的长期实践中得出的一条基本经验。能不能适应新形势新任务的要求,把我们党建设得更加组织严密、更加行动一致、更加团结有力、更加朝气蓬勃,这关系到党和人民事业的兴旺发达和国家的长治久安。

…………

我们党的党员已经达到六千三百多万,这么大的一支队伍,要管理好不容易。现在,党的建设同新形势新任务不相适应的地方还相当不少,党内在思想上、组织上、作风上存在的不符合甚至违背党和人民利益的问题也相当不少。在加强党的建设方面,我们需要研究解决的新情况新问题也不少。比如,各级党组织和党员干部如何正确处理全局利益和局部利益的关系,不折不扣地贯彻执行中央的路线方针政策;如何发挥好国有企业党组织的政治核心作用,推动企业改革和发展;如何加强对党员、干部的教育管理,加强党的基层组织建设,充分发挥好党员、干部的先锋模范作用和党的基层组织的战斗堡垒作用;如何加强对流动人口中的党员和进入各类非公有制单位的党员、干部的教育管理,发挥他们的作用;等等。这些问题很需要进一步研究,并尽快制定出一套可行的政策措施。各级党委都要根据当地党的建设的实际情况,确定一批关系党建工作全局的重要题目,深入进行调查研究,摸清情况,并制定加强工作的措施,把党建工作扎扎实实推向前进。

——江泽民.江泽民文选:第三卷[M].北京:人民出版社,2006:1—3.

3. 江泽民论全面建设小康社会

展望下世纪,我们的目标是,第一个十年实现国民生产总值比二○○○年翻一番,使人民的小康生活更加宽裕,形成比较完善的社会主义市场经济体制;再经过十年的努力,到建党一百年时,使国民经济更加发展,各项制度更加完善;到世纪中叶建国一百年时,基本实现现代化,建成富强民主文明的社会主义国家。

——江泽民.江泽民文选:第二卷[M].北京:人民出版社,2006:4.

必须看到,我国正处于并将长期处于社会主义初级阶段,现在达到的小康还是低水平的、不全面的、发展很不平衡的小康,人民日益增长的物质文化需要同落后的社会生产之间的矛盾仍然是我国社会的主要矛盾。……

综观全局,二十一世纪头二十年,对我国来说,是一个必须紧紧抓住并且可以大有作为的重要战略机遇期。根据十五大提出的到二〇一〇年、建党一百年和新中国成立一百年的发展目标,我们要在本世纪头二十年,集中力量,全面建设惠及十几亿人口的更高水平的小康社会,使经济更加发展、民主更加健全、科教更加进步、文化更加繁荣、社会更加和谐、人民生活更加殷实。

——江泽民.江泽民文选:第三卷[M].北京:人民出版社,2006:542—543.

4. 胡锦涛论"三个代表"的内在联系

"三个代表"重要思想,全面体现了社会主义的本质和党的先进性,是相互联系、相互促进、内在统一的。先进生产力,既是发展先进文化的物质条件,又是实现人民利益的物质基础。同时,生产力发展离不开教育、科技、文化发展,离不开思想道德建设和人们崇高精神的培育。建设先进文化,既满足人们日益增长的文化生活的需要,又为生产力发展提供精神动力和智力支持。我们党致力于发展先进生产力和先进文化,就是为了不断满足人民群众日益增长的物质文化需要,实现和维护好最广大人民根本利益;离开了这个根本目的,没有人民群众支持和积极性、创造性充分发挥,先进生产力和先进文化的发展就是一句空话。我们学习、理解"三个代表"重要思想,应该从三者的内在联系上去完整理解、准确把握,自觉将三者统一到建设有中国特色社会主义伟大实践之中。

——胡锦涛.胡锦涛文选:第一卷[M].北京:人民出版社,2016:433.

六　学习资料链接

1."三个代表"思想的提出是对党的建设面临的严峻考验的科学回答

主要观点:"三个代表"思想是在 20 世纪 80 年代末 90 年代初国际形势发生重大变化的条件下对党的建设面临的严峻考验的科学回答,是在新的历史条件下对马克思主义党的性质理论特别是先进性理论的丰富和发展,是对中外无产阶级政党长期执政的历史经验的深刻总结,是在新的历史条件下对党的根本任务和前进方向的进一步明确。

——秦宣."三个代表"思想提出的时代背景和社会历史条件[J].中共天津市委党校学报,2002(2):49—53.

2."三个代表"重要思想的意义重大

主要观点:"三个代表"重要思想是在和平与发展为主题的时代呈现出新的特点,在全面推进中国特色社会主义现代化建设的新时期,以江泽民同志为代表的中国共产党人对党的建设和社会主义实践经验的概括和总结。它丰富和发展了马克思列宁主义、毛泽东思想、邓小平理论,反映了当代世界和中国的发展变化对党和国家工作的新要求,是加强和改进党的建设、推进我国社会主义自我完善和发展的强大理论武器。

——许志功：牢牢把握"三个代表"重要思想的历史地位和指导意义[J].思想理论教育导刊，2003(7)：17—22.

七 习 题

（一）单选题

1. 党的十四大正式把建立社会主义（　　）确立为我国经济体制改革的目标。

A. 资本主义经济体制　　　　　　　B. 计划经济体制

C. 市场经济体制　　　　　　　　　D. 商品经济体制

2. 发展社会主义先进文化，必须加强社会主义（　　），这是发展先进文化的重要内容和中心环节。

A. 思想道德建设　　　　　　　　　B. 文化建设

C. 政治建设　　　　　　　　　　　D. 生态文明建设

3. （　　）是第一生产力，是先进生产力的集中体现和主要标志。

A. 科学技术　　　B. 知识　　　C. 创新　　　D. 技术

4. 把"三个代表"重要思想写进党章，作为党的指导思想是在党的（　　）。

A. 十三届四中全会　　　　　　　　B. 十四大

C. 十五大　　　　　　　　　　　　D. 十六大

5. （　　）是一个民族进步的灵魂，是一个国家兴旺发达的不竭动力，也是一个政党永葆生机的源泉。

A. 继承　　　　B. 创新　　　　C. 知识　　　D. 发展

6. "三个代表"重要思想是在（　　）。

A. 科学判断党的历史方位的基础上提出来的

B. 发展社会主义经济条件下提出来的

C. 中国共产党成为执政党的条件下提出来的

D. 开始全面建设小康社会的形势下提出来的

7. 政治体制改革是社会主义政治制度的（　　）。

A. 自我完善和发展　　　　　　　　B. 全面修正

C. 根本改造　　　　　　　　　　　D. 自我反思

8. 发展先进文化必须坚持以科学的理论武装人，以（　　）引导人，以高尚的精神塑造人，以优秀的作品鼓舞人。

A. 正确的舆论　　　　　　　　　　B. 开放的舆论

C. 新潮的舆论　　　　　　　　　　D. 时髦的舆论

9. 党的十三届四中全会以来，以江泽民同志为主要代表的中国共产党人，在建设中国特色社会主义的实践中,加深了对什么是社会主义、怎样建设社会主义和建设什么样的党、怎样建设党的认识,积累了治党治国新的宝贵经验,形成了(　　　)。

 A. 毛泽东思想   B. 邓小平理论

 C. "三个代表"重要思想   D. 科学发展观

10. 我们党的最大政治优势是密切联系群众,党执政后的最大危险是(　　　)。

 A. 脱离党员   B. 脱离工人

 C. 脱离群众   D. 脱离农民

11. 加强和改进党的建设,必须加强党的执政能力建设,提高党的(　　　)。

 A. 抵御风险能力和水平   B. 驾驭全局能力和水平

 C. 领导水平和执政水平   D. 驾驭市场经济能力和水平

12. 加强和改进党的作风建设,核心问题是(　　　)。

 A. 加大反腐倡廉力度   B. 保持党同人民群众的血肉联系

 C. 严厉惩治腐败分子   D. 全面从严治党

(二) 多选题

1. 中国共产党对"三个代表"重要思想的集中概括是(　　　)。

 A. 中国共产党必须始终代表中国先进生产力的发展要求

 B. 代表中国先进文化的前进方向

 C. 代表中国最广大人民的根本利益

 D. 代表所有人的利益

2. 建立社会主义市场经济体制,必须(　　　)。

 A. 坚持和完善公有制为主体、多种所有制经济共同发展的社会主义基本经济制度

 B. 毫不动摇地巩固和发展公有制经济

 C. 毫不动摇地鼓励、支持和引导非公有制经济发展

 D. 发展资本主义经济

3. 江泽民强调推进党的建设新的伟大工程,重点是加强党的执政能力建设,不断提高科学判断形势的能力和(　　　)。

 A. 驾驭市场经济的能力   B. 应对复杂局面的能力

 C. 依法执政的能力   D. 总揽全局的能力

4. 中国共产党是中国特色社会主义事业的领导核心,党的领导主要是(　　　)。

 A. 政治领导   B. 思想领导

 C. 组织领导   D. 政策领导

5. 我们党必须解决好的历史性课题是(　　　)。

 A. 改进党的思想作风   B. 进一步提高党的领导水平和执政水平

 C. 提高全国人民的生活水平和质量 D. 提高拒腐防变和抵御风险的能力

6. 改革开放以来,我国工人阶级发生了很大变化,主要是(　　　)。

A. 我国工人阶级队伍不断壮大

B. 我国工人阶级的思想道德素质和科学文化素质日益提高

C. 知识分子作为工人阶级的一部分，大大增强了工人阶级的科技文化素质

D. 由于我们实行经济结构的战略性调整，一些工人群众的工作岗位发生变化

7. 贯彻"三个代表"要求，我们必须坚持党的工人阶级先锋队的性质，始终保持党的先进性，同时还要根据经济发展和社会进步的实际，做到（　　　　）。

A. 不断增强党的阶级基础　　　　B. 不断扩大党的群众基础

C. 进行理论创新　　　　　　　　D. 不断提高党的社会影响力

8. "三个代表"重要思想的主要内容除发展是党执政兴国的第一要务外，还包括（　　　　）。

A. 建立社会主义市场经济体制　　B. 全面建设小康社会

C. 建设社会主义政治文明　　　　D. 推进党的建设新的伟大工程

（三）判断题

1. 党的十五大将"三个代表"重要思想与马克思列宁主义、毛泽东思想和邓小平理论一道确立为党必须长期坚持的指导思想，并写入《中国共产党章程》。（　　）

2. 科学的本质是改革。只有大力推进知识创新、科技创新，才能实现技术发展的跨越式发展。（　　）

3. 党和国家的一切工作和方针政策，都要以是否符合最广大人民群众的利益为最高衡量标准。（　　）

4. 发展社会主义民主政治，建设社会主义政治文明，是社会主义现代化建设的重要目标。（　　）

（四）简答题

1. "三个代表"重要思想的主要内容是什么？

2. 党的十五大报告勾画了实现第三步战略目标的蓝图是什么？

第八专题

以人为本　统筹兼顾

——科学发展观的核心立场

一 聚焦问题

科学发展观的科学内涵是什么？

二 学习主要内容

（一）科学发展观的形成

1. 形成条件

（1）现实依据：我国基本国情和新的阶段性特征。进入新世纪新阶段，我国进入发展关键期、改革攻坚期和矛盾凸显期，经济社会发展呈现一系列新的阶段性特征，反映了我国经济社会发展面临的新形势、新矛盾和新问题。解决好这些突出矛盾和问题，保持我国经济社会发展良好势头，是对我们的重点考验。

（2）实践基础：改革开放以来特别是党的十六大以来的实践经验。

（3）时代背景：进入新世纪，世界处在大发展大变革大调整之中；国际环境中不稳定不确定因素增多；国际金融危机的爆发暴露了世界经济增长模式的弊端。

2. 形成过程

2003年年初，"非典"疫情迅速蔓延，集中暴露出我国经济社会发展中存在的薄弱环节和突出问题。2003年10月，党的十六届三中全会通过了《中共中央关于完善社会主义市场经济体制若干问题的决定》，这是我们党的文件中第一次提出科学发展观。2004年3月，胡锦涛在中央人口资源环境座谈会上发表重要讲话，深刻阐明了科学发展观提出的背景和意义，标志着科学发展观的形成。

2004年9月，党的十六届四中全会通过的《中共中央关于加强党的执政能力建设的决定》，把树立和落实科学发展观作为提高党的执政能力的重要内容。之后，十六届五中全会通过的《中共中央关于制定国民经济和社会发展第十一个五年规划的建议》和十届全国人大四次会议通过的《中华人民共和国国民经济和社会发展第十一个五年规划纲要》，都强调以科学发展观统领经济社会发展全局。

2007年，党的十七大对科学发展观的理论定位、理论依据、理论内涵作了全面阐述。科学发展观进一步走向成熟。

党的十八大报告指出,科学发展观是我们党必须长期坚持的指导思想。

(二) 科学发展观的科学内涵和主要内容

1. 科学内涵

(1) 第一要义：发展。

(2) 核心立场：以人为本。

(3) 基本要求：全面协调可持续。

(4) 根本方法：统筹兼顾。

2. 主要内容

(1) 加快转变经济发展方式。

(2) 发展社会主义民主政治。

(3) 推进社会主义文化强国建设。

(4) 构建社会主义和谐社会。

(5) 推进生态文明建设。

(6) 全面提高党的建设科学化水平。

(三) 科学发展观的历史地位

(1) 中国特色社会主义理论体系的接续发展。

(2) 全面建设小康社会、加快推进社会主义现代化的根本指针。

三 课堂教学案例推荐

SARS 给中国敲响警钟

推荐语：2003 年初春,一种通过呼吸就能传播的烈性传染病在亚洲爆发,后来,人们叫它"非典"(SARS)。据世界卫生组织统计,截至 2003 年 8 月 7 日,全球因"非典"死亡人数为 919 人,病死率近 11%；把原本就比较低迷的世界经济进一步推向谷底。

SARS,那场突如其来的灾难,成为国人 2003 年最刻骨铭心的记忆。那年的初春,一场没有硝烟的战争正在亚洲大陆悄然展开。那些肉眼看不见的病毒在空气中传播,人们一旦吸入这些病毒就会出现发烧等症状,甚至被"隔离"至死神的门前。这种病似乎比瘟疫还要恐怖,作为一种烈性传染病,通过呼吸就能传播。……

——杨虹."科学发展观"教学案例[M].武汉：武汉大学出版社,2010：35.

四 影视资料推荐

(1) 专题片：《复兴之路》第六集"继往开来"。

(2) 纪录片：《国情备忘录》第五集"资源扫描：谁动了中国的财富"、第六集"山水之间：

还我碧水蓝天"。

（3）纪录片：《非典十年祭》第四集"SARS之谜"、第五集"十年回响"。

（4）纪录片：《正道沧桑——社会主义500年》第四十四集"发展新篇"、第四十五集"和谐旋律"。

（5）纪录片：《科学发展铸辉煌》。

五 经典文献阅读推荐

1. 胡锦涛论落实科学发展观

……树立和落实科学发展观，要注意把握好以下几个问题。

第一，树立和落实科学发展观，必须始终坚持以经济建设为中心，聚精会神搞建设，一心一意谋发展。科学发展观是用来指导发展的，不能离开发展这个主题，离开了发展这个主题就没有意义了。发展首先要抓好经济发展。我国正处于并将长期处于社会主义初级阶段，在国际综合国力竞争日益激烈的形势下，坚持以经济建设为中心，紧紧抓住和切实用好重要战略机遇期，大力解放和发展社会生产力，对我们这样一个发展中大国加快实现现代化具有重大战略意义。只有坚持以经济建设为中心，不断增强综合国力，才能为抓好发展这个党执政兴国的第一要务、为全面协调可持续发展打下坚实物质基础。只有坚持以经济建设为中心，不断增强综合国力，才能更好解决前进道路上的矛盾和问题，胜利实现全面建设小康社会和社会主义现代化宏伟目标。因此，全党全国都要增强促进发展的紧迫感，在任何时候任何情况下都紧紧扭住经济建设这个中心不放松，充分调动和切实保护广大干部群众加快发展的积极性，坚定不移推动经济持续快速协调健康发展。

第二，树立和落实科学发展观，必须在经济发展的基础上，推动社会全面进步和人的全面发展，促进社会主义物质文明、政治文明、精神文明协调发展。经济发展、政治发展、文化发展和人的全面发展是相互联系、相互影响的，没有政治发展、文化发展和人的全面发展不断推进，单纯追求经济发展，经济发展难以持续，最终也难以搞上去。要坚持抓好经济建设这个中心，同时又要切实防止片面性和单打一，全面推进社会主义物质文明、政治文明、精神文明建设，防止出现因发展不平衡而制约发展的局面。

第三，树立和落实科学发展观，必须着力提高经济增长质量和效益，努力实现速度和结构、质量、效益相统一，经济发展和人口、资源、环境相协调，不断保护和增强发展的可持续性。经济发展需要数量增长，但不能把经济发展简单等同于数量增长。要充分运用我国体制资源、人力资源、自然资源、资本资源、技术资源以及国外资源等方面的有利条件和有利因素，推动经济发展不断迈上新台阶。同时，发展又必须是可持续的，这样我们才能保证实现我国发展长期奋斗目标。这就要求我们在推进发展中充分考虑资源和环境承受力，统筹考虑当前发展和未来发展的需要，既积极实现当前发展的目标，又为未来发展创造有利条件，积极发展循环经济，实现自然生态系统和社会经济系统良性循环，为子孙后代留下充足的发展条件和发展空间。

第四，树立和落实科学发展观，必须坚持理论联系实际，因地制宜、因时制宜把科学发展观要求贯穿于各方面工作。科学发展观揭示的是发展的普遍规律，对全国都有重要指导意义，各地区各部门都要认真贯彻落实。同时，又要充分考虑地区部门发展差异和不同情况，坚持一切从实际出发，根据实际条件和发展需要有重点有步骤采取措施，不能强求一律，搞齐步走、一刀切。关键是要结合自己的实际情况来落实科学发展观，注重解决自身发展中存在的突出矛盾和问题，更快更好推动各项事业发展。

——胡锦涛.胡锦涛文选：第二卷[M].北京：人民出版社，2016：167—169.

2. 胡锦涛论以人为本

……我们坚持立党为公、执政为民，坚持权为民所用、情为民所系、利为民所谋，必须体现在不断满足人民群众经济、政治、文化利益上，体现在做好关心群众生产生活各项工作上，体现在为人民群众办实事、办好事上。

——胡锦涛.胡锦涛文选：第二卷[M].北京：人民出版社，2016：181.

我们提出以人为本的根本含义，就是坚持全心全意为人民服务，立党为公、执政为民，始终把最广大人民根本利益作为党和国家工作的根本出发点和落脚点，坚持尊重社会发展规律和尊重人民历史主体地位的一致性，坚持为崇高理想奋斗和为最广大人民谋利益的一致性，坚持完成党的各项工作和实现人民利益的一致性，坚持发展为了人民、发展依靠人民、发展成果由人民共享。以人为本，体现了马克思主义历史唯物论的基本原理，体现了我们党全心全意为人民服务的根本宗旨和我们推动经济社会发展的根本目的。

——胡锦涛.胡锦涛文选：第三卷[M].北京：人民出版社，2016：4.

……以人为本、执政为民是我们党的性质和全心全意为人民服务根本宗旨的集中体现，是指引、评价、检验我们党一切执政活动的最高标准。……

每一个共产党员都要把人民放在心中最高位置，尊重人民主体地位，尊重人民首创精神，拜人民为师，把政治智慧的增长、执政本领的增强深深扎根于人民的创造性实践之中。

——胡锦涛.胡锦涛文选：第三卷[M].北京：人民出版社，2016：532.

3. 胡锦涛论全面协调可持续

……促进经济社会协调发展，是建设中国特色社会主义的必然要求，也是全面建设小康社会的必然要求。我们讲发展是党执政兴国的第一要务，这里的发展绝不只是指经济增长，而是要坚持以经济建设为中心，在经济发展的基础上实现社会全面发展。

——胡锦涛.胡锦涛文选：第二卷[M].北京：人民出版社，2016：67.

可持续发展战略事关中华民族长远发展，事关子孙后代福祉，具有全局性、根本性、长期性。实施可持续发展战略，促进人与自然的和谐，实现经济发展和人口、资源、环境相协调，坚持走生产发展、生活富裕、生态良好的文明发展道路，既是全面建设小康社会的必然要求，也是贯彻落实科学发展观的重要实践。

——胡锦涛.胡锦涛文选：第二卷[M].北京：人民出版社，2016：183.

……要按照中国特色社会主义事业总体布局,全面推进经济建设、政治建设、文化建设、社会建设,促进现代化建设各个环节、各个方面相协调,促进生产关系与生产力、上层建筑与经济基础相协调。坚持生产发展、生活富裕、生态良好的文明发展道路,建设资源节约型、环境友好型社会,实现速度和结构质量效益相统一、经济发展与人口资源环境相协调,使人民在良好生态环境中生产生活,实现经济社会永续发展。

——胡锦涛.胡锦涛文选:第二卷[M].北京:人民出版社,2016:624.

4. 习近平论科学发展观

科学发展观是马克思主义同当代中国实际和时代特征相结合的产物,是马克思主义关于发展的世界观和方法论的集中体现,把我们党对中国特色社会主义规律的认识提高到新的水平。科学发展观,发展是第一要义,以人为本是核心立场,全面协调可持续是基本要求,统筹兼顾是根本方法。按照科学发展观要求,我们党在推进中国特色社会主义建设中取得一系列理论成果,特别是在推进改革开放、完善社会主义市场经济体制、推动社会主义文化大发展大繁荣、构建社会主义和谐社会、加快生态文明建设、推动建设和谐世界、实施人才强国战略、加强党的执政能力建设和先进性建设等方面提出一系列重大战略思想。同毛泽东思想、邓小平理论、"三个代表"重要思想一样,科学发展观是我们党的指导思想的重要组成部分,必须长期坚持、认真贯彻。

——中共中央党史和文献研究院.十八大以来重要文献选编:下[M].北京:中央文献出版社,2018:381—382.

六　学习资料链接

深圳不再以 GDP 论英雄

主要观点:2003 年 12 月 30 日,广东省委副书记、深圳市委书记黄丽满在中共深圳市委三届八次(扩大)会议上指出,经测算,深圳"十五"计划纲要中制定的基本实现现代化的 4 个方面 42 项指标体系,有 23 项指标将很难如期完成,特别是"可持续发展"和"人民生活"方面的进展明显滞后。这意味着,连续多年保持 GDP 两位数增长的深圳,今后将不再以 GDP 论英雄,而更多地将目光放在经济发展中资源消耗、社会公平及人的发展等问题上。

——韩建清.深圳推迟现代化进度的启示[J].珠江经济,2004(8):46-48.

七　习　题

(一) 单选题

1. 科学发展观,核心立场是(　　)。

A. 发展　　　　　　　　　　　　B. 以人为本

C. 全面协调可持续　　　　　　　　　　D. 统筹兼顾

2. 科学发展观，基本要求是（　　　）。

A. 发展　　　　　　　　　　　　　　B. 以人为本

C. 全面协调可持续　　　　　　　　　　D. 统筹兼顾

3. 科学发展观，根本方法是（　　　）。

A. 发展　　　　　　　　　　　　　　B. 以人为本

C. 全面协调可持续　　　　　　　　　　D. 统筹兼顾

4. 科学发展观强调，社会主义民主政治的本质和核心是（　　　）。

A. 无产阶级专政　　　　　　　　　　B. 党的领导

C. 依法治国　　　　　　　　　　　　D. 人民当家作主

5. （　　）通过的《中国共产党章程（修正案）》把科学发展观同马克思列宁主义、毛泽东思想、邓小平理论、"三个代表"重要思想一道，确立为党必须长期坚持的指导思想。

A. 党的十六大　　　　　　　　　　　B. 党的十七大

C. 党的十八大　　　　　　　　　　　D. 党的十八届三中全会

6. 人的全面发展包括（　　　）。

A. 全面满足人的需要、全面提高人的素质、全面发挥人的才能

B. 全面满足人的需要、全面提高人的素质

C. 全面提高人的素质、全面发挥人的才能

D. 全面满足人的需要、全面发挥人的才能

7. 实施可持续发展战略必须正确处理经济发展与（　　　）的关系。

A. 精神文明建设　　　　　　　　　　B. 改造自然

C. 人口、资源、生态环境　　　　　　D. 政治文明

8. 党的十七大报告指出：必须把党的执政能力建设和（　　　）作为主线，坚持党要管党、从严治党。

A. 荣辱观教育　　　　　　　　　　　B. 科学发展观教育

C. 先进性建设　　　　　　　　　　　D. 作风建设

9. 社会主义核心价值体系是（　　　），决定着中国特色社会主义发展方向。

A. 兴国之魂　　　　B. 思想指针　　　　C. 发展指南　　　　D. 执政之基

10. 坚持以经济建设为中心，用（　　　）解决前进中的问题，这是我们党领导人民建设中国特色社会主义的一条基本经验。

A. 发展的办法　　　　　　　　　　　B. 改革的办法

C. 化解矛盾的办法　　　　　　　　　D. 开放的办法

11. 推动经济持续健康发展，必须坚持以科学发展为主题，以加快（　　　）为主线。

A. 转变经济增长方式　　　　　　　　B. 转变经济发展方式

C. 提高经济效益   D. 实现经济快速发展

（二）多选题

1. 坚持以人为本的根本含义主要有（   ）。

A. 坚持全心全意为人民服务，始终把最广大人民的根本利益作为党和国家工作的根本出发点和落脚点

B. 坚持尊重社会发展规律与尊重人民历史主体地位的一致性

C. 坚持发展为了人民、发展依靠人民、发展成果由人民共享

D. 坚持为崇高理想奋斗与为最广大人民谋利益的一致性

2. 社会主义核心价值体系的基本内容是（   ）。

A. 中国共产党的领导

B. 社会主义荣辱观

C. 以爱国主义为核心的民族精神和以改革创新为核心的时代精神统一

D. 中国特色社会主义共同理想

3. 下列属于构建社会主义和谐社会的总要求内容的是（   ）。

A. 充满活力   B. 诚信友爱   C. 公平正义   D. 民主法治

4. 科学发展观的基本要求是（   ）。

A. 全面发展   B. 协调发展   C. 可持续发展   D. 科学发展

5. 在民生方面，要加快完善社会保障体系，以（   ）为重点。

A. 社会保险   B. 基本养老

C. 最低生活保障制度   D. 基本医疗

6. 新形势下全面提高党的建设科学化水平要建设（   ）的马克思主义执政党，确保党始终成为中国特色社会主义事业的坚强领导核心。

A. 学习型   B. 服务型   C. 创新型   D. 改革型

7. 科学发展观强调，实现"四化"，是我国社会主义现代化建设的战略任务。其中，"四化"是指（   ）。

A. 工业化   B. 信息化   C. 城镇化   D. 城乡发展一体化

E. 农业现代化

8. 要倡导（   ），积极培育和践行社会主义核心价值观。

A. 富强、民主、文明、和谐   B. 自由、平等、公正、法治

C. 爱国、敬业、诚信、友善   D. 爱岗、敬业、诚信、友善

（三）判断题

1. 进入 21 世纪，世界处在大发展大变革大调整之中，世界多极化不可逆转，和平与发展不再是时代的主题。 （   ）

2. 2004 年 3 月，胡锦涛在中央人口资源环境座谈会上发表重要讲话，标志着科学发展观的形成。 （   ）

3. 科学发展观在加强和改善宏观调控的实践中不断充实丰富。　　（　　）

4. 科学发展观进一步丰富和深化了马克思主义对发展问题的认识。（　　）

（四）简答题

1. 科学发展观的科学内涵有哪些？

2. 简述科学发展观关于社会主义和谐社会建设的总要求和途径。

第三部分

砥砺前行
——习近平新时代中国特色社会主义思想

光辉思想 指引未来

—— 习近平新时代中国特色社会主义思想实现了新的飞跃

一 聚焦问题

如何正确认识习近平新时代中国特色社会主义思想的历史地位？

二 学习主要内容

(一) 习近平新时代中国特色社会主义思想创立的历史条件

1. 中国特色社会主义进入新时代

经过长期努力，中国特色社会主义进入新时代，这是我国发展新的历史方位。

中国特色社会主义进入新时代是改革开放以来特别是党的十八大以来我国取得的历史性成就和发生的历史性变革的必然结果。

中国特色社会主义进入新时代是我国社会主要矛盾转化的必然结果。

中国特色社会主义进入新时代具有丰富内涵和深远意蕴。

中国特色社会主义进入新时代，在中华人民共和国发展史、中华民族发展史、世界社会主义发展史和人类发展史上都具有重大意义。

2. 世界正经历百年未有之大变局

当前国际格局和国际体系正在发生深刻调整，全球治理体系正在发生深刻变革，国际力量对比正在发生近代以来最具革命性的变化，世界范围呈现出影响人类历史进程和趋向的重大态势。其主要表现为：

（1）世界经济版图变化深刻前所未有；

（2）新一轮科技革命和产业变革带来的新陈代谢和激烈竞争前所未有；

（3）国际力量对比发生的革命性变化前所未有；

（4）全球治理体系的不适应、不对称前所未有；

（5）人类前途命运的休戚与共前所未有。

世界百年未有之大变局加速演变。和平与发展仍然是时代主题，但不稳定性不确定性更加突出。

在世界大变局中，中国成为世界格局演变的主要推动力量。

3. 中华民族伟大复兴正处于关键时期

我国发展步入近代以来的最好时期,正处于实现中华民族伟大复兴的关键时期。但改革需要"涉深水""闯险滩",需要防范化解"黑天鹅""灰犀牛"事件等各种重大风险,考验当代中国共产党人的胆略和智慧。

中国共产党是实现中华民族伟大复兴的根本保证。

中华优秀传统文化是中华民族的根和魂,是中国特色社会主义植根的文化沃土。

中华民族伟大复兴正处于关键时期,中国共产党和中国人民迫切需要凝心聚力、谋篇布局、攻坚克难的科学理论。习近平新时代中国特色社会主义思想,正是在中华民族迎来从站起来、富起来到强起来的伟大飞跃中,在不断推进党的自我革命,实现党的自我净化、自我完善、自我革命、自我提高的过程中创立并不断丰富发展的。

习近平以马克思主义政治家、思想家、战略家的非凡理论勇气、卓越政治智慧、强烈使命担当,以"我将无我,不负人民"的赤子情怀,提出一系列具有开创性意义的新理念新思想新战略,为习近平新时代中国特色社会主义思想的创立发挥了决定性作用,作出了决定性贡献。

(二)习近平新时代中国特色社会主义思想的科学体系

1. 习近平新时代中国特色社会主义思想回答的时代课题

新时代坚持和发展什么样的中国特色社会主义、怎样坚持和发展中国特色社会主义,建设什么样的社会主义现代化强国、怎么建设社会主义现代化强国,建设什么样的长期执政的马克思主义政党、怎样建设长期执政的马克思主义政党。

2. 习近平新时代中国特色社会主义思想的主要内容

"十个明确"和"十四个坚持"。

3. 习近平新时代中国特色社会主义思想的理论特质

秉持人民至上。

彰显历史自觉。

坚持实事求是。

突出问题导向。

强化战略思维。

发扬斗争精神。

(三)习近平新时代中国特色社会主义思想的历史地位

(1)当代中国马克思主义、二十一世纪马克思主义,是中华文化和中国精神的时代精华,实现了马克思主义中国化新的飞跃。

(2)实现中华民族伟大复兴的行动指南。

(3)建设美好世界的中国智慧和中国方案。

三 课堂教学案例推荐

不止步　不懈怠——井冈山脱贫攻坚巩固提升纪实

推荐语：2017年，井冈山的贫困发生率降至0.42%，农村居民人均可支配收入达9606元，实现了经得起历史检验的可持续增收、稳定脱贫，朝着全面小康的目标更进一步。

2017年2月26日，中国革命的摇篮——井冈山在全国脱贫攻坚战中率先脱贫摘帽。这是民生所盼，更是对革命先烈最好的告慰。

…………

——郑颖.不止步 不懈怠——井冈山脱贫攻坚巩固提升纪实[N].江西日报，2018-02-27(01).

四 影视资料推荐

（1）纪录片：《正道沧桑——社会主义500年》第五十集"必由之路"。
（2）纪录片：《辉煌中国》。
（3）纪录片：《强军》第二集"铸魂"。
（4）纪录片：《我们走在大路上》第二十三集"辉煌新时代"、第二十四集"领航中国"。
（5）视频：《今天我学习》第四集"如何领会习近平新时代中国特色社会主义思想"。
（6）视频：《学习系列微视频：坚持和发展中国特色社会主义》。
（7）视频：《孟晚舟：祖国，我回来了！有五星红旗的地方，就有信念的灯塔》。

五 经典文献阅读推荐

1．习近平论新时代

十八大以来的五年，是党和国家发展进程中极不平凡的五年。面对世界经济复苏乏力、局部冲突和动荡频发、全球性问题加剧的外部环境，面对我国经济发展进入新常态等一系列深刻变化，我们坚持稳中求进工作总基调，迎难而上，开拓进取，取得了改革开放和社会主义现代化建设的历史性成就。

…………

经过长期努力，中国特色社会主义进入了新时代，这是我国发展新的历史方位。

中国特色社会主义进入新时代，意味着近代以来久经磨难的中华民族迎来了从站起来、富起来到强起来的伟大飞跃，迎来了实现中华民族伟大复兴的光明前景；意味着科学社会主义在二十一世纪的中国焕发出强大生机活力，在世界上高高举起了中国特色社会主义伟大旗帜；意味着中国特色社会主义道路、理论、制度、文化不断发展，拓展了发展中国家走向现代化的途径，给世界上那些既希望加快发展又希望保持自身独立性的国家和民族提供了全新选择，为解决人类问题贡献了中国智慧和中国方案。

这个新时代，是承前启后、继往开来、在新的历史条件下继续夺取中国特色社会主义伟大胜利的时代,是决胜全面建成小康社会、进而全面建设社会主义现代化强国的时代,是全国各族人民团结奋斗、不断创造美好生活、逐步实现全体人民共同富裕的时代,是全体中华儿女戮力同心、奋力实现中华民族伟大复兴中国梦的时代,是我国日益走近世界舞台中央、不断为人类作出更大贡献的时代。

中国特色社会主义进入新时代,我国社会主要矛盾已经转化为人民日益增长的美好生活需要和不平衡不充分的发展之间的矛盾。我国稳定解决了十几亿人的温饱问题,总体上实现小康,不久将全面建成小康社会,人民美好生活需要日益广泛,不仅对物质文化生活提出了更高要求,而且在民主、法治、公平、正义、安全、环境等方面的要求日益增长。同时,我国社会生产力水平总体上显著提高,社会生产能力在很多方面进入世界前列,更加突出的问题是发展不平衡不充分,这已经成为满足人民日益增长的美好生活需要的主要制约因素。

必须认识到,我国社会主要矛盾的变化是关系全局的历史性变化,对党和国家工作提出了许多新要求。我们要在继续推动发展的基础上,着力解决好发展不平衡不充分问题,大力提升发展质量和效益,更好满足人民在经济、政治、文化、社会、生态等方面日益增长的需要,更好推动人的全面发展、社会全面进步。

必须认识到,我国社会主要矛盾的变化,没有改变我们对我国社会主义所处历史阶段的判断,我国仍处于并将长期处于社会主义初级阶段的基本国情没有变,我国是世界最大发展中国家的国际地位没有变。全党要牢牢把握社会主义初级阶段这个基本国情,牢牢立足社会主义初级阶段这个最大实际,牢牢坚持党的基本路线这个党和国家的生命线、人民的幸福线,领导和团结全国各族人民,以经济建设为中心,坚持四项基本原则,坚持改革开放,自力更生,艰苦创业,为把我国建设成为富强民主文明和谐美丽的社会主义现代化强国而奋斗。

——中共中央党史和文献研究院.十九大以来重要文献选编:上[M].北京:中央文献出版社,2019:2—9.

2.习近平论坚持和发展中国特色社会主义

第一,中国特色社会主义是社会主义而不是其他什么主义,科学社会主义基本原则不能丢,丢了就不是社会主义。我们党始终强调,中国特色社会主义,既坚持了科学社会主义基本原则,又根据时代条件赋予其鲜明的中国特色。这就是说,中国特色社会主义是社会主义,不是别的什么主义。一个国家实行什么样的主义,关键要看这个主义能否解决这个国家面临的历史性课题。在中华民族积贫积弱、任人宰割的时期,各种主义和思潮都进行过尝试,资本主义道路没有走通,改良主义、自由主义、社会达尔文主义、无政府主义、实用主义、民粹主义、工团主义等也都"你方唱罢我登场",但都没能解决中国的前途和命运问题。是马克思列宁主义、毛泽东思想引导中国人民走出了漫漫长夜、建立了新中国,是中国特色社会主义使中国快速发展起来了。不说更早的时期,就从改革开放开始,特别是苏联解体、东欧剧变以后,唱衰中国的舆论在国际上不绝于耳,各式各样的"中国崩溃论"从来没有中断过。但是,中国非但没有崩溃,反而综合国力与日俱增,人民生活水平不断提高,"风景这边独好"。历史和现实都告诉我们,只有社会主义才能救中国,只有中国特色社会主义才能发展中国，这是历史的结论、人民的选择。

……我们始终认为，各国的发展道路应由各国人民选择。所谓的"中国模式"是中国人民在自己的奋斗实践中创造的中国特色社会主义道路。我们坚信，随着中国特色社会主义不断发展，我们的制度必将越来越成熟，我国社会主义制度的优越性必将进一步显现，我们的道路必将越走越宽广，我国发展道路对世界的影响必将越来越大。我们就是要有这样的道路自信、理论自信、制度自信，真正做到"千磨万击还坚劲，任尔东西南北风"。

…………

第三，马克思主义必定随着时代、实践和科学的发展而不断发展，不可能一成不变，社会主义从来都是在开拓中前进的。坚持和发展中国特色社会主义是一篇大文章，邓小平同志为它确定了基本思路和基本原则，以江泽民同志为核心的党的第三代中央领导集体、以胡锦涛同志为总书记的党中央在这篇大文章上都写下了精彩的篇章。现在，我们这一代共产党人的任务，就是继续把这篇大文章写下去。三十多年来，中国特色社会主义取得了巨大成就，加之新中国成立以后打下的基础，这是它得以站得住、行得远的重要基础。我们对社会主义的认识，对中国特色社会主义规律的把握，已经达到了一个前所未有的新的高度，这一点不容置疑。同时，也要看到，我国社会主义还处在初级阶段，我们还面临很多没有弄清楚的问题和待解的难题，对许多重大问题的认识和处理都还处在不断深化的过程之中，这一点也不容置疑。对事物的认识是需要一个过程的，而对社会主义这个我们只搞了几十年的东西，我们的认识和把握也还是非常有限的，还需要在实践中不断深化和发展。

坚持马克思主义，坚持社会主义，一定要有发展的观点，一定要以我国改革开放和现代化建设的实际问题、以我们正在做的事情为中心，着眼于马克思主义理论的运用，着眼于对实际问题的理论思考，着眼于新的实践和新的发展。我们说过，世界上没有放之四海而皆准的发展道路和发展模式，也没有一成不变的发展道路和发展模式。我们过去取得的实践和理论成果，能够帮助我们更好面对和解决前进中的问题，但不能成为我们骄傲自满的理由，更不能成为我们继续前进的包袱。我们的事业越前进、越发展，新情况新问题就会越多，面临的风险和挑战就会越多，面对的不可预料的事情就会越多。我们必须增强忧患意识，做到居安思危。解放思想、实事求是、与时俱进，是马克思主义活的灵魂，是我们适应新形势、认识新事物、完成新任务的根本思想武器。全党同志首先是各级领导干部必须坚持马克思主义的发展观点，坚持实践是检验真理的唯一标准，发挥历史的主动性和创造性，清醒认识世情、国情、党情的变和不变，永远要有逢山开路、遇河架桥的精神，锐意进取，大胆探索，敢于和善于分析回答现实生活中和群众思想上迫切需要解决的问题，不断深化改革开放，不断有所发现、有所创造、有所前进，不断推进理论创新、实践创新、制度创新。

——中共中央文献研究室.十八大以来重要文献选编：上[M].北京：中央文献出版社，2014：109—115.

……走自己的路，是党的全部理论和实践立足点，更是党百年奋斗得出的历史结论。中国特色社会主义是党和人民历经千辛万苦、付出巨大代价取得的根本成就，是实现中华民族伟大复兴的正确道路。我们坚持和发展中国特色社会主义,推动物质文明、政治文明、精神文明、社会文明、生态文明协调发展,创造了中国式现代化新道路,创造了人类文明新形态。

　　——习近平.在庆祝中国共产党成立 100 周年大会上的讲话[M].北京:人民出版社,2021:13—14.

3. 中国共产党对中国特色社会主义建设规律认识深化和理论创新的重大成果

　　以习近平同志为主要代表的中国共产党人,坚持把马克思主义基本原理同中国具体实际相结合、同中华优秀传统文化相结合,坚持毛泽东思想、邓小平理论、"三个代表"重要思想、科学发展观,深刻总结并充分运用党成立以来的历史经验,从新的实际出发,创立了习近平新时代中国特色社会主义思想,明确中国特色社会主义最本质的特征是中国共产党领导,中国特色社会主义制度的最大优势是中国共产党领导,中国共产党是最高政治领导力量,全党必须增强"四个意识"、坚定"四个自信"、做到"两个维护";明确坚持和发展中国特色社会主义,总任务是实现社会主义现代化和中华民族伟大复兴,在全面建成小康社会的基础上,分两步走在本世纪中叶建成富强民主文明和谐美丽的社会主义现代化强国,以中国式现代化推进中华民族伟大复兴;明确新时代我国社会主要矛盾是人民日益增长的美好生活需要和不平衡不充分的发展之间的矛盾,必须坚持以人民为中心的发展思想,发展全过程人民民主,推动人的全面发展、全体人民共同富裕取得更为明显的实质性进展;明确中国特色社会主义事业总体布局是经济建设、政治建设、文化建设、社会建设、生态文明建设五位一体,战略布局是全面建设社会主义现代化国家、全面深化改革、全面依法治国、全面从严治党四个全面;明确全面深化改革总目标是完善和发展中国特色社会主义制度、推进国家治理体系和治理能力现代化;明确全面推进依法治国总目标是建设中国特色社会主义法治体系、建设社会主义法治国家;明确必须坚持和完善社会主义基本经济制度,使市场在资源配置中起决定性作用,更好发挥政府作用,把握新发展阶段,贯彻创新、协调、绿色、开放、共享的新发展理念,加快构建以国内大循环为主体、国内国际双循环相互促进的新发展格局,推动高质量发展,统筹发展和安全;明确党在新时代的强军目标是建设一支听党指挥、能打胜仗、作风优良的人民军队,把人民军队建设成为世界一流军队;明确中国特色大国外交要服务民族复兴、促进人类进步,推动建设新型国际关系,推动构建人类命运共同体;明确全面从严治党的战略方针,提出新时代党的建设总要求,全面推进党的政治建设、思想建设、组织建设、作风建设、纪律建设,把制度建设贯穿其中,深入推进反腐败斗争,落实管党治党政治责任,以伟大自我革命引领伟大社会革命。这些战略思想和创新理念,是党对中国特色社会主义建设规律认识深化和理论创新的重大成果。

　　——中共中央关于党的百年奋斗重大成就和历史经验的决议[M].北京:人民出版社,2021:23—25.

（六）学习资料链接

1. 社会主要矛盾决定社会政策取向

主要观点:未来党和政府关于社会发展的政策至少要在以下几个方面作出新的调整:

一是产业结构需要调整,二是中西部发展格局会有所改变,三是社会公共福利事业要得到大发展,四是社会治理的现代化水平越来越高。

——程美东. 主要矛盾决定社会政策取向[N].北京日报,2017-11-27(14).

2. 中国仍是世界上最大的发展中国家

主要观点:王远鸿在接受媒体采访时表示,对中国目前所处的发展阶段和发展水平务必要有清醒客观的认识。他强调,目前中国仍是世界上最大的发展中国家。

——王远鸿. 中国仍是世界上最大的发展中国家[N/OL]. (2018-04-13)[2020-02-16]. https: //baijiahao. baidu. com/s? id=1597619817691799721.

3. 从孟晚舟事件看百年未有之大变局

主要观点:孟晚舟事件发生在中华民族伟大复兴关键时期,发生在世界百年未有之大变局中,实质是美国试图阻挠甚至打断中国发展进程。面对美国的倒行逆施,我们不仅要敢于斗争,更要善于斗争,特别是要善于运用国际规则维护国家主权、安全和发展利益。未来我们必将在一个更加不稳定不确定的世界中谋求发展,没有任何力量能够撼动我们伟大祖国的地位,没有任何力量能够阻挡中国前进的步伐!

——韩亚栋,李云舒. 孟晚舟事件:百年未有之大变局的缩影[EB/OL]. (2021-09-26)[2021-09-26]. https://www.ccdi. gov. cn/toutiao/202109/t20210926_251235. html.

七 习　题

（一）单选题

1. 党的十九大书写了民族复兴的"未来简史","新时代"是坐标,(　　)是灵魂,强起来是底色。

A. 新问题 　　　　　　　　　　B. 新矛盾

C. 新思想 　　　　　　　　　　D. 新阶段

2. 在现阶段,我国社会主要矛盾已经转化为人民日益增长的_____需要和_____的发展之间的矛盾。(　　)

A. 美好生活,落后的社会生产 　　B. 幸福生活,不平衡不充分

C. 幸福生活,落后的社会生产 　　D. 美好生活,不平衡不充分

3. 我国社会主要矛盾的变化,没有改变我们对我国社会主义所处的历史阶段的判断,我国仍处于并将长期处于_____的基本国情没有变,我国是世界_____的国际地位没有变。(　　)

A. 社会主义初级阶段,第二强国

B. 社会主义初级阶段,最大发展中国家

C. 社会主义中级阶段,最大发展中国家

D. 社会主义中级阶段,第二强国

4. 习近平新时代中国特色社会主义思想的核心要义是（   ）。

A. 什么是社会主义,怎样建设社会主义

B. 建设一个什么样的党,怎样建设党

C. 实现什么样的发展,怎样发展

D. 坚持和发展中国特色社会主义

5. 中国特色社会主义事业的总体布局、战略布局分别是（   ）。

A. "四个全面""五位一体"   B. "五位一体""四个全面"

C. "十个明确""十四个坚持"   D. "十四个坚持""十个明确"

6. 习近平新时代中国特色社会主义思想明确党在新时代的强军目标是建设一支（   ）的人民军队,把人民军队建设成为世界一流军队。

A. 听党指挥、能打胜仗、作风优良

B. 服务人民、听党指挥、作风优良

C. 作风优良、团结群众、能打胜仗

D. 听党指挥、能打胜仗、服从纪律

7. （   ）是中国特色社会主义最本质的特征,是中国特色社会主义制度的最大优势。

A. 中国共产党的领导   B. 以经济建设为中心

C. 人民利益为根本出发点   D. "五位一体"

8. 党的十九大报告明确,全面深化改革总目标是完善和发展中国特色社会主义制度、推进国家（   ）现代化。

A. 治理体系   B. 治理能力

C. 治理体系和治理能力   D. 治理体制和治理能力

9. 党的十九大通过的党章修正案,把习近平新时代中国特色社会主义思想确立为党的指导思想,（   ）把这一思想载入宪法。

A. 十三届全国人大二次会议   B. 党的十九届一中全会

C. 十三届全国人大一次会议   D. 全国政协十三届一次会议

10. 世界大变局中,（   ）是世界格局演变的主要推动力量。

A. 中国   B. 美国   C. 俄罗斯   D. 欧盟

(二) 多选题

1. 习近平新时代中国特色社会主义思想的历史地位是（   ）。

A. 当代中国马克思主义、21 世纪马克思主义

B. 实现中华民族伟大复兴的行动指南

C. 建设美好世界的中国智慧和中国方案

D. 人类社会发展的科学指南

2. 坚持党对一切工作的领导,必须增强（   ）,自觉维护党中央权威和集中统一领导。

A. 政治意识　　　　B. 法治意识　　　　C. 大局意识　　　　D. 核心意识

E. 看齐意识

3. 党的十九大明确了坚持和发展中国特色社会主义总任务,包括（　　　　　）。

A. 实现社会主义现代化

B. 实现中华民族伟大复兴

C. 实现社会主义的工业化

D. 分两步走,在 21 世纪中叶建成富强民主文明和谐美丽的社会主义现代化强国

4. 人民是历史的创造者,是决定党和国家前途命运的根本力量,必须坚持人民主体地位,坚持（　　　　　）的根本宗旨。

A. 依靠人民　　　　　　　　　　B. 执政为民

C. 践行全心全意为人民服务　　　D. 立党为公

（三）判断题

1. 中国特色社会主义进入新时代,这是我国发展新的历史方位。　　　　（　　）

2. 世界百年未有之大变局,意味着和平与发展已不再是时代主题。　　　（　　）

3. 习近平新时代中国特色社会主义的核心要义是坚持中国特色社会主义。（　　）

4. 中国共产党领导全国人民坚持和发展中国特色社会主义,推动物质文明、政治文明、精神文明、社会文明、生态文明协调发展,创造了中国式现代化新道路,创造了人类文明新形态。　　　　　　　　　　　　　　　　　　　　　　　　　　　　　　　（　　）

（四）简答题

1. 百年未有之大变局的主要表现是什么?

2. 习近平新时代中国特色社会主义思想具有哪些理论特质?

第十专题

民族复兴　不可逆转
——立足新发展阶段，全面建设社会主义现代化强国

一　聚焦问题

如何正确认识新发展阶段？

二　学习主要内容

（一）实现中华民族伟大复兴的中国梦

1. 中华民族近代以来最伟大的梦想

2012 年 11 月 29 日，习近平首次提出中国梦。

中华民族的昨天，"雄关漫道真如铁"。

中华民族的今天，"人间正道是沧桑"。

中华民族的明天，"长风破浪会有时"。

2. 中国梦的科学内涵

国家富强、民族振兴、人民幸福。

3. 奋力实现中国梦

必须走中国道路——中国特色社会主义道路。

必须弘扬中国精神——以爱国主义为核心的民族精神和以改革创新为核心的时代精神。

必须凝聚中国力量——全国各族人民大团结的力量。

实现中华民族伟大复兴是海内外中华儿女的共同梦想。

实干才能梦想成真。

需要锲而不舍、驰而不息的艰苦努力。

需要和平的国际环境。

（二）建成社会主义现代化强国的战略安排

1. 全面开启建设社会主义现代化强国新征程

党的十七大、十八大对全面建成小康社会提出了新要求，作出了新的部署，明确"两个一百年"的奋斗目标，即到建党 100 年时建成惠及十几亿人口的更高水平的小康社会；到新中

国成立 100 年时基本实现现代化,建成社会主义现代化强国。

习近平在党的十九大报告中指出,我们既要全面建成小康社会、实现第一个百年奋斗目标,又要乘势而上开启全面建设社会主义现代化国家新征程,向第二个百年奋斗目标进军。

2. 实现社会主义现代化强国"两步走"战略的目标要求

（1）从 2020 年到 2035 年基本实现社会主义现代化的目标要求。

① 经济实力、科技实力、综合国力将大幅跃升,进入创新型国家前列;

② 建成现代化经济体系;

③ 基本实现国家治理体系和治理能力现代化;

④ 国家文化软实力显著增强;

⑤ 生态环境根本好转,美丽中国建设目标基本实现;

⑥ 形成对外开放新格局,参与国际经济合作和竞争新优势明显增强;

⑦ 人均国内生产总值达到中等发达国家水平;

⑧ 平安中国建设达到更高水平,基本实现国防和军队现代化;

⑨人民生活更加美好。

（2）从 2035 年至本世纪中叶建成社会主义现代化强国的目标要求。

① 拥有高度的物质文明;

② 拥有高度的政治文明;

③ 拥有高度的精神文明;

④ 拥有高度的社会文明;

⑤ 拥有高度的生态文明。

（三）立足新发展阶段

全面建成小康社会、实现第一个百年奋斗目标之后,我们乘势而上开启全面建设社会主义现代化国家新征程、向第二个百年奋斗目标进军,这标志着我国进入了一个新发展阶段。

1. 进入新发展阶段的依据

（1）理论依据:实现马克思主义关于人类社会必然走向共产主义的崇高目标,必然经历若干历史阶段。

（2）历史依据:新发展阶段是党带领人民迎来从站起来、富起来到强起来历史性跨越的新阶段。

（3）现实依据:我们已拥有开启新征程、实现新的更高目标的雄厚物质基础。

2. 新发展阶段的特征

（1）面临新的发展环境。

（2）解决新的社会主要矛盾。

（3）实现新的奋斗目标。

3. 把握新发展阶段的要求

（1）保持战略定力。

（2）强化机遇意识和风险意识。

（3）贯彻新发展理念,构建新发展格局,推动高质量发展。

4.进入新发展阶段的意义

（1）进一步增强了全体中国人民自信。

（2）进一步丰富和发展了马克思主义。

（3）进一步证明了现代化道路的多样性。

三 课堂教学案例推荐

1.黄大年——心有大我、至诚报国

推荐语:黄大年是国际著名地球物理学家,他放弃英国的高薪待遇,回国担任吉林大学全职教授,成为中国第二批、东北地区第一批"千人计划"入选专家。回国后,他取得了一系列重大科技成果,填补了多项国内技术空白。

迎着飘飞的雪花,他从剑河之畔回到北国春城,只为赴一个与祖国的约定。这个像转子一样超速运转的人,却在58岁的盛年猝然离世。唯留一段传奇,震撼世间心灵。他的回国,加速推动中国深探事业用5年时间走完了发达国家20年的道路!

....

——曹雪辛.黄大年——心有大我、至诚报国[EB/OL].(2018-11-15)[2020-02-16].http://www.xinhuanet.com/science/2018-11/15/c_137605390.htm.

2.江西工业高质量跨越式发展

推荐语:党的十八大以来,江西用新发展理念谋划工业改革发展,加快迈向高质量发展新阶段。2020年,全省战略性新兴产业、高新技术产业、装备制造业增加值占规模以上工业比重分别为22.1%、38.2%、28.5%。

7月8日,江西省庆祝建党100周年系列新闻发布会之工业和信息化发展专题新闻发布会在南昌举行,展示江西工业从无到有、从小到大的发展历程。

2020年,我省规模以上工业营业收入达到37909.2亿元,约是1949年的1.4万倍、1978年的515倍。今年1月至5月,我省规模以上工业实现营业收入15760.9亿元,增长40.6%,增速居全国第三。

....

——游静,黄晨.江西工业加快迈向高质量发展新阶段[EB/OL].(2021-07-09)[2021-09-13].http://www.jiangxi.gov.cn/art/2021/7/9/art_393_3476188.html.

四 影视资料推荐

（1）纪录片:《筑梦路上》第三十二集"走向复兴"。

（2）纪录片：《正道沧桑——社会主义 500 年》第四十八集"复兴之梦"、第四十九集"实干兴邦"。

（3）纪录片：《我们走在大路上》第十五集"我们都是追梦人"。

（4）纪录片：《百年潮·中国梦》。

（5）视频：《焦点访谈》（2017 年 10 月 21 日：新时代 新征程 新目标 新要求）。

（6）电影：《红海行动》。

（7）电影：《战狼》。

（8）视频：《理学院》[100 秒漫谈斯理]系列之七十七：如何理解新发展阶段。

五 经典文献阅读推荐

1．习近平论中国梦

我们已经确定了今后的奋斗目标，这就是到中国共产党成立 100 年时全面建成小康社会，到新中国成立 100 年时建成富强民主文明和谐的社会主义现代化国家，努力实现中华民族伟大复兴的中国梦。

——习近平.习近平谈治国理政：第一卷[M].北京：外文出版社，2018：44.

2．习近平论坚持和发展中国特色社会主义

……中国特色社会主义，承载着几代中国共产党人的理想和探索，寄托着无数仁人志士的意愿和期盼，凝聚着千千万万革命先烈的奋斗和牺牲，凝聚着全国各族人民的奋斗和实践，是近代以来中国社会发展的必然选择，是历史和人民的选择。中国特色社会主义伟大实践，不仅使我们国家快速发展起来，使我国人民生活水平快速提高起来，使中华民族大踏步赶上时代前进潮流、迎来伟大复兴的光明前景，而且使中国人民和中华民族为世界和平与发展作出了重大贡献。事实雄辩地证明，要发展中国、稳定中国，要全面建成小康社会、加快推进社会主义现代化，要实现中华民族伟大复兴，必须坚定不移坚持和发展中国特色社会主义。

——习近平.全面贯彻落实党的十八大精神要突出抓好六个方面工作[J].求是，2013（1）：4.

3．习近平论新发展阶段

新发展阶段就是全面建设社会主义现代化国家、向第二个百年奋斗目标进军的阶段。这在我国发展进程中具有里程碑意义。

——习近平.论把握新发展阶段、贯彻新发展理念、构建新发展格局[M].北京：中央文献出版社，2021：5—6.

新发展阶段是我国社会主义发展进程中的一个重要阶段。一九九二年，邓小平同志说："我们搞社会主义才几十年，还处在初级阶段。巩固和发展社会主义制度，还需要一个很长的历史阶段，需要我们几代人、十几代人，甚至几十代人坚持不懈地努力奋斗，决不能掉以轻

心。"我体会,邓小平同志当年说这个话,主要是从政治上讲的,强调的是在当时我国经济基础薄弱的条件下,需要很长时间的艰苦奋斗才能实现现代化,同时强调即使实现了现代化,要把我国社会主义制度世世代代坚持下去,仍然要一以贯之地把巩固和发展社会主义制度的问题解决好,不可能一劳永逸。毛泽东同志说过:"一切事物总是有'边'的。事物的发展是一个阶段接着一个阶段不断地进行的,每一个阶段也是有'边'的。不承认'边',就是否认质变或部分质变。"社会主义初级阶段不是一个静态、一成不变、停滞不前的阶段,也不是一个自发、被动、不用费多大气力自然而然就可以跨过的阶段,而是一个动态、积极有为、始终洋溢着蓬勃生机活力的过程,是一个阶梯式递进、不断发展进步、日益接近质的飞跃的量的积累和发展变化的过程。全面建设社会主义现代化国家、基本实现社会主义现代化,既是社会主义初级阶段我国发展的要求,也是我国社会主义从初级阶段向更高阶段迈进的要求。

——习近平.论把握新发展阶段、贯彻新发展理念、构建新发展格局[M].北京:中央文献出版社,2021:474—475.

六　学习资料链接

1. 科学理解建设社会主义现代化强国和社会主义初级阶段之间的关系

主要观点:社会主义初级阶段是对我国社会主义所处的历史方位的科学判断,建设社会主义现代化强国是社会主义初级阶段的奋斗目标。首先,必须明确,我国仍处于并将长期处于社会主义初级阶段,这是"基本国情"和"最大实际"。其次,必须明确,建设社会主义现代化强国是党和国家在社会主义初级阶段的奋斗目标。最后,必须明确,社会主义初级阶段不是一成不变的,而是一个不断发展变化的历史阶段。

——王虎学.如何理解建设社会主义现代化强国和社会主义初级阶段之间的关系?[N].学习时报,2019-05-06(A4).

2. 新时代"两步走"战略安排具有深刻的实践意义

主要观点:党的十九大报告提出,分两个阶段全面建设社会主义现代化国家,即在2020年全面建成小康社会、实现第一个百年奋斗目标的基础上,再奋斗15年,在2035年基本实现社会主义现代化;从2035年到21世纪中叶,在基本实现现代化的基础上,再奋斗15年,把我国建成富强民主文明和谐美丽的社会主义现代化强国。这个"两步走"战略安排,具有丰富的现实蕴涵、深刻的实践意义和鲜明的时代价值。

——沈泉鑫.新时代"两步走"战略安排的实践意义与时代价值[N].湖南日报,2019-09-24(04).

3. 新发展阶段的主题是高质量发展

主要观点:新发展阶段面临着前所未有的历史新机遇与新挑战,它是我国社会主义初级阶段历史进程中一个不同寻常的发展阶段;新发展阶段实现高质量发展的主攻方向是构建以国内大循环为主体、国内国际双循环相互促进的新发展格局;新发展阶段实现高质量发展必须发挥改革在构建新发展格局中的关键作用；新发展阶段就是全面建设社会主义现代化国家、向第二个百年奋斗目标进军的阶段，就是在新的历史起点上把我国建设成为富强民主文明和谐美丽的社会主义现代化强国的阶段。

——钟瑛.新发展阶段的发展主题是实现高质量发展[J].红旗文稿,2021(9)：26—28.

4.准确把握新发展阶段

主要观点：准确把握新发展阶段，建立在准确理解社会主义初级阶段的基础上。新发展阶段内含于社会主义初级阶段，是社会主义初级阶段的一个时期，没有脱离社会主义初级阶段；同时，社会主义初级阶段经过几十年发展，已经进入一个站到新起点上的新阶段；准确把握新发展阶段，需要着眼于实现中华民族伟大复兴的奋斗目标，增强斗争意识、提高斗争本领，随时准备进行具有许多新的历史特点的伟大斗争。

——辛向阳.准确把握新发展阶段[N].人民日报.2021-01-22(09).

七 习 题

（一）单选题

1. 2012年11月29日，习近平率中央政治局常委和中央书记处的同志来到国家博物馆，参观（　　）展览，明确提出实现中华民族伟大复兴，就是中华民族近代以来最伟大的梦想。

　　A. 鸦片战争　　　　B. 五四运动　　　　C. 复兴之路　　　　D. 开天辟地

2. 要实现中华民族伟大复兴的中国梦，必须弘扬以（　　）为核心的民族精神。

　　A. 以人为本　　　　　　　　　　B. 爱国主义

　　C. 改革创新　　　　　　　　　　D. 社会主义核心价值观

3. 实现中国梦必须走中国道路，这就是（　　）。

　　A. 改革开放的道路　　　　　　　B. 科学发展的道路

　　C. 中国特色社会主义道路　　　　D. 生态文明的道路

4. 综合分析国际国内形势和我国发展条件，习近平在党的十九大报告中指出，全面建设社会主义现代化国家的进程可以分两个阶段来安排。第一个阶段，从（　　），在全面建成小康社会的基础上，再奋斗十五年，基本实现社会主义现代化。

　　A. 2020年到2035年　　　　　　B. 2025年到2040年

　　C. 2030年到2045年　　　　　　D. 2035年到21世纪中叶

5. 从全面建成小康社会到基本实现现代化，再到全面建成（　　），是新时代中国特色社会主义发展的战略安排。

　　A. 创新型国家　　　　　　　　　B. 世界一流强国

　　C. 社会主义现代化大国　　　　　D. 社会主义现代化强国

6. 我们党原来提出的"三步走"战略的第三步即基本实现现代化，将提前15年，即在

（　　　）实现。

    A. 2020 年　　　　　B. 2025 年　　　　　C. 2030 年　　　　　D. 2035 年

    7. 实现中国梦必须（　　　），只要我们紧密团结万众一心，为实现共同梦想而奋斗，实现梦想的力量就无比强大。

    A. 走中国道路　　　　　　　　　　B. 弘扬中国精神

    C. 凝聚中国力量　　　　　　　　　　D. 改革开放

    8. 实现中华民族伟大复兴，需要每一个人付出艰苦努力，（　　　）才能梦想成真。

    A. 空谈　　　　　　B. 空想　　　　　　C. 苦干　　　　　　D. 实干

（二）多选题

    1. 中国梦归根到底是人民的梦，人民是中国梦的主体，是中国梦的（　　　　　　）。

    A. 创造者　　　　B. 见证者　　　　C. 领导者　　　　D. 享有者

    2. 中国梦的本质是（　　　　　　）。

    A. 国家富强　　　B. 民族振兴　　　C. 人民幸福　　　D. 经济发展

    3. 中国梦是（　　　　）相统一的梦。

    A. 国家情怀　　　B. 民族情怀　　　C. 人民情怀　　　D. 个人情怀

    4. 实现中国梦必须（　　　　　　）。

    A. 走中国道路　　　　　　　　　　B. 弘扬中国精神

    C. 凝聚中国力量　　　　　　　　　　D. 传播中国文化

    5. 到 2035 年，我国基本实现社会主义现代化，基本实现（　　　　　　），建成现代化经济体系。

    A. 新型工业化　　B. 信息化　　　　C. 城镇化　　　　D. 农业现代化

    6. 到 2035 年，我国基本实现社会主义现代化，广泛形成（　　　　　　）基本实现。

    A. 绿色生产生活方式　　　　　　　　B. 碳排放达峰后稳中有降

    C. 生态环境根本好转　　　　　　　　D. 美丽中国建设目标

    7. 习近平引用三句诗对中华民族的昨天、今天、明天进行生动叙说，是（　　　　　　）。

    A. 昨夜西风凋敝树　　　　　　　　　B. 雄关漫道真如铁

    C. 人间正道是沧桑　　　　　　　　　D. 长风破浪会有时

    8. 中国梦把（　　　　）融为一体，体现了中华民族和中国人民的整体利益，表达了每一个中华儿女的共同愿景。

    A. 国家的追求　　B. 民族的向往　　C. 人民的期盼　　D. 世界的统一

    9. 判断我国进入新发展阶段的依据有（　　　　　　）。

    A. 理论依据　　　B. 历史依据　　　C. 现实依据　　　D. 推理依据

（三）判断题

    1. 中国精神，是凝心聚力的兴国之魂、强国之魂。　　　　　　　　　　（　　　）

2．实现中华民族伟大复兴的中国梦，就是要实现国家富强、民族振兴、人民幸福。

（　　）

3．实现中国梦必须走欧美式的发展道路。（　　）

4．实现中华民族伟大复兴是海内外中华儿女的共同梦想。（　　）

5．实现中华民族伟大复兴的中国梦，只要轻轻松松、敲锣打鼓就能实现。（　　）

6．新发展阶段的发展是高速度发展。（　　）

7．新发展阶段是社会主义初级阶段的一个时期。（　　）

（四）简答题

1．简述"两步走"发展战略的主要内容。

2．新发展阶段有哪些特征？

发展创新　共同富裕

——贯彻新发展理念，促进共同富裕

一　聚焦问题

如何准确理解新发展理念？

二　学习主要内容

（一）贯彻新发展理念

1. 新发展理念的提出

2015 年 10 月 26—29 日，党的十八届五中全会首次提出"创新、协调、绿色、开放、共享"的发展理念。

2. 新发展理念的内涵

（1）创新是引领发展的第一动力，创新发展注重的是解决发展动力问题。

（2）协调是持续健康发展的内在要求，协调发展注重的是解决发展不平衡问题。

（3）绿色是永续发展的必要条件和人民对美好生活追求的重要体现，绿色发展注重的是解决人与自然和谐共生问题。

（4）开放是国家繁荣发展的必由之路，开放发展注重的是解决发展内外联动问题。

（5）共享是中国特色社会主义的本质要求，共享发展注重的是解决社会公平正义问题。

3. 新发展理念的关系

新发展理念相互贯通、相互促进，是具有内在联系的集合体，要统一贯彻，不能顾此失彼，也不能互相代替。

新发展理念是一个系统的理论体系，回答了关于发展目的、动力、方式、路径等一系列理论和实践问题，阐明了我们党关于发展的政治立场、价值导向、发展模式、发展道路等重大政治问题。

4. 完整、准确、全面贯彻新发展理念

（1）从根本宗旨把握新发展理念。

（2）从问题导向把握新发展理念。

（3）从忧患意识把握新发展理念。

（二）促进共同富裕

1. 为什么要促进共同富裕？

（1）坚持中国共产党的性质宗旨、初心使命，不断夯实中国共产党长期执政基础的必然要求。

（2）在全面建成小康社会基础上，向着全面建成社会主义现代化强国的第二个百年奋斗目标迈进的必然要求。

（3）适应社会主要矛盾变化，着力解决发展不平衡不充分问题的必然要求。

2. 促进共同富裕应遵循的原则

（1）鼓励勤劳创新致富。幸福生活都是奋斗出来的，共同富裕要靠勤劳智慧来创造。

（2）坚持基本经济制度。要立足社会主义初级阶段，坚持"两个毫不动摇"。

（3）尽力而为量力而行。要建立科学的公共政策体系，形成人人享有的合理分配格局。要把保障和改善民生建立在经济发展和财力可持续的基础之上。

（4）坚持循序渐进。共同富裕是一个长远目标，需要一个过程，不可能一蹴而就，对其长期性、艰巨性、复杂性要有充分估计，办好这件事，等不得、急不得。

3. 促进共同富裕的总体思路和重要举措

总体思路：坚持以人民为中心的发展思想，在高质量发展中促进共同富裕，正确处理效率和公平的关系，构建初次分配、再分配、三次分配协调配套的基础性制度安排，加大税收、社保、转移支付等调节力度并提高精准性，扩大中等收入群体比重，增加低收入人群收入，合理调节高收入，取缔非法收入，形成中间大、两头小的橄榄型分配结构，促进社会公平正义，促进人的全面发展，使全体人民朝着共同富裕目标扎实迈进。

重要举措有：

（1）提高发展的平衡性、协同性、包容性。要加快完善社会主义市场经济体制，推动发展更平衡、更协调、更包容。

（2）着力扩大中等收入群体规模。要抓住重点、精准施策，推动更多低收入人群迈入中等收入行列。

（3）促进基本公共服务均等化。低收入群体是促进共同富裕的重点帮扶保障人群。要加大普惠性人力资本投入、完善养老和医疗保障体系、完善兜底性救助体系、完善住房供应和保障体系。

（4）加强对高收入的规范和调节。在依法保护合法收入的同时，要防止两极分化、消除分配不公。

（5）促进人民精神生活共同富裕。促进共同富裕与促进人的全面发展是高度统一的。

（6）促进农民农村共同富裕。要巩固拓展脱贫攻坚成果，全面推进乡村振兴，加强农村基础设施和公共服务体系建设。

三　课堂教学案例推荐

江西：VR＋5G,催生新动力

推荐语：VR 产业成为江西经济"变道超车"的新动力。江西计划用 5 年时间,引进培育若干具有较强创新能力和全球影响力的 VR 企业,聚集一批 VR 产业链上下游企业,年产值超过 1000 亿元。

随着 2018 年世界 VR 产业大会成果的高效转化,VR 产业成为江西经济"变道超车"的新动力。5G 商用为虚拟现实技术在更广泛领域的应用开辟了新空间。江西计划用 5 年时间,把虚拟现实产业打造成过千亿级高新技术产业,率先开展 5G 在 VR 领域的应用,逐步打造 VR 与 5G 融合的产业生态系统。

．．．．．．．．．．．．

——戴林峰,秦海峰.新兴产业更加强劲　发展平台更加拓展——江西：VR＋5G,催生新动力[N].人民日报,2019-10-15(07).

四　影视资料推荐

(1) 视频：《初心与使命：人民领袖心中最大的牵挂》。
(2) 视频：《习近平讲述的故事|焦裕禄的人民情怀》。
(3) 视频：《习近平 24 字点赞中国人民》。
(4) 纪录片：《辉煌中国》第二集"创新活力"、第三集"协调发展"、第四集"绿色家园"、第五集"共享小康"、第六集"开放中国"。
(5) 纪录片：《我们走在大路上》第十四集"民为邦本"。
(6) 专题片：《将改革进行到底》第六集"守住绿水青山"、第十集"人民的获得感"。

五　经典文献阅读推荐

1. 习近平论以人民为中心

人民是我们党执政的最大底气,是我们共和国的坚实根基,是我们强党兴国的根本所在。我们党来自于人民,为人民而生,因人民而兴,必须始终与人民心心相印、与人民同甘共苦、与人民团结奋斗。每个共产党员都要弄明白,党除了人民利益之外没有自己的特殊利益,党的一切工作都是为了实现好、维护好、发展好最广大人民根本利益;人民是历史的创造者,人民是真正的英雄,必须相信人民、依靠人民;我们永远是劳动人民的普通一员,必须保持同人民群众的血肉联系。

——习近平.习近平谈治国理政：第三卷[M].北京：外文出版社,2020：137.

……江山就是人民、人民就是江山,打江山、守江山,守的是人民的心。中国共产党根基在人民、血脉在人民、力量在人民。中国共产党始终代表最广大人民根本利益，与人民休戚与共、生死相依，没有任何自己特殊的利益，从来不代表任何利益集团、任何权势团体、任何特权阶层的利益。任何想把中国共产党同中国人民分割开来、对立起来的企图，都是绝不会得逞的！9500多万中国共产党人不答应！14亿多中国人民也不答应！

新的征程上，我们必须紧紧依靠人民创造历史，坚持全心全意为人民服务的根本宗旨，站稳人民立场，贯彻党的群众路线，尊重人民首创精神，践行以人民为中心的发展思想，发展全过程人民民主，维护社会公平正义，着力解决发展不平衡不充分问题和人民群众急难愁盼问题，推动人的全面发展、全体人民共同富裕取得更为明显的实质性进展！

——习近平.在庆祝中国共产党成立100周年大会上的讲话[M].北京：人民出版社，2021：11—12.

2. 中共中央关于初心使命

不忘初心，方得始终。中国共产党立志于中华民族千秋伟业，百年恰是风华正茂。过去一百年，党向人民、向历史交出了一份优异的答卷。现在，党团结带领中国人民又踏上了实现第二个百年奋斗目标新的赶考之路。时代是出卷人，我们是答卷人，人民是阅卷人。我们一定要继续考出好成绩，在新时代新征程上展现新气象新作为。

——中共中央关于党的百年奋斗重大成就和历史经验的决议[M].北京：人民出版社，2021：71.

3. 习近平论新发展理念

第一，着力实施创新驱动发展战略。把创新摆在第一位，是因为创新是引领发展的第一动力。发展动力决定发展速度、效能、可持续性。对我国这么大体量的经济体来讲，如果动力问题解决不好，要实现经济持续健康发展和"两个翻番"是难以做到的。当然，协调发展、绿色发展、开放发展、共享发展都有利于增强发展动力，但核心在创新。抓住了创新，就抓住了牵动经济社会发展全局的"牛鼻子"。

坚持创新发展，是我们分析近代以来世界发展历程特别是总结我国改革开放成功实践得出的结论，是我们应对发展环境变化、增强发展动力、把握发展主动权，更好引领新常态的根本之策。

············

第二，着力增强发展的整体性协调性。……

新形势下，协调发展具有一些新特点。比如，协调既是发展手段又是发展目标，同时还是评价发展的标准和尺度。再比如，协调是发展两点论和重点论的统一，一个国家、一个地区乃至一个行业在其特定发展时期既有发展优势、也存在制约因素，在发展思路上既要着力破解难题、补齐短板，又要考虑巩固和厚植原有优势，两方面相辅相成、相得益彰，才能实现高水平发展。又比如，协调是发展平衡和不平衡的统一，由平衡到不平衡再到新的平衡是事物发展的基本规律。平衡是相对的，不平衡是绝对的。强调协调发展不是搞平均主义，而是更注重发展机会公平、更注重资源配置均衡。还比如，协调是发展短板和潜力的统一，我国正处于由中等收入国家向高收入国家迈进的阶段,国际经验表明,这个阶段是各种矛盾集中爆发的时期,发展不协调、存在诸多短板也是难免的。协调发展,就要找出短板,在补齐短板上多用力,通过补齐短板挖掘发展潜力、增强发展后劲。

………

第三,着力推进人与自然和谐共生。绿色发展,就其要义来讲,是要解决好人与自然和谐共生问题。人类发展活动必须尊重自然、顺应自然、保护自然,否则就会遭到大自然的报复,这个规律谁也无法抗拒。

………

第四,着力形成对外开放新体制。我国三十多年来的发展成就得益于对外开放。一个国家能不能富强,一个民族能不能振兴,最重要的就是看这个国家、这个民族能不能顺应时代潮流,掌握历史前进的主动权。

经济全球化是我们谋划发展所要面对的时代潮流。……

………

实践告诉我们,要发展壮大,必须主动顺应经济全球化潮流,坚持对外开放,充分运用人类社会创造的先进科学技术成果和有益管理经验。改革开放初期,在我们力量不强、经验不足的时候,不少同志也曾满怀疑问,面对占据优势地位的西方国家,我们能不能做到既利用对外开放机遇而又不被腐蚀或吃掉? 当年,我们推动复关谈判、入世谈判,都承受着很大压力。今天看来,我们大胆开放、走向世界,无疑是选择了正确方向。

………

第五,着力践行以人民为中心的发展思想。这是党的十八届五中全会首次提出来的,体现了我们党全心全意为人民服务的根本宗旨,体现了人民是推动发展的根本力量的唯物史观。

"治国有常,而利民为本。"以人民为中心的发展思想,不是一个抽象的、玄奥的概念,不能只停留在口头上、止步于思想环节,而要体现在经济社会发展各个环节。要坚持人民主体地位,顺应人民群众对美好生活的向往,不断实现好、维护好、发展好最广大人民根本利益,做到发展为了人民、发展依靠人民、发展成果由人民共享。要通过深化改革、创新驱动,提高经济发展质量和效益,生产出更多更好的物质精神产品,不断满足人民日益增长的物质文化需要。要全面调动人的积极性、主动性、创造性,为各行业各方面的劳动者、企业家、创新人才、各级干部创造发挥作用的舞台和环境。要坚持社会主义基本经济制度和分配制度,调整收入分配格局,完善以税收、社会保障、转移支付等为主要手段的再分配调节机制,维护社会公平正义,解决好收入差距问题,使发展成果更多更公平惠及全体人民。

共享理念实质就是坚持以人民为中心的发展思想,体现的是逐步实现共同富裕的要求。……

——习近平.论把握新发展时段、贯彻新发展理念、构建新发展格局[M].北京:中央文献出版社,2021:80—95.

……新发展理念是一个系统的理论体系，回答了关于发展的目的、动力、方式、路径等一系列理论和实践问题，阐明了我们党关于发展的政治立场、价值导向、发展模式、发展道路等重大政治问题。全党必须完整、准确、全面贯彻新发展理念。要注意把握好以下几点。

第一，从根本宗旨把握新发展理念。古人说："天地之大，黎元为本。"人民是我们党执政的最深厚基础和最大底气。为人民谋幸福、为民族谋复兴，这既是我们党领导现代化建设的出发点和落脚点，也是新发展理念的"根"和"魂"。只有坚持以人民为中心的发展思想，坚持发展为了人民、发展依靠人民、发展成果由人民共享，才会有正确的发展观、现代化观。苏联是世界上第一个社会主义国家，取得过辉煌成就，但后来失败了、解体了，其中一个重要原因是苏联共产党脱离了人民，成为一个只维护自身利益的特权官僚集团。即使是实现了现代化的国家，如果执政党背离人民，也会损害现代化成果。

实现共同富裕不仅是经济问题，而且是关系党的执政基础的重大政治问题。我们决不能允许贫富差距越来越大、穷者愈穷富者愈富，决不能在富的人和穷的人之间出现一道不可逾越的鸿沟。当然，实现共同富裕，要统筹考虑需要和可能，按照经济社会发展规律循序渐进。同时，这项工作也不能等，要自觉主动解决地区差距、城乡差距、收入差距等问题，推动社会全面进步和人的全面发展，促进社会公平正义，让发展成果更多更公平惠及全体人民，不断增强人民群众获得感、幸福感、安全感，让人民群众真真切切感受到共同富裕不仅仅是一个口号，而是看得见、摸得着、真实可感的事实。

第二，从问题导向把握新发展理念。我国发展已经站在新的历史起点上，要根据新发展阶段的新要求，坚持问题导向，更加精准地贯彻新发展理念，切实解决好发展不平衡不充分的问题，推动高质量发展。比如，科技自立自强成为决定我国生存和发展的基础能力，存在诸多"卡脖子"问题。比如，我国城乡区域发展差距较大，而究竟怎样解决这个问题，有很多新的问题需要深入研究，尤其是区域板块分化重组、人口跨区域转移加快、农民落户城市意愿下降等问题要抓紧研究、明确思路。比如，加快推动经济社会发展全面绿色转型已经形成高度共识，而我国能源体系高度依赖煤炭等化石能源，生产和生活体系向绿色低碳转型的压力都很大，实现二〇三〇年前碳排放达峰、二〇六〇年前碳中和的目标任务极其艰巨。比如，随着经济全球化出现逆流，外部环境越来越复杂多变，大家认识到必须处理好自立自强和开放合作的关系，处理好积极参与国际分工和保障国家安全的关系，处理好利用外资和安全审查的关系，在确保安全前提下扩大开放。总之，进入新发展阶段，对新发展理念的理解要不断深化，举措要更加精准务实，真正实现高质量发展。

第三，从忧患意识把握新发展理念。"不困在于早虑，不穷在于早豫。"随着我国社会主要矛盾变化和国际力量对比深刻调整，我国发展面临的内外部风险空前上升，必须增强忧患意识、坚持底线思维，随时准备应对更加复杂困难的局面。"十四五"规划《建议》把安全问题摆在非常突出的位置，强调要把安全发展贯穿国家发展各领域和全过程。如果安全这个基础不牢，发展的大厦就会地动山摇。要坚持政治安全、人民安全、国家利益至上有机统一，既要敢于斗争，也要善于斗争，全面做强自己，特别是要增强威慑的实力。宏观经济方面要防止大起大落,资本市场上要防止外资大进大出,粮食、能源、重要资源上要确保供给安全,要确保产业链供应链稳定安全,要防止资本无序扩张、野蛮生长,还要确保生态环境安全,坚决抓好安全生产。在社会领域,要防止大规模失业风险,加强公共卫生安全,有效化解各类群体性事件。要加强保障国家安全的制度性建设,借鉴其他国家经验,研究如何设置必要的"玻璃门",在不同阶段加不同的锁,有效处理各类涉及国家安全的问题。

——习近平.论把握新发展阶段、贯彻新发展理念、构建新发展格局[M].北京:中央文献出版社,2021:479—482.

4.邓小平论共同富裕

……共同致富,我们从改革一开始就讲,将来总有一天要成为中心课题。社会主义不是少数人富起来、大多数人穷,不是那个样子。社会主义最大的优越性就是共同富裕,这是体现社会主义本质的一个东西。

——邓小平.邓小平文选:第三卷[M].北京:人民出版社,1993:364.

5.习近平论共同富裕

共同富裕是中国特色社会主义的本质要求,我国现代化坚持以人民为中心的发展思想,自觉主动解决地区差距、城乡差距、收入分配差距,促进社会公平正义,逐步实现全体人民共同富裕,坚决防止两极分化。

——习近平.论把握新发展阶段、贯彻新发展理念、构建新发展格局[M].北京:中央文献出版社,2021:9.

……共同富裕是社会主义的本质要求,是人民群众的共同期盼。我们推动经济社会发展,归根结底是要实现全体人民共同富裕。新中国成立以来特别是改革开放以来,我们党团结带领人民向着实现共同富裕的目标不懈努力,人民生活水平不断提高。党的十八大以来,我们把脱贫攻坚作为重中之重,使现行标准下农村贫困人口全部脱贫,就是促进全体人民共同富裕的一项重大举措。当前,我国发展不平衡不充分问题仍然突出,城乡区域发展和收入分配差距较大,促进全体人民共同富裕是一项长期任务,但随着我国全面建成小康社会、开启全面建设社会主义现代化国家新征程,我们必须把促进全体人民共同富裕摆在更加重要的位置,脚踏实地,久久为功,向着这个目标更加积极有为地进行努力。

——习近平.论把握新发展阶段、贯彻新发展理念、构建新发展格局[M].北京:中央文献出版社,2021:423—424.

党的十八大以来,党中央把握发展阶段新变化,把逐步实现全体人民共同富裕摆在更加重要的位置上,推动区域协调发展,采取有力措施保障和改善民生,打赢脱贫攻坚战,全面建成小康社会,为促进共同富裕创造了良好条件。现在,已经到了扎实推动共同富裕的历史阶段。

....

共同富裕是社会主义的本质要求,是中国式现代化的重要特征。我们说的共同富裕是全体人民共同富裕,是人民群众物质生活和精神生活都富裕,不是少数人的富裕,也不是整齐划一的平均主义。

——习近平.扎实推动共同富裕[J].求是,2021(20)：4.

六 学习资料链接

1. **中共中央政治局常务委员会研究新冠肺炎疫情防控工作**

主要内容：1月25日,农历正月初一,中共中央政治局常务委员会召开会议,专门听取新型冠状病毒感染的肺炎疫情防控工作汇报,对疫情防控特别是患者治疗工作进行再研究、再部署、再动员。中共中央总书记习近平主持会议并发表重要讲话。习近平强调,各级党委和政府必须按照党中央决策部署,全面动员,全面部署,全面加强工作,把人民群众生命安全和身体健康放在第一位,把疫情防控工作作为当前最重要的工作来抓。

——中共中央政治局常务委员会召开会议 研究新型冠状病毒感染的肺炎疫情防控工作 中共中央总书记习近平主持会议[N].人民日报,2020-01-26(01).

2. **新发展理念的理论与实践**

主要观点：新发展理念是对马克思主义发展观的继承和发展,是对中华优秀传统文化的传承,是以习近平同志为核心的党中央集体智慧的结晶。我们要统筹中华民族伟大复兴战略全局和世界百年未有之大变局,牢牢把握"国之大者",把新发展理念贯穿"十四五"发展的全过程和各领域,完整把握、准确理解、全面贯彻,加快推进我国社会主义现代化建设。

——叶得盛.新发展理念的理论与实践[N].红旗文稿,2021(10)：33—35.

3. **中央财经委员会第十次会议：在高质量发展中促进共同富裕**

主要内容：会议指出,要坚持以人民为中心的发展思想,在高质量发展中促进共同富裕,正确处理效率和公平的关系,构建初次分配、再分配、三次分配协调配套的基础性制度安排,加大税收、社保、转移支付等调节力度并提高精准性,扩大中等收入群体比重,增加低收入群体收入,合理调节高收入,取缔非法收入,形成中间大、两头小的橄榄型分配结构,促进社会公平正义,促进人的全面发展,使全体人民朝着共同富裕目标扎实迈进。

——习近平主持召开中央财经委员会第十次会议强调 在高质量发展中促进共同富裕 统筹做好重大金融风险防范化解工作 李克强汪洋王沪宁韩正出席[EB/OL].(2021-08-17)[2021-08-19].http://www.xinhuanet.com/politics/leaders/2021-08/17/c_1127770343.htm.

七 习 题

（一）单选题

1. 新发展理念的核心是（ ）发展。

A. 协调   B. 创新   C. 共享   D. 绿色

2. （ ）,是一种发展思想,也是一种执政理念,代表党始终践行全心全意为人民服务的根本宗旨。

　　A. 坚持党对一切工作的领导　　　　　B. 坚持以人民为中心

　　C. 坚持全面深化改革　　　　　　　　D. 坚持新发展理念

　　3. 新发展理念是指（　　　）。

　　A. 高效、创新、绿色、开放、共享　　　B. 高效、协调、创新、绿色、共享

　　C. 创新、协调、绿色、高效、共享　　　D. 创新、协调、绿色、开放、共享

　　4. （　　　）是历史的创造者。

　　A. 人们　　　　　B. 人民　　　　　C. 人才　　　　　D. 人物

　　5. 把人民对美好生活的向往作为奋斗目标，从根本上回答了（　　　）的问题。

　　A. 为了谁　　　　B. 依靠谁　　　　C. 成就谁　　　　D. 依靠谁

　　6. （　　　）是解决我国一切问题的基础和关键。

　　A. 发展　　　　　　　　　　　　　　B. 稳定

　　C. 改革　　　　　　　　　　　　　　D. "一带一路"

　　7. 在高质量发展阶段，我国要加快建设（　　　）国家，不断增强我国经济的创新力和竞争力。

　　A. 创新型　　　　B. 文明型　　　　C. 高效能　　　　D. 竞争型

（二）多选题

　　1. 为推进绿色发展，构建市场导向的绿色技术创新体系，发展绿色金融，需壮大（　　　　）。

　　A. 节能环保产业　　　　　　　　　　B. 清洁生产产业

　　C. 绿色科技产业　　　　　　　　　　D. 清洁能源产业

　　2. 党的十九大报告指出，五年来，创新驱动发展战略大力实施，创新型国家建设成果丰硕，天宫、（　　　　）、大飞机等重大科技成果相继问世。

　　A. 蛟龙　　　　　B. 天眼　　　　　C. 悟空　　　　　D. 墨子

　　3. 人民群众是社会历史实践的主体，是历史的创造者，具体集中体现在哪些方面？（　　　　）

　　A. 人民群众是社会物质财富的创造者

　　B. 人民群众是社会精神财富的创造者

　　C. 人民群众是社会变革的决定力量

　　D. 人民群众所做之事都是正确的

　　4. 绿色发展，就是要（　　　　），推进美丽中国建设。

　　A. 解决好人与自然和谐共生问题

　　B. 坚定走生产发展、生活富裕、生态良好的文明发展道路

　　C. 加快建设资源节约型、环境友好型社会

　　D. 形成人与自然和谐发展现代化建设新格局

5. 共享是中国特色社会主义的本质要求,其内涵主要有( )。

A. 全民共享　　　B. 全面共享　　　C. 共建共享　　　D. 渐进共享

（三）判断题

1. 人民群众是社会历史实践的主体,是历史的创造者。　　　　　　　　　( )

2. 在社会历史发展过程中,人民群众起着辅助性的作用。　　　　　　　( )

3. 坚持由人民群众评判,把人民群众满意作为检验工作的第一标准。　　( )

4. 绿色是持续健康发展的内在要求。　　　　　　　　　　　　　　　　( )

5. 中央财经委员会第十次会议指出,共同富裕是全体人民的富裕,要不分阶段促进共同富裕。　　　　　　　　　　　　　　　　　　　　　　　　　　　　　( )

6. 中央财经委员会第十次会议指出,要坚持以人民为中心的发展思想,形成中间大、两头小的橄榄型分配结构。　　　　　　　　　　　　　　　　　　　　　( )

（四）简答题

1. 简述新发展理念的科学内涵。

2. 如何完整、准确、全面贯彻新发展理念?

3. 如何准确理解共同富裕?

第十二专题

优化结构 提质增效

——构建新发展格局,建设现代化经济体系,实现经济高质量发展

一 聚焦问题

如何准确理解构建新发展格局,实现经济高质量发展?

二 学习主要内容

(一)坚持习近平经济思想

习近平经济思想系统回答了新时代中国特色社会主义经济发展的时代背景、根本立场、政治保障、制度基础、主题主线、发展阶段、发展理念、发展格局、发展路径、内外关系和工作方法等一系列重大问题,是我国经济发展实践的理论结晶,是中国特色社会主义政治经济学的最新成果,开拓了马克思主义政治经济学新境界,为推动中国经济持续健康发展提供了科学指南。

其主要内容有:

(1)坚持加强党对经济工作的集中统一领导。

(2)坚持以人民为中心的发展思想。

(3)坚持适应把握引领经济发展新常态。

(4)坚持使市场在资源配置中起决定性作用,更好发挥政府作用,推动有效市场和有为政府更好结合。

(5)坚持适应我国经济发展主要矛盾变化完善宏观调控。

(6)坚持问题导向部署经济发展新战略。

(7)坚持正确工作策略和方法。

(二)正确理解新发展格局

党的十九届五中全会通过的《中共中央关于制定国民经济和社会发展第十四个五年规划和二〇三五年远景目标的建议》指出,"十四五"时期经济社会发展,要坚定不移贯彻创新、协调、绿色、开放、共享的新发展理念,坚持稳中求进工作总基调,以推动高质量发展为主题,以深化供给侧结构性改革为主线,以改革创新为根本动力,以满足人民日益增长的美好生活需要为根本目的,统筹发展和安全,加快建设现代化经济体系,加快构建以国内大循环为主体、国内国际双循环相互促进的新发展格局,推进国家治理体系和治理能力现代化,实

现经济行稳致远、社会安定和谐，为全面建设社会主义现代化国家开好局、起好步。

（三）建设现代化经济体系

1. 为什么要建设现代化经济体系？

（1）经济高质量发展的必然要求。

（2）适应我国社会主要矛盾转化的必然选择。

（3）全面建设社会主义现代化强国的重要物质基础。

2. 现代化经济体系的内涵

现代化经济体系是由社会经济活动各个环节、各个层面、各个领域的相互关系和内在联系构成的一个有机整体，包括七个方面：

（1）创新引领、协同发展的产业体系；

（2）统一开放、竞争有序的市场体系；

（3）体现效率、促进公平的收入分配体系；

（4）彰显优势、协调联动的城乡区域发展体系；

（5）资源节约、环境友好的绿色发展体系；

（6）多元平衡、安全高效的全面开放体系；

（7）充分发挥市场作用、更好发挥政府作用的经济体制。

三 课堂教学案例推荐

中国高铁，亮丽名片

推荐语：中国高铁，见证了中国综合国力的提升。高铁成网后，通达半径500公里的城市群形成1—2小时交通圈，实现公交城市化；1000公里跨区域大城市间4小时左右到达，实现当日往返；2000公里跨区域大城市间8小时左右到达，实现朝发夕至，对于促进经济持续健康发展、加快构建新发展格局意义重大。

夏日的西藏，碧水涟涟，白云悠悠。2021年7月22日，习近平总书记到林芝火车站考察，了解川藏铁路总体规划及拉萨至林芝段建设运营情况，并乘坐专列实地察看拉林铁路沿线建设情况，深入研究有关问题。

中国高铁，见证着中国综合国力的飞跃。中国高铁的发展，承载着习近平总书记和党中央的殷切期望。

···········

——陆东福.打造中国高铁亮丽名片[J].求是，2021(15)：53—60.

四 影视资料推荐

（1）专题片：《将改革进行到底》第二集"引领经济发展新常态"。

（2）纪录片：《辉煌中国》第一集"圆梦工程"。

（3）视频：《中国经济的底气从何而来？》。

（4）视频：《焦点访谈》20210205 期"迈好构建新发展格局的第一步"。

五 经典文献阅读推荐

1. 习近平论世界经济形势

世界正处于大发展大变革大调整时期，和平与发展仍然是时代主题。世界多极化、经济全球化、社会信息化、文化多样化深入发展，全球治理体系和国际秩序变革加速推进，各国相互联系和依存日益加深，国际力量对比更趋平衡，和平发展大势不可逆转。同时，世界面临的不稳定性不确定性突出，世界经济增长动能不足，贫富分化日益严重，地区热点问题此起彼伏，恐怖主义、网络安全、重大传染性疾病、气候变化等非传统安全威胁持续蔓延，人类面临许多共同挑战。

——中共中央党史和文献研究院.十九大以来重要文献选编：上［M］.北京：中央文献出版社，2019：41.

2. 习近平论新常态

在认识新常态上，要准确把握内涵，注意克服几种倾向。其一，新常态不是一个事件，不要用好或坏来判断。有人问，新常态是一个好状态还是一个坏状态？这种问法是不科学的。新常态是一个客观状态，是我国经济发展到今天这个阶段必然会出现的一种状态，是一种内在必然性，并没有好坏之分，我们要因势而谋、因势而动、因势而进。其二，新常态不是一个筐子，不要什么都往里面装。新常态主要表现在经济领域，不要滥用新常态概念，搞出一大堆"新常态"，什么文化新常态、旅游新常态、城市管理新常态等，甚至把一些不好的现象都归入新常态。其三，新常态不是一个避风港，不要把不好做或难做好的工作都归结于新常态，似乎推给新常态就有不去解决的理由了。新常态不是不干事，不是不要发展，不是不要国内生产总值增长，而是要更好发挥主观能动性、更有创造精神地推动发展。

——习近平.习近平谈治国理政：第二卷［M］.北京：外文出版社，2017：249.

3. 习近平论供给侧结构性改革

我们提的供给侧改革，完整地说是"供给侧结构性改革"，……"结构性"三个字十分重要，简称"供给侧改革"也可以，但不能忘了"结构性"三个字。供给侧结构性改革，重点是解放和发展社会生产力，用改革的办法推进结构调整，减少无效和低端供给，扩大有效和中高端供给，增强供给结构对需求变化的适应性和灵活性，提高全要素生产率。这不只是一个税收和税率问题，而是要通过一系列政策举措，特别是推动科技创新、发展实体经济、保障和改善人民生活的政策措施，来解决我国经济供给侧存在的问题。我们讲的供给侧结构性改革，既强调供给又关注需求，既突出发展社会生产力又注重完善生产关系，既发挥市场在资源配置中的决定性作用又更好发挥政府作用，既着眼当前又立足长远。从政治经济学的角度看，供给侧结构性改革的根本,是使我国供给能力更好满足广大人民日益增长、不断升级和个性化的物质文化和生态环境需要,从而实现社会主义生产目的。

——中共中央党史和文献研究院.十八大以来重要文献选编:下[M].北京:中央文献出版社,2018:173.

4.习近平论新发展格局

构建新发展格局是一个系统工程,既要"操其要于上",加强战略谋划和顶层设计,也要"分其详于下",把握工作着力点。

一是要加快培育完整内需体系。……

二是要加快科技自立自强。……

三是要推动产业链供应链优化升级。……

四是要推进农业农村现代化。……

五是要提高人民生活品质。……

六是要牢牢守住安全发展这条底线。……

——习近平.论把握新发展阶段、贯彻新发展理念、构建新发展格局[M].北京:中央文献出版社,2021:13—16.

第二,以畅通国民经济循环为主构建新发展格局。今年以来,我多次讲,要推动形成以国内大循环为主体、国内国际双循环相互促进的新发展格局。这个新发展格局是根据我国发展阶段、环境、条件变化提出来的,是重塑我国国际合作和竞争新优势的战略抉择。近年来,随着外部环境和我国发展所具有的要素禀赋的变化,市场和资源两头在外的国际大循环动能明显减弱,而我国内需潜力不断释放,国内大循环活力日益强劲,客观上有着此消彼长的态势。对这个客观现象,理论界进行了很多讨论,可以继续深化研究,并提出真知灼见。

自二〇〇八年国际金融危机以来,我国经济已经在向以国内大循环为主体转变,经常项目顺差同国内生产总值的比率由二〇〇七年的百分之十以上降至现在的不到百分之一,国内需求对经济增长的贡献率有七个年份超过百分之百。未来一个时期,国内市场主导国民经济循环特征会更加明显,经济增长的内需潜力会不断释放。我们要坚持供给侧结构性改革这个战略方向,扭住扩大内需这个战略基点,使生产、分配、流通、消费更多依托国内市场,提升供给体系对国内需求的适配性,形成需求牵引供给、供给创造需求的更高水平动态平衡。

当然,新发展格局决不是封闭的国内循环,而是开放的国内国际双循环。我国在世界经济中的地位将持续上升,同世界经济的联系会更加紧密,为其他国家提供的市场机会将更加广阔,成为吸引国际商品和要素资源的巨大引力场。

——习近平.论把握新发展阶段、贯彻新发展理念、构建新发展格局[M].北京:中央文献出版社,2021:372—373.

构建新发展格局,要坚持扩大内需这个战略基点,使生产、分配、流通、消费更多依托国内市场,形成国民经济良性循环。要坚持供给侧结构性改革的战略方向,提升供给体系对国内需求的适配性,打通经济循环堵点,提升产业链、供应链的完整性,使国内市场成为最终需求的主要来源,形成需求牵引供给、供给创造需求的更高水平动态平衡。新发展格局决不是封闭的国内循环,而是开放的国内国际双循环。推动形成宏大顺畅的国内经济循环,就能更好吸引全球资源要素,既满足国内需求,又提升我国产业技术发展水平,形成参与国际经济合作和竞争新优势。

　　——习近平.论把握新发展阶段、贯彻新发展理念、构建新发展格局[M].北京:中央文献出版社,2021:422—423.

　　构建新发展格局的关键在于经济循环的畅通无阻,就像人们讲的要调理好统摄全身阴阳气血的任督二脉。经济活动需要各种生产要素的组合在生产、分配、流通、消费各环节有机衔接,从而实现循环流转。在正常情况下,如果经济循环顺畅,物质产品会增加,社会财富会积聚,人民福祉会增进,国家实力会增强,从而形成一个螺旋式上升的发展过程。如果经济循环过程中出现堵点、断点,循环就会受阻,在宏观上就会表现为增长速度下降、失业增加、风险积累、国际收支失衡等情况,在微观上就会表现为产能过剩、企业效益下降、居民收入下降等问题。在我国发展现阶段,畅通经济循环最主要的任务是供给侧有效畅通,有效供给能力强可以穿透循环堵点、消除瓶颈制约,可以创造就业和提供收入,从而形成需求能力。因此,我们必须坚持深化供给侧结构性改革这条主线,继续完成"三去一降一补"的重要任务,全面优化升级产业结构,提升创新能力、竞争力和综合实力,增强供给体系的韧性,形成更高效率和更高质量的投入产出关系,实现经济在高水平上的动态平衡。

　　………………

　　构建新发展格局,实行高水平对外开放,必须具备强大的国内经济循环体系和稳固的基本盘,并以此形成对全球要素资源的强大吸引力、在激烈国际竞争中的强大竞争力、在全球资源配置中的强大推动力。既要持续深化商品、服务、资金、人才等要素流动型开放,又要稳步拓展规则、规制、管理、标准等制度型开放。要加强国内大循环在双循环中的主导作用,塑造我国参与国际合作和竞争新优势。要重视以国际循环提升国内大循环效率和水平,改善我国生产要素质量和配置水平。要通过参与国际市场竞争,增强我国出口产品和服务竞争力,推动我国产业转型升级,增强我国在全球产业链供应链创新链中的影响力。我国企业的利益已延伸到全球各个角落,大家要注重了解国际事务,深入研究利益攸关国、贸易伙伴国、投资对象国的情况,做到心中有数、趋利避害。

　　——习近平.论把握新发展阶段、贯彻新发展理念、构建新发展格局[M].北京:中央文献出版社,2021:484—486.

　　（六）学习资料链接

1. 李克强:进一步优化营商环境,持续激发市场活力和社会创造力

主要内容:优化营商环境就是解放生产力、提高综合竞争力。近年来,各地区各部门大

力改善营商环境,取得积极进展,但仍有不少"短板"。一是以简政减税减费为重点进一步优化营商环境;二是严格依法平等保护各类产权,加大知识产权保护力度;三是借鉴国际经验,抓紧建立营商环境评价机制,逐步在全国推行。

——李克强主持召开国务院常务会议 部署进一步优化营商环境等[EB/OL].(2018-01-03)[2020-02-16]. http://www.gov.cn/premier/2018-01-03/content_5252932.htm.

2. 培育壮大具有国际竞争力的现代物流企业

主要内容:建设现代流通体系对构建新发展格局具有重要意义。在社会再生产过程中,流通效率和生产效率同等重要,是提高国民经济总体运行效率的重要方面。高效流通体系能够在更大范围把生产和消费联系起来,扩大交易范围,推动分工深化,提高生产效率,促进财富创造。国内循环和国际循环都离不开高效的现代流通体系。

——习近平主持召开中央财经委员会第八次会议强调 统筹推进现代流通体系建设 为构建新发展格局提供有力支撑 李克强王沪宁韩正出席[EB/OL].(2020-09-09)[2021-08-19]. http://www.xinhuanet.com/politics/leaders/2020/09/09/c_1126473726.htm.

3. 开创发展新局面

主要观点:构建新发展格局是根据我国发展阶段、环境、条件变化提出来的,是重塑我国国际合作和竞争新优势的战略抉择,是在危机中育新机、于变局中开新局的制胜之策。构建新发展格局开创发展新局面,要坚持供给侧结构性改革这个战略方向,牢牢扭住扩大内需这个战略基点。

——新华社评论员.以新发展格局开创发展新局面——学习贯彻习近平总书记在经济社会领域专家座谈会重要讲话[EB/OL].(2020-08-25)[2021-08-13]. http://www.xinhuanet.com/2020-08/25/c_1126412181.htm.

4. 构建新发展格局的主要抓手

主要观点:提出新发展格局是基于百年未有之大变局,也是新阶段高质量发展的必然选择。巨大的人口基数和庞大的中等收入群体是实施新发展格局、扩大内需市场、促进消费升级的坚实基础。加快形成新发展格局,一方面,要坚定实施扩大内需战略,把满足国内需求作为推动高质量发展的出发点和落脚点;另一方面,要继续深化供给侧结构性改革,努力使生产、分配、流通、消费更多依托国内市场,提升供给体系对国内需求的适配性,形成需求牵引供给、供给创造需求的更高水平动态平衡。

——冯俏彬.加快形成经济发展新格局[J].红旗文稿,2020(18):28—30.

5. 新时代中国共产党经济思想的创新发展

主要观点:党的十八大以来,中国共产党经济思想的发展进入新时代,以习近平同志为主要代表的中国共产党人,坚持马克思主义政治经济学原理和方法,深刻把握我国经济社会发展所处的历史方位,紧密结合中国特色社会主义经济建设的伟大实践,形成了习近平经济思想。在中国共产党经济思想的百年历史上,习近平经济思想对马克思主义政治经济学作出了重大贡献,开创了中国特色社会主义政治经济学发展的新境界。

——张雷声.中国共产党经济思想在新时代的发展创新[J].马克思主义与现实,2021(4):40—46,203.

6. 江西大力推动高质量发展

主要内容:江西要打造全国革命老区高质量发展示范区、全国内陆双向高水平开放引领区、全国生态文明样板区、中部地区城乡融合发展创新区、长江中游城市群战略支撑区,建设全国先进制造业基地、全国粮食和绿色农产品供应基地、全国"绿水青山就是金山银山"理念实践创新高地、中华优秀文化传承创新高地、国际旅游休闲康养胜地。

——中共江西省委,江西省人民政府.关于江西在新时代推动中部地区高质量发展中加快崛起的实施意见[N].江西日报,2021-09-16(06).

七 习 题

(一) 单选题

1. 随着中国特色社会主义进入新时代,我国经济已由高速增长阶段转向( )发展阶段。

A. 高质量　　　　　B. 中速　　　　　C. 中低速　　　　D. 低速

2. 推进经济增长动能转换,在于加快发展( ),全面提升实体经济活力。

A. 服务业　　　　　　　　　　B. 金融业

C. 先进制造业　　　　　　　　D. 农业

3. 下列表述中,属于现代化经济体系坚实基础的是( )。

A. 产业新体系　　　　　　　　B. 金融体系

C. 实体经济　　　　　　　　　D. 经济体制

4. ( )是推动供给侧结构性改革,振兴实体经济的主力军。

A. 个人　　　　B. 企业　　　　C. 政府　　　　D. 企业家

5. 按照党的十九大精神,关于推进区域协调发展战略具体措施的下列表述不准确的是( )。

A. 加大对特殊地区的发展支持

B. 坚持路海分离、建设陆地强国

C. 深化区域合作,建立有效地区域协调发展机制

D. 以共抓大保护、不搞大开发为导向推动长江经济带发展

6. 我国金融领域在当前及今后一个时期内尚处风险易发高发期,在国内外多重因素影响下,风险点多面广,其风险特点不包括( )。

A. 突发性　　　　　　　　　　B. 复杂性

C. 显露性　　　　　　　　　　D. 传染性

（二）多选题

1. 建设现代化经济体系是（　　　　　）的迫切需要。

A. 转方式 　　　　　　　　　　　B. 调结构

C. 形成新的经济基础 　　　　　　D. 形成新的增长动力

2. 供给侧结构性改革的主要任务包括（　　　　　）。

A. 去产能 　　　　B. 去库存 　　　　C. 去杠杆 　　　　D. 补短板

3. 关于供给侧结构性改革的本质含义，下列说法正确的是（　　　　　）。

A. 适当扩大总需求的同时加快推进供给侧结构性改革

B. 用改革的办法矫正供需结构错配和要素配置扭曲

C. 增加低端供给

D. 促进要素流动和优化配置

4. 建设现代化经济体系需要处理好的关系包括（　　　　　）。

A. 国有企业与非国有企业关系 　　B. 实体经济与非实体经济关系

C. 新旧动能转换关系 　　　　　　D. 政府与市场关系

5. 建设现代化经济体系的基础条件正在夯实，主要表现在（　　　　　）。

A. 40 年来改革开放的丰硕成果惠及全体人民，人民的获得感显著增强

B. 全面深化改革取得重大突破，对外开放成效卓著

C. 脱贫攻坚取得实质性进展，全面小康有望如期实现

D. 创新能力不断增强，推动新旧动能有序转换

（三）判断题

1. 贯彻新发展理念、建设现代化经济体系必须坚持供给侧结构性改革。　　（　　）

2. 扩大优质增量供给的重点是"三去一降"。　　　　　　　　　　　　（　　）

3. 建设现代化经济体系是由高质量发展阶段转向高速增长阶段的内在要求。（　　）

4. 推动供给侧结构性改革的最终落脚点是实现更高水平的供需平衡。　　（　　）

5. 国内循环和国际循环都离不开高效的现代物流体系。　　　　　　　　（　　）

6. 构建新发展格局的关键在于经济循环的畅通无阻。　　　　　　　　　（　　）

7. 新发展格局指的是国内经济循环。　　　　　　　　　　　　　　　　（　　）

（四）简答题

1. 习近平经济思想的主要内容是什么？

2. 建设现代化经济体系的内容是什么？

3. 新发展格局的内涵是什么？

权力在民　民主协商

—— 坚持走中国特色社会主义政治发展道路，发展社会主义民主政治

一　聚焦问题

如何准确理解人民民主是全过程民主？

二　学习主要内容

（一）坚持走中国特色社会主义政治发展道路

走中国特色政治发展道路，必须坚持党的领导、人民当家作主、依法治国有机统一。

走中国特色政治发展道路，必须坚持正确政治方向。

走中国特色政治发展道路，必须积极稳妥推进政治体制改革。

（二）健全人民当家作主制度体系

1. 长期坚持、不断完善人民代表大会制度

支持和保证人民通过人民代表大会行使国家权力，保证各级国家机关由人民代表大会产生、对人民代表大会负责、受人民代表大会监督。健全人民代表大会对"一府一委两院"监督制度。密切人大代表同人民群众的联系，健全代表联络机制。健全人民代表大会组织制度、选举制度和议事规则。加强地方人民代表大会及其常委会建设。

2. 坚持和完善中国共产党领导的多党合作和政治协商制度

全方位展现我国新型政党制度优势。发挥人民政协作为政治组织和民主形式的效能。完善人民政协专门协商机构制度。构建程序合理、环节完整的协商民主体系。

3. 坚持和完善民族区域自治制度

巩固和发展平等、团结、互助、和谐的社会主义民族关系。打牢中华民族共同体思想基础。加强各民族交往交流交融。不断提高各族群众生活水平。

4. 坚持和完善基层群众自治制度

城市的居民委员会协调会制度、听证会制度、评议会制度、居民来访制度、居委会报告制度等，农村的村委会选举、村民会议和代表会议、村民民主管理和民主监督等方式方法，充分保障基层群众享有更多、更切实的民主权利。

5. 人民民主是全过程民主

社会主义民主具体地、生动地体现在人民当家作主的全过程各环节。

6. 协商民主是中国社会主义民主政治中独特的、独有的、独到的民主形式

有事好商量,众人的事情由众人商量,是人民民主的真谛。协商民主丰富了民主的形式,拓展了民主的渠道,延展了民主的内涵。

（三）巩固和发展最广泛的爱国统一战线

新时代巩固发展爱国统一战线工作的重要任务是:

（1）坚持长期共存、互相监督、肝胆相照、荣辱与共,支持民主党派按照中国特色社会主义参政党要求更好履行职能。

（2）深化民族团结进步教育,铸牢中华民族共同体意识。

（3）全面贯彻党的宗教工作基本方针,坚持我国宗教的中国化方向,积极引导宗教与社会主义社会相适应。

（4）牢牢把握大团结大联合的主题,做好统战工作。

三 课堂教学案例推荐

"打工妹"成为"新上海人"励志模范

推荐语:朱雪芹经过艰苦努力,从"打工妹"变为"新上海人"的故事。

一个当初背井离乡的江苏姑娘,从没有停止过自我拼搏和帮助别人,她用了 25 年时间,从"打工妹"成为"新上海人"的励志模范,她的名字叫朱雪芹。

··········

——栾吟之."打工妹"成为"新上海人"励志模范[N].解放日报,2019-07-24(04).

四 影视资料推荐

（1）视频:《焦点访谈》——"中国之治"。

（2）纪录片:《光辉历程——纪念全国人民代表大会成立六十周年》。

（3）纪录片:《初心和使命——庆祝人民政协成立 70 周年》。

（4）视频:《3 分钟读懂政协》。

（5）视频:《两会时间到! 一段动画助你秒懂两会小知识》。

（6）视频:《全国"两会"知多少》。

（7）纪录片:《山河岁月》第 29 集。

五　经典文献阅读推荐

1. 习近平论中国特色社会主义政治

……改革开放以来，我们党团结带领人民在发展社会主义民主政治方面取得了重大进展，成功开辟和坚持了中国特色社会主义政治发展道路，为实现最广泛的人民民主确立了正确方向。这一政治发展道路的核心思想、主体内容、基本要求，都在宪法中得到了确认和体现，其精神实质是紧密联系、相互贯通、相互促进的。国家的根本制度和根本任务，国家的领导核心和指导思想，工人阶级领导的、以工农联盟为基础的人民民主专政的国体，人民代表大会制度的政体，中国共产党领导的多党合作和政治协商制度、民族区域自治制度以及基层群众自治制度，爱国统一战线，社会主义法制原则，民主集中制原则，尊重和保障人权原则，等等，这些宪法确立的制度和原则，我们必须长期坚持、全面贯彻、不断发展。

——中共中央文献研究室.十八大以来重要文献选编：上［M］.北京：中央文献出版社，2014：88.

发展社会主义民主政治，关键是要增加和扩大我们的优势和特点，而不是要削弱和缩小我们的优势和特点。我们要坚持发挥党总揽全局、协调各方的领导核心作用，提高党科学执政、民主执政、依法执政水平，保证党领导人民有效治理国家，切实防止出现群龙无首、一盘散沙的现象。我们要坚持国家一切权力属于人民，既保证人民依法实行民主选举，也保证人民依法实行民主决策、民主管理、民主监督，切实防止出现选举时漫天许诺、选举后无人过问的现象。我们要坚持和完善中国共产党领导的多党合作和政治协商制度，加强社会各种力量的合作协调，切实防止出现党争纷沓、相互倾轧的现象。我们要坚持和完善民族区域自治制度，巩固平等团结互助和谐的社会主义民族关系，促进各民族和睦相处、和衷共济、和谐发展，切实防止出现民族隔阂、民族冲突的现象。我们要坚持和完善基层群众自治制度，发展基层民主，保障人民依法直接行使民主权利，切实防止出现人民形式上有权、实际上无权的现象。我们要坚持和完善民主集中制的制度和原则，促使各类国家机关提高能力和效率、增进协调和配合，形成治国理政的强大合力，切实防止出现相互掣肘、内耗严重的现象。

——中共中央文献研究室.十八大以来重要文献选编：中［M］.北京：中央文献出版社，2016：63.

尊重人民主体地位，保证人民当家作主，是我们党的一贯主张。我们要毫不动摇走中国特色社会主义政治发展道路，长期坚持、全面贯彻、不断发展人民代表大会制度、中国共产党领导的多党合作和政治协商制度、民族区域自治制度、基层群众自治制度，发展社会主义协商民主，巩固和发展最广泛的爱国统一战线，扩大人民群众有序政治参与，保证人民广泛参加国家治理和社会治理，形成生动活泼、安定团结的政治局面。

——中共中央文献研究室.十八大以来重要文献选编：下［M］.北京：中央文献出版社，2018：352—353.

2. 习近平论统一战线

……在百年奋斗历程中，中国共产党始终把统一战线摆在重要位置，不断巩固和发展最广泛的统一战线,团结一切可以团结的力量、调动一切可以调动的积极因素,最大限度凝聚起共同奋斗的力量。爱国统一战线是中国共产党团结海内外全体中华儿女实现中华民族伟大复兴的重要法宝。

新的征程上,我们必须坚持大团结大联合,坚持一致性和多样性统一,加强思想政治引领,广泛凝聚共识,广聚天下英才,努力寻求最大公约数、画出最大同心圆,形成海内外全体中华儿女心往一处想、劲往一处使的生动局面,汇聚起实现民族复兴的磅礴力量!

——习近平.在庆祝中国共产党成立 100 周年大会上的讲话[M].北京：人民出版社,2021：18—19.

六 学习资料链接

1. 不忘初心,方能打破"历史周期率"

主要观点：1945 年 7 月 4 日,毛泽东在延安杨家岭住处的窑洞里,与黄炎培进行了关于"历史周期率"的谈话,成为党史国史上著名的"延安窑洞对话"。

七十多年过去了,两位政治家的"延安窑洞对话"言犹在耳、振聋发聩。"共产党会不会重蹈前人的覆辙"的考问,留给我们这一代共产党人诸多的思考和警示。昭示我们必须大力恢复和发扬党的优良作风,大力建设和发展社会主义民主政治。

——薛鑫良.不忘初心,方能打破"历史周期率"——"历史周期率"与"延安窑洞对话"[N].学习时报,2016-08-15(A12).

2. 发展和完善中国特色社会主义协商民主

主要观点：人民协商民主制度与新型政党制度展现了中国特色社会主义协商民主的生动实践,特别是党的十八大以来,以习近平同志为核心的党中央丰富和发展了中国特色社会主义协商民主理论。中国特色社会主义协商民主的生动实践已然证明,社会主义协商民主制度有利于汇聚全社会广泛正能量,画好最大同心圆,是扎根于中国土壤、具有鲜明中国特色的制度安排,也是对人类政治文明的丰富、发展和贡献。

——钟瑛：中国特色社会主义协商民主的生动实践[J].红旗文稿,2020(10)：10—13.

3. 中国特色社会主义民主是高质量民主

主要观点：中国特色社会主义民主是践行中国式现代化新道路的必然产物,是中国致力于创造人类文明新形态的重要成果。全过程人民民主意味着贯穿人民现实生活全过程,意味着民主的所有领域一个都不能少,意味着民主的所有环节一个都不能少,意味着拥有全链条的民主运行机制。中国特色社会主义民主坚持民主形式和民主效能相统一。"有事好商量,众人的事情由众人商量"等具体民主制度能够寻求全社会意愿和利益的最大公约数。中国特色社会主义民主是民主和集中相结合的高质量民主,有利于确保和谐稳定与活力兼具。

——樊鹏.中国特色社会主义民主为什么行[J].红旗文稿,2021(14)：26—30.

4. 实现人民当家作主是中国共产党的政治纲领和奋斗目标

主要观点：新中国成立以来，特别是中国特色社会主义进入新时代以来，我们党坚持和完善人民当家作主制度体系，大力发展社会主义民主政治，不断巩固党和人民长期奋斗成果，筑牢我国社会主义制度的基石，为确保在中国大地上人民永远当家作主奠定了坚实的基础。在新起点上，我们要坚定走中国特色社会主义政治发展道路，坚持和完善我国根本制度、基本制度、重要制度，不断巩固、完善和发展人民当家作主的制度体系，为全面建成社会主义现代化强国提供根本政治保障。

——张磊. 实现人民当家作主是中国共产党始终不渝的奋斗目标[J]. 马克思主义研究，2021(5)：34—42.

5. 世界上没有定于一尊的民主形式

主要内容：中国的民主植根中国历史文化，符合中国国情，得到人民拥护。民主实现形式是多样的，适合的就是最好的。民主是全人类共同价值，不是某个国家的"专利"。评判一种民主形式，关键要看它是否适应本国历史文化，是否符合本国现实国情，能否带来政治稳定、社会进步、民生改善，能否得到人民的支持和拥护，能否为人类进步事业作出贡献。中国共产党坚定不移走中国特色社会主义政治发展道路，不断丰富和发展中国式民主，让民主之树枝繁叶茂、永远常青。

——中共中央宣传部. 中国共产党的历史使命与行动价值[EB/OL]. (2021-08-26) [2021-08-27]. http://www.news.cn/2021-08/26/c_1127795937.htm.

七　习　题

（一）单选题

1. 我国实行的根本政治制度是（　　）。

A. 人民民主专政的国体和人民代表大会制度的政体

B. 共产党领导的多党合作和政治协商制度

C. 民主集中制

D. 民族区域自治制度

2. 社会主义民主政治的本质要求是（　　）。

A. 依法治国　　　　　　　　　B. 自由、民主、平等

C. 坚持共产党的领导　　　　　D. 人民当家作主

3. 人民行使国家权力的机关是（　　）。

A. 国务院

B. 最高人民法院

C. 最高人民检察院

D. 全国人民代表大会和地方各级人民代表大会

4. 中国共产党领导人民治理国家的基本方略是（   ）。

A. 改革开放　　　　B. 依法治国　　　　C. 科教兴国　　　　D. 以人为本

5. 邓小平说："没有民主就没有社会主义，就没有社会主义的现代化。"这个论断指出了
（   ）。

A. 社会主义民主的本质

B. 社会主义与资本主义的本质区别

C. 社会主义民主的性质

D. 民主和社会主义、民主和社会主义现代化的内在联系

6. 党的十六大报告指出，发展社会主义民主政治，建设社会主义（   ），是全面建设小
康社会的重要目标。

A. 精神文明　　　　B. 物质文明　　　　C. 政治文明　　　　D. 先进文化

7. 社会主义法制的基本要求是（   ）。

A. 有法可依、有法必依、执法必严、违法必究

B. 法律面前人人平等

C. 将社会主义民主制度化、法律化

D. 必须使每一个公民都增强法制观念

8. 我国的政党制度是（   ）。

A. 共产党执政的一党制

B. 共产党和民主党派共同执政的多党制

C. 共产党领导的多党合作和政治协商制度

D. 共产党和在野党轮流执政的两党制

9. 我国最高的国家权力机关是（   ）。

A. 国务院　　　　　　　　　　　B. 最高人民法院

C. 全国人民代表大会　　　　　　D. 中共中央政治局

（二）多选题

1. 我国人民代表大会制度是遵循以下哪些原则建立起来的？（   ）

A. 一切权力属于人民　　　　　　B. 民主协商

C. 中国共产党的领导　　　　　　D. 民主集中制

2. 全国人民代表大会是我国的（   ）。

A. 最高权力机关　　　　　　　　B. 最高立法机关

C. 最高司法机关　　　　　　　　D. 最高监察机关

3. 中国共产党与各民主党派合作的方针包括（   ）。

A. 长期共存　　　　B. 互相监督　　　　C. 肝胆相照　　　　D. 荣辱与共

4. 社会主义民主政治与资本主义民主政治的原则区别在于（   ）。

A. 经济基础不同　　　　　　　　B. 阶级实质不同

C. 主体不同　　　　　　　　　D. 宗旨不同

5. 人民民主专政(　　　　)。

A. 实质上是无产阶级专政　　　B. 是我国的国体

C. 是我国的政体　　　　　　　D. 是中国共产党的一个创造

6. 实行依法治国(　　　　)。

A. 是实现人民当家作主的根本保证　　B. 有利于加强和改善党的领导

C. 是社会文明的重要标志　　　　　　D. 是国家长治久安的重要保障

7. 下列权力中属于全国人民代表大会的是(　　　　)。

A. 立法权　　　　　　　　　　B. 任免权

C. 批准国民经济预决算权　　　D. 监督权

(三) 判断题

1. 人民代表大会制度是中国人民当家作主的基本政治制度,是我国的国体。　　(　　)

2. 中国共产党领导的多党合作和政治协商制度,是我国的一项基本政治制度。(　　)

3. 民族区域自治是解决我国民族问题的基本政策,是国家的一项基本政治制度。

(　　)

4. 现阶段的人民民主还不是无产阶级专政。　　　　　　　　　　　　　(　　)

5. 民族区域自治是党领导人民治理国家的一项基本方略。　　　　　　　(　　)

6. 我国的人民代表大会制度和西方的"三权分立"制度是相同的,国家的立法、行政、司法三种权力是平等的,它们相互制约,维持权力均衡。　　　　　　　　　　(　　)

7. 我国的政体是人民民主专政。　　　　　　　　　　　　　　　　　(　　)

(四) 简答题

中国特色社会主义民主政治制度包含哪些主要内容?

第十四专题

精神引领　万众一心

——坚持和完善繁荣发展社会主义先进文化制度，建设文化强国

一 聚焦问题

繁荣发展社会主义先进文化制度有哪些？

二 学习主要内容

（一）文化的内涵及意义

1. 文化的内涵

文化是人类在社会历史发展过程中所创造的物质财富和精神财富的总和。狭义的文化特指精神财富，如文学、艺术、教育、科学等。

2. 文化的意义

对个人而言，优秀文化能丰富人的精神世界，增强人的精神力量。对社会而言，文化作为一种精神力量，能够在人们认识世界、改造世界的过程中转化为物质力量，对社会发展产生深刻的影响。对综合国力而言，文化深深熔铸在民族的生命力、创造力和凝聚力之中，成为综合国力的重要标志。

（二）近现代中国文化的发展

（1）新民主主义革命时期文化建设。

（2）社会主义初步探索时期的文化发展。

（3）曲折时期，文化凋零。

（4）改革开放时期文化发展。

（5）新时代中国文化发展。

（三）坚持和完善繁荣发展社会主义先进文化的制度

1. 坚持马克思主义在意识形态领域指导地位的根本制度

全面贯彻落实习近平新时代中国特色社会主义思想，健全用党的创新理论武装全党、教育人民工作体系，完善党委（党组）理论学习中心组等各层级学习制度，建设和用好网络学习平台。

深入实施马克思主义理论研究和建设工程。

加强和改进学校思想政治教育,建立全员、全程、全方位育人体制机制。

落实意识形态工作责任制,旗帜鲜明反对和抵制各种错误观点。

2. 坚持以社会主义核心价值观引领文化建设制度

实施公民道德建设工程,推进新时代文明实践中心建设。

坚持依法治国、以德治国相结合,完善弘扬社会主义核心价值观的法律政策体系。

推进中华优秀传统文化传承发展工程。

完善青少年理想信念教育齐抓共管机制。

健全志愿服务体系。

完善诚信建设长效机制。

3. 健全人民文化权益保障制度

完善文化产品创作生产传播的引导激励机制,推出更多群众喜爱的文化精品。

完善城乡公共文化服务体系,推动基层文化惠民工程扩大覆盖面、增强实效性,鼓励社会力量参与公共文化服务体系建设。

4. 完善坚持正确导向的舆论引导工作机制

坚持党管媒体原则,坚持团结稳定鼓劲、正面宣传为主,唱响主旋律、弘扬正能量。

构建网上网下一体、内宣外宣联动的主流舆论格局,建立以内容建设为根本、先进技术为支撑、创新管理为保障的全媒体传播体系。

完善舆论监督制度,健全重大舆情和突发事件舆论引导机制。

建立健全网络综合治理体系,营造清朗的网络空间。

5. 建立健全把社会效益放在首位、社会效益和经济效益相统一的文化创作生产体制机制

深化社会文化体制改革。

健全现代文化产业体系和市场体系,完善以高质量为导向的文化经济政策。

完善文化企业履行社会责任制度,健全引导新型文化业态健康发展机制。

完善文化和旅游融合发展体制机制。

完善倡导讲品位讲格调讲责任、抵制低俗庸俗媚俗的工作机制。

三 课堂教学案例推荐

景德镇陶瓷文化产业发展

推荐语:景德镇陶邑文化发展有限公司通过活化本地文化打造优质内容,抓住年轻人,带着品牌"走出去"等方式,大力发展陶瓷文化创意产业和现代服务业,在国内外产生了积极影响,形成了"陶溪川"文化现象,受到诸多知名人士的关注。

景德镇陶邑文化发展有限公司是景德镇陶文旅集团旗下的全资国有企业,以保护开发

陶瓷工业遗产为己任,大力发展陶瓷文化创意产业和现代服务业,对景德镇现存的"十大瓷厂"进行保护利用。陶溪川是其重点打造的复合型文旅商项目,已成为景德镇的新名片。

············

——陶溪川文创街区.陶溪川文创街区:留住老瓷厂灵魂,成就年轻人追梦[EB/OL].(2019-04-02)[2020-02-16].http://jx.ifeng.com/a/20190402/7352854_0.shtml.

四 影视资料推荐

（1）政论专题片:《将改革进行到底》第五集"延续中华文脉"。
（2）纪录片:《我们走在大路上》第二十集"文化铸魂"。
（3）纪录片:《我们一起走过——致敬改革开放 40 周年》第八集"知识改变命运"。
（4）视频:《燃！四分钟带你领略中国文化精神》。
（5）视频:《中国正在说——中国文化的根本精神:以人为本》。
（6）歌曲:《风雨无阻向前进》。

五 经典文献阅读推荐

1. 毛泽东论文化发展

百花齐放,百家争鸣,长期共存,互相监督,这几个口号是怎样提出来的呢？它是根据中国的具体情况提出来的,是在承认社会主义社会仍然存在着各种矛盾的基础上提出来的,是在国家需要迅速发展经济和文化的迫切要求上提出来的。百花齐放、百家争鸣的方针,是促进艺术发展和科学进步的方针,是促进我国的社会主义文化繁荣的方针。艺术上不同的形式和风格可以自由发展,科学上不同的学派可以自由争论。利用行政力量,强制推行一种风格,一种学派,禁止另一种风格,另一种学派,我们认为会有害于艺术和科学的发展。艺术和科学中的是非问题,应当通过艺术界科学界的自由讨论去解决,通过艺术和科学的实践去解决,而不应当采取简单的方法去解决。为了判断正确的东西和错误的东西,常常需要有考验的时间。历史上新的正确的东西,在开始的时候常常得不到多数人承认,只能在斗争中曲折地发展。正确的东西,好的东西,人们一开始常常不承认它们是香花,反而把它们看作毒草。哥白尼关于太阳系的学说,达尔文的进化论,都曾经被看作是错误的东西,都曾经经历艰苦的斗争。我国历史上也有许多这样的事例。同旧社会比较起来,在社会主义社会中,新生事物的成长条件,和过去根本不同了,好得多了。但是压抑新生力量,压抑合理的意见,仍然是常有的事。不是由于有意压抑,只是由于鉴别不清,也会妨碍新生事物的成长。因此,对于科学上、艺术上的是非,应当保持慎重的态度,提倡自由讨论,不要轻率地作结论。我们认为,采取这种态度可以帮助科学和艺术得到比较顺利的发展。

——毛泽东.毛泽东文集:第七卷[M].中共中央文献研究室编.北京:人民出版社,1999:229—230.

2. 习近平论文化和哲学社会科学工作

历史和现实都证明，中华民族有着强大的文化创造力。每到重大历史关头，文化都能感国运之变化、立时代之潮头、发时代之先声，为亿万人民、为伟大祖国鼓与呼。中华文化既坚守本根又不断与时俱进，使中华民族保持了坚定的民族自信和强大的修复能力，培育了共同的情感和价值、共同的理想和精神。

没有中华文化繁荣兴盛，就没有中华民族伟大复兴。一个民族的复兴需要强大的物质力量，也需要强大的精神力量。没有先进文化的积极引领，没有人民精神世界的极大丰富，没有民族精神力量的不断增强，一个国家、一个民族不可能屹立于世界民族之林。

——中共中央文献研究室.十八大以来重要文献选编：中[M].北京：中央文献出版社，2016：121.

中华民族有着深厚文化传统，形成了富有特色的思想体系，体现了中国人几千年来积累的知识智慧和理性思辨。这是我国的独特优势。中华文明延续着我们国家和民族的精神血脉，既需要薪火相传、代代守护，也需要与时俱进、推陈出新。要加强对中华优秀传统文化的挖掘和阐发，使中华民族最基本的文化基因与当代文化相适应、与现代社会相协调，把跨越时空、超越国界、富有永恒魅力、具有当代价值的文化精神弘扬起来。要推动中华文明创造性转化、创新性发展，激活其生命力，让中华文明同各国人民创造的多彩文明一道，为人类提供正确精神指引。要围绕我国和世界发展面临的重大问题，着力提出能够体现中国立场、中国智慧、中国价值的理念、主张、方案。我们不仅要让世界知道"舌尖上的中国"，还要让世界知道"学术中的中国""理论中的中国""哲学社会科学中的中国"，让世界知道"发展中的中国""开放中的中国""为人类文明作贡献的中国"。

强调民族性并不是要排斥其他国家的学术研究成果，而是要在比较、对照、批判、吸收、升华的基础上，使民族性更加符合当代中国和当今世界的发展要求，越是民族的越是世界的。解决好民族性问题，就有更强能力去解决世界性问题；把中国实践总结好，就有更强能力为解决世界性问题提供思路和办法。这是由特殊性到普遍性的发展规律。

——中共中央党史和文献研究院.十八大以来重要文献选编：下[M].北京：中央文献出版社，2018：323—324.

六　学习资料链接

1. 透过数字看变化：文化建设七十年的巨大成就

主要内容：在2019年6月30日—7月10日阿塞拜疆首都巴库召开的第43届世界遗产大会上，中国世界文化遗产提名项目"良渚古城遗址"被列入《世界遗产名录》。至此，中国世界遗产总数达到55处，居世界第一。

"经历了83年考古之路、63年保护之路、25年申遗之路，良渚申遗成功，是新中国成立以来我国文化遗产保护事业取得显著成效的一个缩影。"参与了良渚遗址申遗工作的良渚博物院总策展人高蒙河在接受《科技日报》记者采访时说道。

——唐婷.透过数字看变化：文化建设七十年的强劲脉动[N].科技日报，2019-08-27(03).

2. 婺源——"文旅融合,非遗先行"

主要内容:婺源悠久的徽商历史和深厚文化底蕴,造就了古朴神秘的傩舞、唱腔独特的徽剧、巧夺天工的三雕、精美绝伦的歙砚等让人叹为观止的非物资文化遗产。2008年,婺源被批准设立国家级徽州文化生态保护实验区,是全国第二个、江西省第一个国家文化生态保护实验区。婺源还先后获评全国非物质文化遗产保护先进集体、中国民间文化艺术之乡等荣誉称号。

——杨红.江西婺源:非遗让中国最美乡村更有"味道"[EB/OL].(2019-07-10)[2020-02-16].http://www.ctnews.com.cn/art/2019/7/10/art_673_46462.html.

3. 中华优秀传统文化的历史性提升

主要观点:百年来,中国共产党坚持把马克思主义基本原理同中国具体实际、同时代发展、同中华优秀传统文化相结合,通过对历久弥新的中华优秀传统文化精髓的发掘、继承、弘扬,激发了中华优秀传统文化的巨大内生动力,通过现代文明的成功推进,使中华优秀传统文化发生了历史性的提升和飞跃。

——姜义华.中国共产党与中华优秀传统文化[J].红旗文稿,2021(12):11—15.

七 习 题

(一) 单项选择题

1. ( )关乎旗帜、关乎道路、关乎国家政治安全,决定文化前进方向和道路。

A. 国家制度 　　 B. 指导思想 　　 C. 意识形态 　　 D. 理论体系

2. 社会主义核心价值观社会层面的要求( )。

A. 富强、民主、文明、和谐 　　　　 B. 自由、平等、公正、法治

C. 爱国、敬业、诚信、友善 　　　　 D. 自由、平等、公正、法制

3. 一个民族赖以维系的精神纽带,一个国家共同的思想道德基础是( )。

A. 民族文化 　　 B. 民族传统 　　 C. 核心价值观 　　 D. 核心价值体系

4. ( )是激励全党全国各族人民奋勇前进的强大精神力量。

A. 中国特色社会主义道路 　　　　 B. 中国特色社会主义理论

C. 中国特色社会主义制度 　　　　 D. 中国特色社会主义文化

5. ( )是实现民族振兴、赢得国际竞争主动的战略资源。

A. 青年 　　 B. 科学家 　　 C. 大学生 　　 D. 人才

6. 宣传思想战线担负的战略任务是( )。

A. 构建社会主义主流意识形态

B. 整合价值、凝聚人心

C. 为社会主义建设提供理论基础

D. 建设具有强大凝聚力和引领力的社会主义意识形态

7. 党的十八大以来,(　　)成为中国人心中越来越坚定的中国自信,国家文化软实力和中华文化影响力大幅提升。

A. 政治自信　　　　B. 理论自信　　　　C. 道路自信　　　　D. 文化自信

8. 习近平总书记在 2018 年 5 月 2 日的北京大学师生座谈会上,对青年提出的四点希望是(　　)。

A. 有信念、有品德、有知识、有本领

B. 爱国、励志、求真、力行

C. 热爱祖国、勤奋学习、精于专业、勇于实践

D. 爱国、学习、求真、奉献

(二) 多选题

1. 社会主义核心价值观国家层面的要求是(　　　　)。

A. 富强、民主　　B. 自由、平等　　C. 诚信、友善　　D. 文明、和谐

2. 中国人民在长期奋斗中培育、继承、发展起来的伟大民族精神包括(　　　　)。

A. 伟大创造精神　B. 伟大奋斗精神　C. 伟大团结精神　D. 伟大梦想精神

3. 文化软实力集中体现一个国家基于文化而具有的_____和_____。(　　　　)

A. 凝聚力　　　　B. 号召力　　　　C. 生命力　　　　D. 说服力

4. 推动社会主义文化繁荣兴盛,就要(　　　　)。

A. 牢牢掌握意识形态工作领导权

B. 培育和践行社会主义核心价值观

C. 坚定文化自信,建设社会主义文化强国

D. 发展面向现代化、面向世界、面向未来的,民族的、科学的、大众的社会主义文化

5. 培育和践行社会主义核心价值观,就要(　　　　)。

A. 把社会主义核心价值观融入社会生活各个方面

B. 坚持全民行动、干部带头,从家庭做起、从娃娃抓起

C. 必须立足中华优秀传统文化和革命文化

D. 加快构建中国特色哲学社会科学

6. 文化强国是指一个国家具有强大的文化力量。建设社会主义文化强国,就必须(　　　　)。

A. 培养高度的文化自信　　　　　　B. 大力发展文化事业和文化产业

C. 提高国家文化软实力　　　　　　D. 全面准确贯彻"一国两制"方针

(三) 简答题

1. 社会主义核心价值体系的主要内容是什么?

2. 新时代如何建设社会主义文化强国?

第十五专题

脱贫攻坚　乡村振兴
——巩固拓展脱贫攻坚成果，全面推进乡村振兴

一　聚焦问题

如何在巩固脱贫攻坚基础上全面推进乡村振兴？

二　学习主要内容

（一）巩固拓展脱贫攻坚成果

1. 脱贫攻坚的重大历史性成就

农村贫困人口全部脱贫，为实现全面建成小康社会目标任务作出了关键性贡献。

脱贫地区经济社会发展大踏步赶上来，整体面貌发生历史性巨变。

脱贫群众精神风貌焕然一新，增添了自立自强的信心勇气。

党群干群关系明显改善，党在农村的执政基础更加牢固。

创造了减贫治理的中国样本，为全球减贫事业作出了重大贡献。

2. 脱贫攻坚经验

坚持党的领导，为脱贫攻坚提供坚强政治和组织保证。

坚持以人民为中心的发展思想，坚定不移走共同富裕道路。

坚持发挥我国社会主义制度能够集中力量办大事的政治优势，形成脱贫攻坚的共同意志、共同行动。

坚持精准扶贫方略，用发展的办法消除贫困根源。

坚持调动广大贫困群众积极性、主动性、创造性，激发脱贫内生动力。

坚持弘扬和衷共济、团结互助美德，营造全社会扶危济困的浓厚氛围。

坚持求真务实、较真碰硬，做到真扶贫、扶真贫、脱真贫。

3. 脱贫攻坚精神

上下同心、尽锐出战、精准务实、开拓创新、攻坚克难、不负人民。

4. 中国脱贫攻坚成就的世界意义

为世界摆脱贫困分享中国经验。

为全球减贫治理提供中国方案。

为世界减贫事业贡献中国力量。

（二）全面推进乡村振兴

1．建立健全巩固拓展脱贫攻坚成果长效机制

保持主要帮扶政策总体稳定。

健全防止返贫动态监测和帮扶机制。

巩固"两不愁三保障"成果。

做好易地扶贫搬迁后续扶持工作。

加强扶贫项目资产管理和监督。

2．聚力做好脱贫地区巩固拓展脱贫攻坚成果同乡村振兴有效衔接重点工作

支持脱贫地区乡村特色产业发展壮大。

促进脱贫人口稳定就业。

持续改善脱贫地区基础设施条件。

进一步提升脱贫地区公共服务水平。

3．健全农村低收入人口常态化帮扶机制

加强农村低收入人口监测。

分层分类实施社会救助。

合理确定农村医疗保障待遇水平。

完善养老保障和儿童关爱服务。

织密兜牢丧失劳动人口基本生活保障底线。

4．着力提升脱贫地区整体发展水平

在西部地区脱贫县中集中支持一批乡村振兴重点帮扶县。

坚持和完善东西部协作和对口支援、社会力量参与帮扶机制。

5．加强脱贫攻坚与乡村振兴政策有效衔接

做好财政投入政策衔接。

做好金融服务政策衔接。

做好土地支持政策衔接。

做好人才智力支持政策衔接。

6．全面加强党的集中统一领导

做好领导体制衔接。

做好工作体系衔接。

做好规划实施和项目建设衔接。

做好考核机制衔接。

三 课堂教学案例推荐

1. 湖南十八洞村：从深度贫困村到脱贫攻坚示范村

推荐语：2013年11月3日，在湖南花垣县十八洞村，习近平总书记提出"实事求是、因地制宜、分类指导、精准扶贫"的重要论述。经过七年的脱贫攻坚，十八洞村已从一个典型的贫困村蜕变为精准脱贫的示范村，奔向全面小康的步伐也越来越快。

2013年11月3日，习近平总书记来到湖南省花垣县十八洞村考察，提出"实事求是、因地制宜、分类指导、精准扶贫"的重要论述。七年间，十八洞村牢牢抓住"精准"两个字，因地制宜发展当家产业，2013年全村人均纯收入仅有1668元，到2019年，人均纯收入达14668元，村集体经济收入达到126.4万元。十八洞村已从一个典型的贫困村蜕变为精准脱贫的示范村，奔向全面小康的步伐也越来越快，正如村民们欢唱的，"苗家住在金银窝，境内自然资源多，精准扶贫来领航，户户脱贫奔小康"。

··········
——十八洞村：从深度贫困村到脱贫攻坚示范村［EB/OL］.（2021-02-15）［2021-09-08］. https://xw. qq. com/amphtml/20210215A0437G00.

2. 数说江西脱贫攻坚：砥砺奋进 决战决胜

推荐语：江西全面实施精准帮扶"十大行动"，强化财政扶贫、金融扶贫、土地政策、人才和科技扶贫、社会力量投入，把2018年作为深化落实年，加大攻坚力度，瞄准269个深度贫困村，完成120个深度贫困村村庄整治；把2019年作为巩固提升年，着力巩固脱贫成果，逐步建立稳定脱贫长效机制；把2020年作为全面决胜年，如期高质量打赢全省脱贫攻坚战。

截至2020年年底，江西实现25个贫困县（含1个省定贫困县）全部退出。3058个贫困村（含269个深度贫困村）在2019年年底全部出列的基础上，脱贫成效进一步巩固。全省区域贫困得到历史性解决。

··········
——陈化先.数说江西脱贫攻坚：砥砺奋进 决战决胜［N］.江西日报，2021-01-26（01）.

四 影视资料推荐

（1）纪录片：《中国减贫奇迹》第三集"阻断穷根"。
（2）纪录片：《摆脱贫困》第八集"再启新程"。
（3）电影：《十八洞村》。
（4）新闻：《全国脱贫攻坚总结表彰大会》。
（5）纪录片：《人民的小康》第二集"脱贫攻坚"。
（6）电影：《最后一公里》。

五　经典文献阅读推荐

1. 习近平论脱贫攻坚

……经过全党全国各族人民共同努力,在迎来中国共产党成立一百周年的重要时刻,我国脱贫攻坚战取得了全面胜利,现行标准下9899万农村贫困人口全部脱贫,832个贫困县全部摘帽,12.8万个贫困村全部出列,区域性整体贫困得到解决,完成了消除绝对贫困的艰巨任务,创造了又一个彪炳史册的人间奇迹! 这是中国人民的伟大光荣,是中国共产党的伟大光荣,是中华民族的伟大光荣!

——习近平.在全国脱贫攻坚总结表彰大会上的讲话[M].北京:人民出版社,2021:1—2.

农村贫困人口全部脱贫,为实现全面建成小康社会目标任务作出了关键性贡献。党的十八大以来,平均每年1000多万人脱贫,相当于一个中等国家的人口脱贫。贫困人口收入水平显著提高,全部实现"两不愁三保障",脱贫群众不愁吃、不愁穿,义务教育、基本医疗、住房安全有保障,饮水安全也都有了保障。2000多万贫困患者得到分类救治,曾经被病魔困扰的家庭挺起了生活的脊梁。近2000万贫困群众享受低保和特困救助供养,2400多万困难和重度残疾人拿到了生活和护理补贴。110多万贫困群众当上护林员,守护绿水青山,换来了金山银山。无论是雪域高原、戈壁沙漠,还是悬崖绝壁、大石山区,脱贫攻坚的阳光照耀到了每一个角落,无数人的命运因此而改变,无数人的梦想因此而实现,无数人的幸福因此而成就!

——习近平.在全国脱贫攻坚总结表彰大会上的讲话[M].北京:人民出版社,2021:5—6.

坚持党的领导,为脱贫攻坚提供坚强政治和组织保证。我们坚持党中央对脱贫攻坚的集中统一领导,把脱贫攻坚纳入"五位一体"总体布局、"四个全面"战略布局,统筹谋划,强力推进。我们强化中央统筹、省负总责、市县抓落实的工作机制,构建五级书记抓扶贫、全党动员促攻坚的局面。我们执行脱贫攻坚一把手负责制,中西部22个省份党政主要负责同志向中央签署脱贫攻坚责任书、立下"军令状",脱贫攻坚期内保持贫困县党政正职稳定。我们抓好以村党组织为核心的村级组织配套建设,把基层党组织建设成为带领群众脱贫致富的坚强战斗堡垒。我们集中精锐力量投向脱贫攻坚主战场,全国累计选派25.5万个驻村工作队、300多万名第一书记和驻村干部,同近200万名乡镇干部和数百万村干部一道奋战在扶贫一线,鲜红的党旗始终在脱贫攻坚主战场上高高飘扬。

事实充分证明,中国共产党具有无比坚强的领导力、组织力、执行力,是团结带领人民攻坚克难、开拓前进最可靠的领导力量。只要我们始终不渝坚持党的领导,就一定能够战胜前进道路上的任何艰难险阻,不断满足人民对美好生活的向往!

——习近平.在全国脱贫攻坚总结表彰大会上的讲话[M].北京:人民出版社,2021:12—13.

伟大事业孕育伟大精神,伟大精神引领伟大事业。脱贫攻坚伟大斗争,锻造形成了"上下同心、尽锐出战、精准务实、开拓创新、攻坚克难、不负人民"的脱贫攻坚精神。脱贫攻坚精神，是中国共产党性质宗旨、中国人民意志品质、中华民族精神的生动写照，是爱国主义、集体主义、社会主义思想的集中体现，是中国精神、中国价值、中国力量的充分彰显，赓续传承了伟大民族精神和时代精神。全党全国全社会都要大力弘扬脱贫攻坚精神，团结一心，英勇奋斗，坚决战胜前进道路上的一切困难和风险，不断夺取坚持和发展中国特色社会主义新的更大的胜利！

——习近平.在全国脱贫攻坚总结表彰大会上的讲话［M］.北京：人民出版社，2021：19—20.

2. 习近平论乡村振兴

乡村振兴是实现中华民族伟大复兴的一项重大任务。要围绕立足新发展阶段、贯彻新发展理念、构建新发展格局带来的新形势、提出的新要求，坚持把解决好"三农"问题作为全党工作重中之重，坚持农业农村优先发展，走中国特色社会主义乡村振兴道路，持续缩小城乡区域发展差距，让低收入人口和欠发达地区共享发展成果，在现代化进程中不掉队、赶上来。全面实施乡村振兴战略的深度、广度、难度都不亚于脱贫攻坚，要完善政策体系、工作体系、制度体系，以更有力的举措、汇聚更强大的力量，加快农业农村现代化步伐，促进农业高质高效、乡村宜居宜业、农民富裕富足。

┄┄┄┄┄┄

回首过去，我们在解决困扰中华民族几千年的绝对贫困问题上取得了伟大历史性成就，创造了人类减贫史上的奇迹。展望未来，我们正在为全面建设社会主义现代化国家的历史宏愿而奋斗。征途漫漫，惟有奋斗。全党全国各族人民要更加紧密地团结在党中央周围，坚定信心决心，以永不懈怠的精神状态、一往无前的奋斗姿态，真抓实干、埋头苦干，向着实现第二个百年奋斗目标奋勇前进！

——习近平.在全国脱贫攻坚总结表彰大会上的讲话［M］.北京：人民出版社，2021：21—22.

六 学习资料链接

1. 影像呈现新"乡土中国"

主要观点：摆脱贫困，改变农民的命运，是中国社会主义现代化的重要内容。中国用半个多世纪的时间持续推进并完成这一使命，打赢了这场艰巨的脱贫攻坚战。其中蕴藏着丰富的实践经验，形成了文艺创作的富矿。影视作品对"乡土中国"变革成就的讲述展现了中国特色的发展经验。走上小康之路的"乡土中国"通过乡村题材剧映射了当代人对公共生活、时代精神、社会理想的理解……期待迈入新阶段的乡村叙事，以更丰富的表现形式促进中国故事的传播和中国理念的推广。

——卢蓉.从脱贫攻坚到乡村振兴 乡村题材剧用影像呈现新"乡土中国"［N］.光明日

报,2021-08-04(15).

2. 巩固拓展脱贫攻坚成果与乡村振兴有效衔接

主要观点:党的十九届五中全会将"脱贫攻坚成果巩固拓展,乡村振兴战略全面推进"作为"十四五"时期我国经济社会发展主要目标之一,并系统指明了"优先发展农业农村,全面推进乡村振兴"的路径,提出要"实现巩固拓展脱贫攻坚成果同乡村振兴有效衔接"。全面推进乡村振兴,必须牢记初心使命,坚持人民至上的价值取向,明确思路、努力进取。

——张进财.坚持人民至上 全面推进乡村振兴[N].光明日报,2021-07-13(06).

3. 从五方面推进巩固脱贫攻坚成果与乡村振兴有效衔接

主要观点:脱贫摘帽是新生活、新奋斗的起点。做好巩固拓展脱贫攻坚成果同乡村振兴有效衔接可从五个方面推进:一是保持主要帮扶政策稳定,二是推动体制机制改革,三是促进产业融合发展,四是在扶志和扶智上下功夫,五是提升乡村人居环境质量。

——刘祖春.以推动乡村振兴巩固拓展脱贫攻坚成果[N].经济日报,2021-02-22(10).

七 习 题

(一) 单选题

1. 经过全党全国各族人民共同努力,在迎来中国共产党成立一百周年的重要时刻,我国脱贫攻坚战取得了全面胜利,现行标准下 9899 万农村贫困人口全部脱贫,832 个贫困县全部摘帽,12.8 万个贫困村全部出列,区域性整体贫困得到解决,完成了消除(　　)的艰巨任务,创造了又一个彪炳史册的人间奇迹。

　　A. 贫困　　　　　　B. 相对贫困　　　　　C. 绝对贫困　　　　D. 脱贫攻坚

2. 近代以后,由于封建统治的腐朽和西方列强的入侵,中国政局动荡、战乱不已、民不聊生,贫困的梦魇更为严重地困扰着中国人民。(　　)成了中国人民孜孜以求的梦想,也是实现中华民族伟大复兴中国梦的重要内容。

　　A. 脱贫　　　　　　B. 小康生活　　　　　C. 摆脱贫困　　　　D. 共同富裕

3. 到(　　)年,我国现行标准下农村贫困人口实现脱贫,贫困县全部摘帽,解决区域性贫困,做到脱真贫、真脱贫。

　　A. 2035　　　　　　B. 2020　　　　　　C. 2050　　　　　　D. 2025

4. 中国共产党从成立之日起,就坚持把(　　)作为初心使命,团结带领中国人民为创造自己的美好生活进行了长期艰辛奋斗。

　　A. 推翻"三座大山"

　　B. 实现社会主义现代化

　　C. 为中国人民谋幸福、为中华民族谋复兴

　　D. 民族独立,人民自由

5. 2017 年,党的十九大把(　　)作为三大攻坚战之一进行全面部署,锚定全面建成小

康社会目标,聚力攻克深度贫困堡垒,决战决胜脱贫攻坚。

    A. 防范化解重大风险   B. 精准脱贫

    C. 污染防治   D. 全面小康

6. 在全球贫困状况依然严峻、一些国家贫富分化加剧的背景下,我国提前（   ）年实现《联合国 2030 年可持续发展议程》减贫目标,赢得国际社会广泛赞誉。我们积极开展国际减贫合作,履行减贫国际责任,为发展中国家提供力所能及的帮助,做世界减贫事业的有力推动者。

    A. 10   B. 20   C. 15   D. 8

7. 坚持（   ）的发展思想,坚定不移走共同富裕道路。

    A. 以经济为中心   B. 以人民为中心

    C. 以国家利益为中心   D. 以国家安全为中心

8. 事实充分证明,（   ）是打赢脱贫攻坚战的制胜法宝,开发式扶贫方针是中国特色减贫道路的鲜明特征。只要我们坚持精准的科学方法、落实精准的工作要求,坚持用发展的办法解决发展不平衡不充分问题,就一定能够为经济社会发展和民生改善提供科学路径和持久动力!

    A. 人民团结   B. 国家安全   C. 精准扶贫   D. 经济稳定

9. （   ）是实现中华民族伟大复兴的一项重大任务。要围绕立足新发展阶段、贯彻新发展理念、构建新发展格局带来的新形势、提出的新要求,坚持把解决好"三农"问题作为全党工作重中之重,坚持农业农村优先发展,走中国特色社会主义乡村振兴道路。

    A. 全面小康   B. 乡村振兴   C. 脱贫攻坚   D. 共同富裕

10. 在全面建设社会主义现代化国家新征程中,我们必须把促进全体人民（   ）摆在更加重要的位置,脚踏实地、久久为功,向着这个目标更加积极有为地进行努力,促进人的全面发展和社会全面进步,让广大人民群众获得感、幸福感、安全感更加充实、更有保障、更可持续。

    A. 教育公平   B. 收入均等化   C. 全面发展   D. 共同富裕

（二）多选题

1. 党的十八大以来,平均每年 1000 多万人脱贫,相当于一个中等国家的人口脱贫。贫困人口收入水平显著提高,全部实现"两不愁三保障"。"两不愁三保障"是指（   ）。

    A. 脱贫群众不愁吃、不愁穿

    B. 教育、医疗、住房有保障

    C. 义务教育、基本医疗、住房安全有保障

    D. 看得起病、上得起学、有房子住

2. 事实充分证明,中国共产党具有无比坚强的（   ）,是团结带领人民攻坚克难、开拓前进最可靠的领导力量。只要我们始终不渝坚持党的领导,就一定能够战胜前进道路上的任何艰难险阻,不断满足人民对美好生活的向往!

A. 领导力 　　　　B. 开拓力 　　　　C. 组织力 　　　　D. 执行力

3. 事实充分证明，_____和我国_____是抵御风险挑战、聚力攻坚克难的根本保证。只要我们坚持党的领导、坚定走中国特色社会主义道路，就一定能够办成更多像脱贫攻坚这样的大事难事，不断从胜利走向新的胜利！（　　　　　）

A. 社会主义道路 　　　　　　　　B. 和平外交政策

C. 中国共产党领导 　　　　　　　D. 社会主义制度

4. （　　　　　），是社会主义的本质要求，是我们党的重要使命。

A. 经济繁荣 　　　　　　　　　　B. 消除贫困

C. 改善民生 　　　　　　　　　　D. 逐步实现共同富裕

5. 事实充分证明，（　　　　　）是凝聚人心、汇聚民力的强大力量。只要我们坚定道德追求，不断激发全社会向上向善的正能量，就一定能够为中华民族乘风破浪、阔步前行提供不竭的精神力量！

A. 社会主义核心价值观 　　　　　B. 中华优秀传统文化

C. 社会主义核心价值体系 　　　　D. 提升全民综合素质

6. 坚持居民收入增长和经济增长基本同步、劳动报酬提高和劳动生产率提高基本同步，进一步优化收入分配结构，就要（　　　　　）。

A. 拓展居民收入增长渠道 　　　　B. 提升社会保障

C. 扩大中等收入群体 　　　　　　D. 完善再分配机制

（三）简答题

1. 简述脱贫攻坚精神。

2. 简述我国脱贫攻坚取得的重大历史性成就。

望见乡愁　美丽中国

——坚持习近平生态文明思想，推动绿色发展

一　聚焦问题

如何坚持习近平生态文明思想，建设美丽中国？

二　学习主要内容

（一）坚持习近平生态文明思想

习近平生态文明思想是习近平新时代中国特色社会主义思想的重要组成部分，深刻回答了"为什么建设生态文明、建设什么样的生态文明、怎样建设生态文明"的重大理论和实践问题，为建设美丽中国、实现中华民族永续发展提供了根本遵循和行动指南。其主要内容为：

第一，坚持人与自然和谐共生。

第二，绿水青山就是金山银山。

第三，良好生态环境是最普惠的民生福祉。

第四，统筹山水林田湖草沙系统治理。

第五，用最严格制度最严密法治保护生态系统。

第六，共谋全球生态文明建设。

（二）推动绿色发展，促进人与自然和谐共生

建设人与自然和谐共生的现代化，建设美丽中国，必须坚定不移走生产发展、生活富裕、生态良好的文明发展道路。

第一，加快构建生态文明体系。

第二，全面推动绿色发展。

第三，深入推进生态文明体制改革。

第四，有效防范生态环境风险。

第五，提高环境治理水平。

三 课堂教学案例推荐

1. 共同描绘美丽中国壮美画卷

推荐语：在贵州察看乌江生态环境和水质情况，在福建考察武夷山国家公园，在漓江之上询问生态保护情况，在雪域高原叮嘱切实保护好地球第三极生态……"十四五"开局之年，习近平总书记到地方考察，都要看山看水看生态，对生态文明建设提出一系列新要求。

新征程开启，从城市到乡村，从企业到社区，广大干部群众奋力推进经济社会发展全面绿色转型，描绘出人与自然和谐共生的幸福图景。

…………

——高敬. 治国理政新实践|绿色绘出幸福底色——习近平总书记关切的生态文明建设新实践[EB/OL].（2021-08-11）[2021-08-20]. http://www. xinhuanet. com/2021-08/11/c_1127751643. htm.

2. 婺源篁岭：生态优势转化为产业优势

推荐语：江西省婺源县委、县政府通过挖掘生态元素增值生态产品价值、扫清生态产品价值转化障碍、坚持走共建共享道路等方式对篁岭古村进行整体搬迁和保护性开发，建成集古村、花海、晒秋、流水等美景为一体的篁岭景区。其成功经验在于：立足优势、构建精品，政府推动、政策创新，双向增值、保持定力，权益共享、共同富裕，知难而进、寻求突破。

近年来，为践行习近平总书记提出的"两山"理念，推动生态产品价值实现，提供更多优质生态产品，不断满足人民群众对优美生态环境的需求，中央各部委、地方各级政府在理论研究和实践探索方面做了大量积极工作，涌现出一大批典型案例和创新基地。

…………

——焦晓东. 生态产品价值实现典范"篁岭模式"的经验与启示[J]. 中国发展观察，2021（14）：58—59.

四 影视资料推荐

（1）纪录片：《辉煌中国》第四集"绿色家园"。

（2）纪录片：《我们走在大路上》第十九集"绿水青山就是金山银山"。

（3）纪录片：《美丽中国》。

（4）视频：《习近平：加快生态文明体制改革 建设美丽中国》。

（5）电影：《可可西里》。

（6）视频：《守护碧水 擦亮蓝天 奋力打造美丽中国"江西样板"》。

五 经典文献阅读推荐

1. 习近平论打好生态文明攻坚战

在党的十九大报告中，我强调要突出抓重点、补短板、强弱项，特别是要坚决打好防范化解重大风险、精准脱贫、污染防治的攻坚战，使全面建成小康社会得到人民认可、经得起历史检验。现在，我们就要集中优势兵力，采取更有效的政策举措，打好这场攻坚战。

第一，加快构建生态文明体系。加快解决历史交汇期的生态环境问题，必须加快建立健全以生态价值观念为准则的生态文化体系，以产业生态化和生态产业化为主体的生态经济体系，以改善生态环境质量为核心的目标责任体系，以治理体系和治理能力现代化为保障的生态文明制度体系，以生态系统良性循环和环境风险有效防控为重点的生态安全体系。

要通过加快构建生态文明体系，使我国经济发展质量和效益显著提升，确保到二〇三五年节约资源和保护环境的空间格局、产业结构、生产方式、生活方式总体形成，生态环境质量实现根本好转，生态环境领域国家治理体系和治理能力现代化基本实现，美丽中国目标基本实现。到本世纪中叶，建成富强民主文明和谐美丽的社会主义现代化强国，物质文明、政治文明、精神文明、社会文明、生态文明全面提升，绿色发展方式和生活方式全面形成，人与自然和谐共生，生态环境领域国家治理体系和治理能力现代化全面实现，建成美丽中国。

第二，全面推动绿色发展。绿色是生命的象征、大自然的底色，更是美好生活的基础、人民群众的期盼。绿色发展是新发展理念的重要组成部分，与创新发展、协调发展、开放发展、共享发展相辅相成、相互作用，是全方位变革，是构建高质量现代化经济体系的必然要求，目的是改变传统的"大量生产、大量消耗、大量排放"的生产模式和消费模式，使资源、生产、消费等要素相匹配相适应，实现经济社会发展和生态环境保护协调统一、人与自然和谐共处。

加快形成绿色发展方式，是解决污染问题的根本之策。只有从源头上使污染物排放大幅降下来，生态环境质量才能明显好上去。重点是调结构、优布局、强产业、全链条。调整经济结构和能源结构，既提升经济发展水平，又降低污染排放负荷。对重大经济政策和产业布局开展规划环评，优化国土空间开发布局，调整区域流域产业布局。培育壮大节能环保产业、清洁生产产业、清洁能源产业，发展高效农业、先进制造业、现代服务业。推进资源全面节约和循环利用，实现生产系统和生活系统循环链接。

绿色生活方式涉及老百姓的衣食住行。要倡导简约适度、绿色低碳的生活方式，反对奢侈浪费和不合理消费。广泛开展节约型机关、绿色家庭、绿色学校、绿色社区创建活动，推广绿色出行，通过生活方式绿色革命，倒逼生产方式绿色转型。

第三，把解决突出生态环境问题作为民生优先领域。有利于百姓的事再小也要做，危害百姓的事再小也要除。打好污染防治攻坚战，就要打几场标志性的重大战役，集中力量攻克老百姓身边的突出生态环境问题。当前，重污染天气、黑臭水体、垃圾围城、农村环境已成为民心之痛、民生之患，严重影响人民群众生产生活，老百姓意见大、怨言多，甚至成为诱发社会不稳定的重要因素，必须下大气力解决好这些问题。要集中优势兵力，动员各方力量，群策群力,群防群治,一个战役一个战役打,打一场污染防治攻坚的人民战争。

坚决打赢蓝天保卫战是重中之重。这既是国内民众的迫切期盼,也是我们就办好北京冬奥会向国际社会作出的承诺。要以京津冀及周边、长三角、汾渭平原等为主战场,以北京为重点,以空气质量明显改善为刚性要求,强化联防联控,基本消除重污染天气,还老百姓蓝天白云、繁星闪烁。要调整产业结构,减少过剩和落后产能,增加新的增长动能。要推进达标排放,降低重点行业污染物排放,实施火电、钢铁等重点行业超低排放改造。要在全国推开"散乱污"企业治理,坚决关停取缔一批,整改提升一批,搬迁入园一批。要调整能源结构,减少煤炭消费比重,加快清洁能源发展。要坚持因地制宜、多措并举,宜电则电、宜气则气,坚定不移推进北方地区冬季清洁取暖,加快天然气产供储销体系建设,优化天然气来源布局,加强管网互联互通,保障气源供应。要提供补贴政策和价格支持,确保"煤改气""煤改电"后老百姓用得上、用得起。要加大燃煤小锅炉淘汰力度,暂停一部分污染重的煤电机组,加快升级改造。要调整运输结构,减少公路运输量,增加铁路运输量。要抓紧治理柴油货车污染,推动货运经营整合升级、提质增效,加快规模化发展、连锁化经营。

要深入实施水污染防治行动计划,打好水源地保护、城市黑臭水体治理、渤海综合治理、长江保护修复攻坚战,保障饮用水安全,基本消灭城市黑臭水体,还给老百姓清水绿岸、鱼翔浅底的景象。在治水上有不少问题要解决,其中有一个问题非常迫切,就是要加快补齐城镇污水收集和处理设施短板。这方面欠账太多。根据中央环境保护督察提供的情况,甚至一些直辖市、沿海发达省份、经济特区都有大量污水直排。要定个硬目标,全力攻克,尽快实现污水管网全覆盖、全收集、全处理。否则,一边治,一边排,效果就会事倍功半。

要全面落实土壤污染防治行动计划,推动制定和实施土壤污染防治法。突出重点区域、行业和污染物,强化土壤污染管控和修复,有效防范风险,让老百姓吃得放心、住得安心。要全面禁止洋垃圾入境,大幅减少进口固体废物种类和数量,严厉打击危险废物破坏环境违法行为,坚决遏制住危险废物非法转移、倾倒、利用和处理处置。

农村环境直接影响米袋子、菜篮子、水缸子、城镇后花园。要调整农业投入结构,减少化肥农药使用量,增加有机肥使用比重,完善废旧地膜回收处理制度。要持续开展农村人居环境整治行动,实现全国行政村环境整治全覆盖,基本解决农村的垃圾、污水、厕所问题,打造美丽乡村,为老百姓留住鸟语花香田园风光。

生态保护和污染防治密不可分、相互作用。其中,污染防治好比是分子,生态保护好比是分母,要对分子做好减法降低污染物排放量,对分母做好加法扩大环境容量,协同发力。要严格管控生态保护红线,实现山水林田湖草系统监管和事前事中事后的全过程监管。要推进城镇留白增绿,使老百姓享有惬意生活休闲空间。

第四,有效防范生态环境风险。生态环境安全是国家安全的重要组成部分,是经济社会持续健康发展的重要保障。"图之于未萌,虑之于未有。"要始终保持高度警觉,防止各类生态环境风险积聚扩散,做好应对任何形式生态环境风险挑战的准备。

要把生态环境风险纳入常态化管理,系统构建全过程、多层级生态环境风险防范体系,严密防控垃圾焚烧、对二甲苯(PX)等重点领域生态环境风险,推进"邻避"问题防范化解,破解涉环保项目"邻避"问题,着力提升突发环境事件应急处置能力。要加强核与辐射安全监管,健全监管体系,完善监管机制,提升监管能力,确保万无一失。

第五,加快推进生态文明体制改革落地见效。生态文明体制改革是全面深化改革的重要领域,要以解决生态环境领域突出问题为导向,抓好已出台改革举措的落地,及时制定新的改革方案。对涉及生态文明体制改革的一些重要举措要尽快到位、发挥作用。中央环境保护督察要强化权威,加强力量配备,向纵深发展。要探索政府主导、企业和社会各界参与、市场化运作、可持续的生态产品价值实现路径,开展试点,积累经验。要健全环保信用评价、信息强制性披露、严惩重罚等制度。

⋯⋯⋯⋯⋯

第六,提高环境治理水平。环境治理是系统工程,需要综合运用行政、市场、法治、科技等多种手段。要充分运用市场化手段,推进生态环境保护市场化进程,撬动更多社会资本进入生态环境保护领域。要完善资源环境价格机制,将生态环境成本纳入经济运行成本。要采取多种方式支持政府和社会资本合作项目。生态环境保护该花的钱必须花,该投的钱决不能省。要坚持资金投入同污染防治攻坚任务相匹配。要加强大气重污染成因研究和治理、京津冀环境综合治理重大项目等科技攻关,对臭氧、挥发性有机物以及新的污染物治理开展专项研究和前瞻研究,对涉及经济社会发展的重大生态环境问题开展对策性研究,加快成果转化与应用,为科学决策、环境管理、精准治污、便民服务提供支撑。要实施积极应对气候变化国家战略,推动和引导建立公平合理、合作共赢的全球气候治理体系,彰显我国负责任大国形象,推动构建人类命运共同体。

——中共中央党史和文献研究院.十九大以来重要文献选编:上[M].北京:中央文献出版社,2019:453—459.

2. 中共中央办公厅 国务院办公厅《关于构建现代环境治理体系的指导意见》

为贯彻落实党的十九大部署,构建党委领导、政府主导、企业主体、社会组织和公众共同参与的现代环境治理体系,现提出如下意见。

⋯⋯⋯⋯⋯⋯

四、健全环境治理全民行动体系

(十二)强化社会监督。完善公众监督和举报反馈机制,充分发挥"12369"环保举报热线作用,畅通环保监督渠道。加强舆论监督,鼓励新闻媒体对各类破坏生态环境问题、突发环境事件、环境违法行为进行曝光。引导具备资格的环保组织依法开展生态环境公益诉讼等活动。

(十三)发挥各类社会团体作用。工会、共青团、妇联等群团组织要积极动员广大职工、青年、妇女参与环境治理。行业协会、商会要发挥桥梁纽带作用,促进行业自律。加强对社会组织的管理和指导,积极推进能力建设,大力发挥环保志愿者作用。

(十四)提高公民环保素养。把环境保护纳入国民教育体系和党政领导干部培训体系,组织编写环境保护读本，推进环境保护宣传教育进学校、进家庭、进社区、进工厂、进机关。加大环境公益广告宣传力度，研发推广环境文化产品。引导公民自觉履行环境保护责任，逐步转变落后的生活风俗习惯，积极开展垃圾分类，践行绿色生活方式，倡导绿色出行、绿色消费。

五、健全环境治理监管体系

（十五）完善监管体制。整合相关部门污染防治和生态环境保护执法职责、队伍，统一实行生态环境保护执法。全面完成省以下生态环境机构监测监察执法垂直管理制度改革。实施"双随机、一公开"环境监管模式。推动跨区域跨流域污染防治联防联控。除国家组织的重大活动外，各地不得因召开会议、论坛和举办大型活动等原因，对企业采取停产、限产措施。

（十六）加强司法保障。建立生态环境保护综合行政执法机关、公安机关、检察机关、审判机关信息共享、案情通报、案件移送制度。强化对破坏生态环境违法犯罪行为的查处侦办，加大对破坏生态环境案件起诉力度，加强检察机关提起生态环境公益诉讼工作。在高级人民法院和具备条件的中基层人民法院调整设立专门的环境审判机构，统一涉生态环境案件的受案范围、审理程序等。探索建立"恢复性司法实践＋社会化综合治理"审判结果执行机制。

（十七）强化监测能力建设。加快构建陆海统筹、天地一体、上下协同、信息共享的生态环境监测网络，实现环境质量、污染源和生态状况监测全覆盖。实行"谁考核、谁监测"，不断完善生态环境监测技术体系，全面提高监测自动化、标准化、信息化水平，推动实现环境质量预报预警，确保监测数据"真、准、全"。推进信息化建设，形成生态环境数据一本台账、一张网络、一个窗口。加大监测技术装备研发与应用力度，推动监测装备精准、快速、便携化发展。

六、健全环境治理市场体系

（十八）构建规范开放的市场。深入推进"放管服"改革，打破地区、行业壁垒，对各类所有制企业一视同仁，平等对待各类市场主体，引导各类资本参与环境治理投资、建设、运行。规范市场秩序，减少恶性竞争，防止恶意低价中标，加快形成公开透明、规范有序的环境治理市场环境。

（十九）强化环保产业支撑。加强关键环保技术产品自主创新，推动环保首台（套）重大技术装备示范应用，加快提高环保产业技术装备水平。做大做强龙头企业，培育一批专业化骨干企业，扶持一批专特优精中小企业。鼓励企业参与绿色"一带一路"建设，带动先进的环保技术、装备、产能走出去。

（二十）创新环境治理模式。积极推行环境污染第三方治理，开展园区污染防治第三方治理示范，探索统一规划、统一监测、统一治理的一体化服务模式。开展小城镇环境综合治理托管服务试点，强化系统治理，实行按效付费。对工业污染地块，鼓励采用"环境修复＋开发建设"模式。

（二十一）健全价格收费机制。严格落实"谁污染、谁付费"政策导向，建立健全"污染者付费＋第三方治理"等机制。按照补偿处理成本并合理盈利原则，完善并落实污水垃圾处理收费政策。综合考虑企业和居民承受能力，完善差别化电价政策。

——中共中央办公厅 国务院办公厅印发《关于构建现代环境治理体系的指导意见》[EB/OL].（2020-03-03）[2020-03-12]. http://www.gov.cn/zhengce/2020/03/03/content_5486380.htm.

3. 习近平论生态文明建设

……新时代推进生态文明建设，必须坚持好以下原则。

一是坚持人与自然和谐共生。人与自然是生命共同体。生态环境没有替代品，用之不觉，失之难存。……

在整个发展过程中，我们都要坚持节约优先、保护优先、自然恢复为主的方针，不能只讲索取不讲投入，不能只讲发展不讲保护，不能只讲利用不讲修复，要像保护眼睛一样保护生态环境，像对待生命一样对待生态环境，多谋打基础、利长远的善事，多干保护自然、修复生态的实事，多做治山理水、显山露水的好事，让群众望得见山、看得见水、记得住乡愁，让自然生态美景永驻人间，还自然以宁静、和谐、美丽。

二是绿水青山就是金山银山。这是重要的发展理念，也是推进现代化建设的重大原则。绿水青山就是金山银山，阐述了经济发展和生态环境保护的关系，揭示了保护生态环境就是保护生产力、改善生态环境就是发展生产力的道理，指明了实现发展和保护协同共生的新路径。……

三是良好生态环境是最普惠的民生福祉。……要坚持生态惠民、生态利民、生态为民，重点解决损害群众健康的突出环境问题，加快改善生态环境质量，提供更多优质生态产品，努力实现社会公平正义，不断满足人民日益增长的优美生态环境需要。

…………

四是山水林田湖草是生命共同体。生态是统一的自然系统，是相互依存、紧密联系的有机链条。人的命脉在田，田的命脉在水，水的命脉在山，山的命脉在土，土的命脉在林和草，这个生命共同体是人类生存发展的物质基础。一定要算大账、算长远账、算整体账、算综合账，如果因小失大、顾此失彼，最终必然对生态环境造成系统性、长期性破坏。

…………

五是用最严格制度最严密法治保护生态环境。保护生态环境必须依靠制度、依靠法治。我国生态环境保护中存在的突出问题大多同体制不健全、制度不严格、法治不严密、执行不到位、惩处不得力有关。要加快制度创新，增加制度供给，完善制度配套，强化制度执行，让制度成为刚性的约束和不可触碰的高压线。要严格用制度管权治吏、护蓝增绿，有权必有责、有责必担当、失责必追究，保证党中央关于生态文明建设决策部署落地生根见效。

…………

六是共谋全球生态文明建设。生态文明建设关乎人类未来，建设绿色家园是人类的共同梦想,保护生态环境、应对气候变化需要世界各国同舟共济、共同努力,任何一国都无法置身事外、独善其身。我国已成为全球生态文明建设的重要参与者、贡献者、引领者,主张加快构筑尊崇自然、绿色发展的生态体系,共建清洁美丽的世界。要深度参与全球环境治理,增强我国在全球环境治理体系中的话语权和影响力,积极引导国际秩序变革方向,形成世界环境保护和可持续发展的解决方案。要坚持环境友好,引导应对气候变化国际合作。要推进"一带一路"建设,让生态文明的理念和实践造福沿线各国人民。

——中共中央党史和文献研究院.十九大以来重要文献选编:上[M].北京:中央文献出版社,2019:449—453.

4.建立健全生态保护补偿制度

到2025年,与经济社会发展状况相适应的生态保护补偿制度基本完备。以生态保护成本为主要依据的分类补偿制度日益健全,以提升公共服务保障能力为基本取向的综合补偿制度不断完善,以受益者付费原则为基础的市场化、多元化补偿格局初步形成,全社会参与生态保护的积极性显著增强,生态保护者和受益者良性互动的局面基本形成。到2035年,适应新时代生态文明建设要求的生态保护补偿制度基本定型。

——中共中央办公厅 国务院办公厅印发《关于深化生态保护补偿制度改革的意见》[EB/OL].(2021-09-12)[2021-09-13].http://m.news.cn/2021/09/12/c_1127854135.htm.

(六) 学习资料链接

1.生态文明在党的十九大报告中被提升为千年大计

主要观点:十九大报告对生态文明建设颇具新意的论述:一是将建设生态文明提升为"千年大计";二是将"美丽"纳入国家现代化目标;三是将提供更多"优质生态产品"纳入民生范畴;四是提出牢固树立"社会主义生态文明观";五是构建多种体系,统筹"山水林田湖草"系统治理;六是明确"控制线"和制度规范,强力推进生态文明建设;七是采取"行动",切实推进生态文明建设;八是设立"国有自然资源资产管理和自然生态监管机构"。

——李佐军.生态文明在十九大报告中被提升为千年大计[N].经济参考报,2017-10-23(08).

2.建设美丽中国必须加强生态文明制度建设

主要观点:建设生态文明是一场涉及生产方式、生活方式、思维方式和价值观念的革命性变革,必须依靠制度和法治。现阶段我国生态文明制度建设的重点是:建立绿色生产和消费的法律制度,健全环境治理体系,健全生态补偿制度,改革生态环境监管体制。

——张海梅.建设美丽中国必须加强生态文明制度建设[N].南方日报,2018-03-05(02).

3.新形势下加强生态文明建设意义重大

主要观点:新形势下加强生态文明建设是立足新发展阶段、建设人与自然和谐共生现代化的应有之义,是坚持以人民为中心、增强人民群众生态环境获得感的迫切需要,是贯彻新发展理念、推动高质量发展的必然要求，是秉持共建人类命运共同体理念、保护地球家园的自觉行动。

——孙金龙，黄润秋.以习近平生态文明思想为指引 推动生态文明建设实现新进步[N].学习时报，2021-08-06(A1).

4.美丽中国建设的行动指南

主要观点：习近平生态文明思想系统回答了"为什么建设生态文明、建设什么样的生态文明、怎样建设生态文明"等重大理论和实践问题，把我们党对生态文明建设规律的认识提升到一个新高度。进入新发展阶段，我国生态环境保护任重道远，必须继续加大生态环境治理力度，扎实做好碳达峰、碳中和各项工作，促进生产生活方式绿色转型，进行全面谋划。

——高敬，于文静，胡璐.以习近平生态文明思想引领美丽中国建设[J].瞭望，2021(23)：8—15.

七 习 题

（一）单选题

1．"万物各得其和以生，各得其养以成。"生态文明的核心应该（　　）。

A. 坚持物质文明与生态文明共同发展

B. 坚持中国特色社会主义生态文明建设道路

C. 坚持大力推进美丽中国建设

D. 坚持人与自然和谐共生

2．建设生态文明是一场涉及生产方式、生活方式、思维方式和价值观念的革命性变革。要实现这样的根本性变革，必须（　　）。

A. 深化生态文明体制改革

B. 形成人与自然和谐发展新格局

C. 着力推进绿色发展、循环发展、低碳发展

D. 坚持保护优先、自然恢复为主

3．党的十八大以来。生态文明建设成为"五位一体"总布局的重要部分，为建设（　　）指明了前进的方向和实现路径。

A. 和谐中国　　　B. 富饶中国　　　C. 美丽中国　　　D. 绿色中国

4．建设生态文明是中华民族永续发展的千年大计，必须牢固树立和践行（　　）的理念。

A. 绿水青山就是经济效益　　　　　B. 金山银山不如绿水青山

C. 绿水青山胜过金山银山　　　　　D. 绿水青山就是金山银山

5．党的十九大报告中指出，加快生态文明体制建设，建设美丽中国，要推进＿＿＿＿发展，着力解决突出＿＿＿＿问题，加大生态系统保护力度，改革生态环境监管体制，为保护生态

环境作出我们这代人的努力。（　　　）

  A. 绿色,环境   B. 创新,生态

  C. 循环,环境   D. 生态,环境

（二）多选题

  1. "绿水青山就是金山银山。"党的十九大报告强调生态文明建设功在当代、利在千秋。我们要牢固树立社会主义生态文明观,懂得人与自然是生命共同体,必须树立（　　　　）的生态文明理念。

  A. 尊重自然   B. 顺应自然   C. 征服自然   D. 保护自然

  2. 建设美丽中国,要（　　　　）。

  A. 树立人与自然和谐共生的基本理念   B. 实现最严格的环境保护政策

  C. 坚持绿色发展   D. 加快生态文明体制改革

  3. 必须坚持_____、_____、_____为主的方针,形成节约资源和保护环境的空间格局、产业结构、生产方式、生活方式,还自然以宁静、和谐、美丽。（　　　　）

  A. 事先预防   B. 节约优先   C. 保护优先   D. 自然恢复

  4. 提高污染排放标准,强化排污者责任,健全_____、_____、_____等制度,是着力解决突出环境问题的举措之一。（　　　　）

  A. 环保信用评价   B. 污染企业备案

  C. 信息强制性披露   D. 严惩重罚

  5. 加大生态系统保护力度,完成_____、_____、_____三条控制线划定工作。（　　　　）

  A. 生态保护红线   B. 永久基本农田

  C. 城镇开发边界   D. 国土绿化面积

（三）简答题

  1. 习近平生态文明思想的主要内容是什么?

  2. 推动绿色发展应从哪些方面入手?

第十七专题

民生福祉　社会和谐

——进一步加强以民生为重点的社会建设

一　聚焦问题

如何加强民生建设？

新时代如何加强和创新社会治理？

二　学习主要内容

（一）民生内涵及其发展

1. 民生的内涵及其意义

现代意义上的民生，主要是指民众的基本生存和生活状态，以及民众的基本发展机会、基本发展能力和基本权益保护的状况，等等。

民生是人民幸福之基、社会和谐之本。

2. 民生内涵的变化

从"五有"到"七有"。

"五有"是指学有所教、劳有所得、病有所医、老有所养、住有所居。

"七有"是指幼有所育、学有所教、劳有所得、病有所医、老有所养、住有所居、弱有所扶。

3. 新中国成立以来民生的发展历程

站起来时期：基本消灭了资本主义剥削制度，初步建立起社会主义制度，为改善民生奠定了初步的物质基础和制度基础。

富起来时期：十一届三中全会为改善民生的新起点，"三步走"战略将民生问题放到了重要的位置，"三个代表"重要思想强调人民利益高于一切，科学发展观强调"以人为本"。

强起来时期：习近平新时代中国特色社会主义思想着力于解决民生短板，增强人民群众获得感、幸福感和安全感，把民生工作推上一个全新的高度。

（二）加强民生建设

1. 经济发展与民生建设的关系

（1）经济发展是改善民生的前提。

（2）抓民生就是抓发展。

（3）改善民生要坚持尽力而为与量力而行相统一。

2．民生建设的重点领域

（1）建设高质量教育体系。

（2）实施就业优先战略。

（3）优化收入分配结构。

（4）健全多层次社会保障体系。

（5）全面推进健康中国建设。

（三）创新社会治理的关键

1．从"社会管理"到"社会治理"

由"管理"到"治理"一字之变,却体现了治国理政理念的与时俱进。

2．加强和创新社会治理

（1）创新社会治理体制。

（2）完善正确处理新形势下人民内部矛盾有效机制。

（3）完善社会治安防控体系。

（4）加强社会心理服务体系建设。

（5）构建基层社会治理新格局。

三　课堂教学案例推荐

1．江西光伏巨头旭阳雷迪陷危机：全面停产,拖欠工资

推荐语：由于行业调整,江西旭阳雷迪高科技股份有限公司经营状况不景气,从 2018 年 2 月开始拖欠员工工资,出现员工集体讨薪事件。

2018 年 6 月 22 日至 24 日,江西旭阳雷迪高科技股份有限公司（以下简称旭阳雷迪）出现员工集体讨薪事件,员工们反映,公司已经拖欠了员工 4 个月的工资没有发,并且自 2013 年起的 5 年多时间,都没有给员工交社保金。

············

——于垚峰.江西光伏巨头旭阳雷迪陷危机：公司全面停产,还拖欠员工工资和社保 [EB/OL].（2018-06-24）[2020-02-16]. http://www. nbd. com. cn/articles/2018-06-24/1228711. html.

2．苍南县人民医院"6·23"医闹事件

推荐语：2018 年 6 月 16 日,患者刘某因"双下肢水肿半月"收住苍南县人民医院。20 日,患者在病房走廊行走时突然倒地,抢救无效死亡,家属情绪激动,辱骂、围攻医护人员,并于 23 日在医院门诊大楼前拉横幅、端遗照、哭闹围堵,引发社会各界广泛关注,后警方到达现场进行了依法处置。

2018年6月23日,我院发生一起医闹事件,引发社会各界广泛关注。我院现作出如下声明：

患者,刘某,男,54岁,浙江苍南石砰兴澳村人……

…………

——苍南县人民医院.苍南县人民医院"6·23"医闹事件的声明[EB/OL].浙江新闻,(2018-06-25)[2020-02-16].https://zj.zjol.com.cn/news/970997.html.

四 影视资料推荐

(1)视频：《[在习近平新时代中国特色社会主义思想指引下]筑牢民生底线 织密社会保障安全网》。

(2)视频：《习近平讲述的故事——新时代的"枫桥经验"》。

(3)视频：《历史上今天的〈人民日报〉：从"社会管理"到"社会治理"》。

(4)视频：《新闻观察：中国户籍制度改革稳步推进》。

(5)视频：《国家卫生健康委 国家发展改革委等八部门：加快推进康复医疗工作》。

五 经典文献阅读推荐

1. 习近平论社会治理

……一是要自觉坚持党的领导,增强政治意识、大局意识、核心意识、看齐意识,坚决维护党中央权威和集中统一领导,坚持从党和国家大局出发看问题、想问题,清醒看到存在的困难和面临的挑战,坚决打好防范和管控重大风险攻坚战。二是要深入分析和准确判断当前世情国情党情,从我国实际出发,遵循治理规律,把握时代特征,加强和创新社会治理,更好解决我国社会出现的各种问题,确保社会既充满活力又和谐有序。三是要着力推进社会治理系统化、科学化、智能化、法治化,深化对社会运行规律和治理规律的认识,善于运用先进的理念、科学的态度、专业的方法、精细的标准提升社会治理效能,增强社会治理整体性和协同性,提高预测预警预防各类风险能力,增强社会治理预见性、精准性、高效性,同时要树立法治思维、发挥德治作用,更好引领和规范社会生活,努力实现法安天下、德润人心。

——习近平.习近平谈治国理政：第二卷[M].北京：外文出版社,2017：385—386.

2. 习近平论健全国家公共卫生应急管理体系

确保人民群众生命安全和身体健康,是我们党治国理政的一项重大任务。这次抗击新冠肺炎疫情,是对国家治理体系和治理能力的一次大考。……针对这次疫情暴露出来的短板和不足,抓紧补短板、堵漏洞、强弱项,该坚持的坚持,该完善的完善,该建立的建立,该落实的落实,完善重大疫情防控体制机制,健全国家公共卫生应急管理体系。

第一,强化公共卫生法治保障。要全面加强和完善公共卫生领域相关法律法规建设,认真评估传染病防治法、野生动物保护法等法律法规的修改完善。引发这次疫情的病毒，包括此前的非典、高致病性禽流感等疫情的病毒，多数病原体来自野生动物或与之有关。生物安全问题已经成为全世界、全人类面临的重大生存和发展威胁之一，必须从保护人民健康、保障国家安全、维护国家长治久安的高度，把生物安全纳入国家安全体系。要全面研究全球生物安全环境、形势和面临的挑战、风险，深入分析我国生物安全的基本状况和基础条件，系统规划国家生物安全风险防控和治理体系建设，全面提高国家生物安全治理能力。尽快推动出台生物安全法，加快构建国家生物安全法律法规体系、制度保障体系。

第二，改革完善疾病预防控制体系。我讲过，预防是最经济最有效的健康策略。要坚决贯彻预防为主的卫生与健康工作方针，坚持常备不懈，将预防关口前移，避免小病酿成大疫。要健全公共卫生服务体系，优化医疗卫生资源投入结构，加强农村、社区等基层防控能力建设，织密织牢第一道防线。要加强公共卫生队伍建设，健全执业人员培养、准入、使用、待遇保障、考核评价和激励机制。要持续加强全科医生培养、分级诊疗等制度建设，推动公共卫生服务与医疗服务高效协同、无缝衔接，健全防治结合、联防联控、群防群治工作机制。要强化风险意识，完善公共卫生重大风险研判、评估、决策、防控协同机制。

第三，改革完善重大疫情防控救治体系。要健全重大疫情应急响应机制，建立集中统一高效的领导指挥体系，做到指令清晰、系统有序、条块畅达、执行有力，精准解决疫情第一线问题。要健全科学研究、疾病控制、临床治疗的有效协同机制，及时总结各地实践经验，形成制度化成果，完善突发重特大疫情防控规范和应急救治管理办法。要平战结合、补齐短板，健全优化重大疫情救治体系，建立健全分级、分层、分流的传染病等重大疫情救治机制，支持一线临床技术创新，及时推广有效救治方案。要鼓励运用大数据、人工智能、云计算等数字技术，在疫情监测分析、病毒溯源、防控救治、资源调配等方面更好发挥支撑作用。

第四，健全重大疾病医疗保险和救助制度。我们建立全民医保制度的根本目的，就是要解除全体人民的疾病医疗后顾之忧。这次疫情防控，在基本医保、大病保险、医疗救助的基础上，对医药费个人负担部分由中央和地方财政给予补助，有些地方还对异地就医患者实行先收治、费用财政兜底等政策，保证了患者不因费用问题而延误救治。这些行之有效的做法要及时总结，推动形成制度性成果。要健全应急医疗救助机制，在突发疫情等紧急情况时，确保医疗机构先救治、后收费，并完善医保异地即时结算制度。要探索建立特殊群体、特定疾病医药费豁免制度，有针对性免除医保支付目录、支付限额、用药量等限制性条款，减轻困难群众就医就诊后顾之忧。要统筹基本医疗保险基金和公共卫生服务资金使用，提高对基层医疗机构的支付比例，实现公共卫生服务和医疗服务有效衔接。

第五，健全统一的应急物资保障体系。这次疫情防控，医用设备、防护服、口罩等物资频频告急，反映出国家应急物资保障体系存在突出短板。要把应急物资保障作为国家应急管理体系建设的重要内容，按照集中管理、统一调拨、平时服务、灾时应急、采储结合、节约高效的原则，尽快健全相关工作机制和应急预案。要优化重要应急物资产能保障和区域布局，做到关键时刻调得出、用得上。对短期可能出现的物资供应短缺，建立集中生产调度机制，统一组织原材料供应、安排定点生产、规范质量标准，确保应急物资保障有序有力。要健全国家储备体系，科学调整储备的品类、规模、结构，提升储备效能。要建立国家统一的应急物资采购供应体系，对应急救援物资实行集中管理、统一调拨、统一配送，推动应急物资供应保障网更加高效安全可控。

——习近平. 全面提高依法防控依法治理能力　健全国家公共卫生应急管理体系[J].求是，2020(5)：6—8.

3. 习近平论教育改革

我们要坚持我国教育现代化的社会主义方向，坚持教育公益性原则，把教育公平作为国家基本教育政策，大力推进教育体制改革创新。要加快建成伴随每个人一生的教育，让学习成为每个人的生活习惯和生活方式，实现人人皆学、处处能学、时时可学。要加快建成平等面向每个人的教育，努力使每个人不分性别、不分城乡、不分地域、不分贫富、不分民族都能接受良好教育。要加快建成适合每个人的教育，努力使不同性格禀赋、不同兴趣特长、不同素质潜力的学生都能接受符合自己成长需要的教育。要加快建成更加开放灵活的教育，努力使教育选择更多样、成长道路更宽广，使学业提升通道、职业晋升通道、社会上升通道更加畅通。

——习近平. 习近平谈治国理政：第三卷[M].北京：外文出版社，2020：348.

六　学习资料链接

1. 当前中国社会结构变化急剧

主要观点：当前，中国社会结构发生的急剧变化，具体来说，包括：一、人口结构正步入快速的老龄化阶段；二、伴随中产阶层的扩大或者中等收入群体的扩大，进入了消费社会阶段；三、社会发展过程中存在中产压力；四、中国农村的治理结构也发生了重大变化；五、大城市与中小城市形成了资源的恶性争夺。

——张翼. 当前中国社会结构发生的急剧变化[N].北京日报，2018-08-20(14).

2. 构建多元化纠纷解决机制

主要观点：我国社会矛盾纠纷化解机制要真正实现"全民共建共享"的目标，必须围绕利益表达渠道畅通、利益协调和保护机制健全这一目标，从司法的公众参与、仲裁的自治、调解的体系重塑和信访的法治化改革等需要共建的实践单元入手，努力打造一套司法、调解、仲裁、信访等有效衔接、相互协调的多元化纠纷解决机制，从而方便民众接近正义和利用多种渠道解决纠纷，满足其多元化的纠纷解决需求，最终实现社会矛盾纠纷化解机制效益的全民共享。

——廖永安，刘青.构建全民共建共享的社会矛盾纠纷多元化解机制[N].光明日报，2016-04-13(13).

七 习 题

(一) 单选题

1. 党的十八大以来,我国社会治理社会化、法治化、智能化、(   )水平不断提升。

A. 现代化   B. 专业化   C. 科学化   D. 大众化

2. 习近平在世界经济论坛 2017 年年会开幕式上的主旨演讲中强调"坚持与时俱进,打造(   )的治理模式",提出了完善全球经济治理体系的中国主张。

A. 公平正义   B. 公正合理   C. 和平稳定   D. 务实有效

3. (   )是建设新型国际关系的保障,中国秉持共商共建共享的全球治理观,倡导国际关系民主化。

A. 合作共赢   B. 相互尊重   C. 公平正义   D. 互利互惠

4. 党的十九大报告中提到,实施乡村振兴战略,加强农村基层基础工作,健全(   )相结合的乡村治理体系。

A. 自治、法治、共治   B. 社会、人民、文化

C. 经济、政治、文化   D. 自治、法治、德治

(二) 多选题

1. 民生建设重点领域包括(   )、全面推进健康中国建设。

A. 建设高质量教育体系   B. 实施就业优先战略

C. 优化收入分配结构   D. 健全多层次社会保障体系

2. 治理和管理只有一字之差,体现的是(   )。

A. 综合施策   B. 依法治理   C. 源头治理   D. 系统治理

(三) 判断题

1. 2020 年年初的新冠肺炎疫情防控,是对国家治理体系和治理能力的一次大考。

(   )

2. 确保人民群众生命安全和身体健康,是中国共产党治国理政的一项不太重要的任务。

(   )

3. 党的十八届三中全会审议通过的《中共中央关于全面深化改革若干重大问题的决定》提出创新社会治理体制的重大战略任务,标志着我们党对社会治理的认识和要求从局部走向了系统。

(   )

4. 习近平总书记在党的十九大报告中将民生内涵概况为"七有"。

(   )

(四) 简答题

1. 简述社会管理和社会治理的区别。

2. 经济发展与民生建设是什么关系?

第十八专题

体系完备　法治中国
——坚持习近平法治思想,全面依法治国

一 聚焦问题

如何坚持习近平法治思想,建设社会主义法治国家?

二 学习主要内容

(一) 坚持习近平法治思想

习近平法治思想是习近平新时代中国特色社会主义思想的重要组成部分,深刻回答了为什么要依法治国、怎样全面依法治国这个重大时代课题,为深入推进全面依法治国、加快建设社会主义法治国家,提供了根本遵循和行动指南。其主要内容有:

第一,坚持党对全面依法治国的领导。

第二,坚持以人民为中心。

第三,坚持中国特色社会主义法治道路。

第四,坚持依宪治国、依宪执政。

第五,坚持在法治轨道上推进国家治理体系和治理能力现代化。

第六,坚持建设中国特色社会主义法治体系。

第七,坚持依法治国、依法执政、依法行政共同推进,法治国家、法治政府、法治社会一体建设。

第八,坚持全面推进科学立法、严格执法、公正司法、全民守法。

第九,坚持统筹推进国内法治和涉外法治。

第十,坚持建设德才兼备的高素质法治工作队伍。

第十一,坚持抓住领导干部这个"关键少数"。

(二) 走中国特色社会主义法治道路

中国特色社会主义法治道路是社会主义法治建设成就和经验的集中体现,是建设社会主义法治国家的唯一正确道路。

首先,走中国特色社会主义法治道路,是历史的必然结论。

其次,走中国特色社会主义法治道路,是由我国社会主义国家性质所决定的。

最后,走中国特色社会主义法治道路,是立足我国基本国情的必然选择。

(三)深化依法治国实践

全面依法治国,总目标是建设中国特色社会主义法治体系,建设社会主义法治国家。

第一,紧紧围绕全面推进依法治国总目标,加快建设中国特色社会主义法治体系。

第二,准确把握全面推进依法治国工作布局,坚持依法治国、依法执政、依法行政共同推进,坚持法治国家、法治政府、法治社会一体建设。

第三,准确把握全面推进依法治国重点任务,着力推进科学立法、严格执法、公正司法、全民守法。

三 课堂教学案例推荐

公开宣判涉孙小果案人员 扫黑除恶打"伞"破"网"持续发力

推荐语:2019 年 12 月 15 日,云南省玉溪市中级人民法院等 8 家法院对涉孙小果案 19 名公职人员和重要关系人职务犯罪案一审公开宣判,表明在以习近平同志为核心的党中央领导下,在全国扫黑办和大要案督办组的强力推动下,政法机关激浊扬清,正本清源,除恶务尽,坚决将黑恶势力组织的"保护伞"和"关系网"加以清除。

对涉孙小果案 19 名公职人员和重要关系人职务犯罪案的一审公开宣判,让庇护孙小果的"保护伞"和"关系网"一一曝光,体现了人民法院严格落实中央扫黑除恶工作部署以及坚决维护社会公平正义的初心使命。

··········

——肖建华.公开宣判涉孙小果案人员 扫黑除恶打"伞"破"网"持续发力[N].人民法院报,2019-12-17(02).

四 影视资料推荐

(1)纪录片:《筑梦路上》第二十四集"法治中国"。

(2)视频:《一个"孙小果",一群"保护伞"!》。

(3)视频:《宪法的精神 法治的力量——2019 年度法治人物评选及颁奖礼》。

(4)视频:《"新闻直播间"人大立法制度又创新 第三方评估确保立法事项科学公正》。

(5)视频:《"人民日报评论员文章"领导干部是全面依法治国的关键》。

五 经典文献阅读推荐

1. 习近平论社会主义法治体系和高素质法治队伍建设

中国特色社会主义法治体系是中国特色社会主义制度的法律表现形式。必须抓住建设中国特色社会主义法治体系这个总抓手,努力形成完备的法律规范体系、高效的法治实施体系、严密的法治监督体系、有力的法治保障体系,形成完善的党内法规体系,不断开创全面依法治国新局面。

——习近平.习近平谈治国理政：第三卷［M］.北京：外文出版社,2020：285.

四是坚持建设中国特色社会主义法治体系。中国特色社会主义法治体系是中国特色社会主义制度的法律表现形式。必须抓住建设中国特色社会主义法治体系这个总抓手,努力形成完备的法律规范体系、高效的法治实施体系、严密的法治监督体系、有力的法治保障体系,形成完善的党内法规体系,不断开创全面依法治国新局面。

·············

九是坚持建设德才兼备的高素质法治工作队伍。全面推进依法治国,必须着力建设一支忠于党、忠于国家、忠于人民、忠于法律的社会主义法治工作队伍。要加强理想信念教育,深入开展社会主义核心价值观和社会主义法治理念教育,推进法治专门队伍正规化、专业化、职业化,提高职业素养和专业水平。要坚持立德树人,德法兼修,创新法治人才培养机制,努力培养造就一大批高素质法治人才及后备力量。

十是坚持抓住领导干部这个"关键少数"。领导干部具体行使党的执政权和国家立法权、行政权、监察权、司法权,是全面依法治国的关键。领导干部必须带头尊崇法治、敬畏法律,了解法律、掌握法律,遵纪守法、捍卫法治,厉行法治、依法办事,不断提高运用法治思维和法治方式深化改革、推动发展、化解矛盾、维护稳定的能力,做尊法学法守法用法的模范,以实际行动带动全社会尊法学法守法用法。

——中共中央党史和文献研究院.十九大以来重要文献选编：上［M］.北京：中央文献出版社,2019：621—623.

2. 习近平论社会主义法治

坚持人民主体地位,必须坚持法治为了人民、依靠人民、造福人民、保护人民。要保证人民在党的领导下,依照法律规定,通过各种途径和形式管理国家事务,管理经济和文化事业,管理社会事务。要把体现人民利益、反映人民愿望、维护人民权益、增进人民福祉落实到依法治国全过程,使法律及其实施充分体现人民意志。

············

推进科学立法,关键是完善立法体制,深入推进科学立法、民主立法,抓住提高立法质量这个关键。要优化立法职权配置,发挥人大及其常委会在立法工作中的主导作用,健全立法起草、论证、协调、审议机制,完善法律草案表决程序,增强法律法规的及时性、系统性、针对性、有效性,提高法律法规的可执行性、可操作性。

——中共中央文献研究室.十八大以来重要文献选编：中［M］.北京：中央文献出版社,2016：184—189.

3. 习近平论全面提高依法防控依法治理能力

这次疫情发生以来,各级党委和政府在党中央统一领导下,积极开展防控工作,取得初步成效,但也有一些地方和部门面对突如其来的疫情进退失措,出台的一些防控措施朝令夕改,一些地方甚至出现了严重妨碍疫情防控的违法犯罪行为,群众对此不满意。实践告诉我们,疫情防控越是到最吃劲的时候,越要坚持依法防控,在法治轨道上统筹推进各项防控工作,全面提高依法防控、依法治理能力,保障疫情防控工作顺利开展,维护社会大局稳定。

坚持依法防控,要始终把人民群众生命安全和身体健康放在第一位,从立法、执法、司法、守法各环节发力,切实推进依法防控、科学防控、联防联控。要完善疫情防控相关立法,加强配套制度建设,完善处罚程序,强化公共安全保障,构建系统完备、科学规范、运行有效的疫情防控法律体系。要抓紧修订完善野生动物保护法律法规,健全执法管理体制及职责,坚决取缔和严厉打击非法野生动物市场和贸易,从源头上防控重大公共卫生风险。要严格执行疫情防控和应急处置法律法规,加强风险评估,依法审慎决策,严格依法实施防控措施,坚决防止疫情蔓延。要加大对危害疫情防控行为执法司法力度,严格执行传染病防治法及其实施办法、野生动物保护法、动物防疫法、突发公共卫生事件应急条例等法律法规,依法实施疫情防控及应急处理措施。要加强治安管理、市场监管等执法工作,加大对暴力伤害医务人员违法行为的打击力度,严厉查处各类哄抬防疫用品和民生商品价格的违法行为,依法严厉打击抗拒疫情防控、制假售假、造谣传谣等破坏疫情防控的违法犯罪行为,保障社会安定有序。要依法规范捐赠、受赠行为,确保受赠财物全部及时用于疫情防控。要依法做好疫情报告和发布工作,按照法定内容、程序、方式、时限及时准确报告疫情信息。要加强对相关案件审理工作的指导,及时处理,定分止争。要加强疫情防控法治宣传,组织基层开展疫情防控普法宣传,引导广大人民群众增强法治意识,依法支持和配合疫情防控工作。要强化疫情防控法律服务,加强疫情期间矛盾纠纷化解,为困难群众提供有效法律援助。

各级党委和政府要全面依法履行职责,坚持运用法治思维和法治方式开展疫情防控工作,在处置重大突发事件中推进法治政府建设,提高依法执政、依法行政水平。各有关部门要明确责任分工,积极主动履职,抓好任务落实,提高疫情防控法治化水平,切实保障人民群众生命健康安全。

——习近平.全面提高依法防控依法治理能力 健全国家公共卫生应急管理体系[J].求是,2020(5):4—6.

4. 中共中央 国务院印发《法治政府建设实施纲要(2021—2025 年)》

……我国已经开启全面建设社会主义现代化国家、向第二个百年奋斗目标进军的新征程,统筹中华民族伟大复兴战略全局和世界百年未有之大变局,推进国家治理体系和治理能力现代化,适应人民日益增长的美好生活需要,都对法治政府建设提出了新的更高要求,必须立足全局、着眼长远、补齐短板、开拓进取,推动新时代法治政府建设再上新台阶。

…………

坚持法定职责必须为、法无授权不可为,着力实现政府职能深刻转变,把该管的事务管好、管到位,基本形成边界清晰、分工合理、权责一致、运行高效、法治保障的政府机构职能体系。

············

坚持科学立法、民主立法、依法立法,着力实现政府立法质量和效率并重并进,增强针对性、及时性、系统性、可操作性,努力使政府治理各方面制度更加健全、更加完善。

············

坚持科学决策、民主决策、依法决策,着力实现行政决策程序规定严格落实、决策质量和效率显著提高,切实避免因决策失误产生矛盾纠纷、引发社会风险、造成重大损失。

············

着眼提高人民群众满意度,着力实现行政执法水平普遍提升,努力让人民群众在每一个执法行为中都能看到风清气正、从每一项执法决定中都能感受到公平正义。

············

坚持运用法治思维和法治方式应对突发事件,着力实现越是工作重要、事情紧急越要坚持依法行政,严格依法实施应急举措,在处置重大突发事件中推进法治政府建设。

············

坚持将矛盾纠纷化解在萌芽状态、化解在基层,着力实现人民群众权益受到公平对待、尊严获得应有尊重,推动完善信访、调解、仲裁、行政裁决、行政复议、诉讼等社会矛盾纠纷多元预防调处化解综合机制。

············

坚持有权必有责、有责要担当、失责必追究,着力实现行政决策、执行、组织、监督既相互制约又相互协调,确保对行政权力制约和监督全覆盖、无缝隙,使党和人民赋予的权力始终用来为人民谋幸福。

············

坚持运用互联网、大数据、人工智能等技术手段促进依法行政,着力实现政府治理信息化与法治化深度融合,优化革新政府治理流程和方式,大力提升法治政府建设数字化水平。

············

党的领导是全面依法治国、建设法治政府的根本保证,必须坚持党总揽全局、协调各方,发挥各级党委的领导作用,把法治政府建设摆到工作全局更加突出的位置。

——中共中央 国务院印发《法治政府建设实施纲要(2021—2025年)》[EB/OL].(2021-08-11)[2021-08-19].http://www.xinhuanet.com/politics/zywj/2021-08/11/c_1127752490.htm.

六 学习资料链接

1. 法治中国建设的新时代

主要观点:党的十八大以来,以习近平同志为核心的党中央把全面依法治国纳入"四个全面"战略布局,作出一系列重大决策部署,开启了法治中国建设的新时代:新理念新思想新战略,为全面依法治国提供根本遵循;良法促善治,中国特色社会主义法律体系不断完善;依法行政深入推进,法治政府建设步履坚实;深化司法体制改革,促进社会公平正义;法治信仰浸润人心,法治社会建设稳步推进。

　　——魏哲哲.绘就全面依法治国的斑斓画卷——党的十八大以来我国全面推进依法治国新成就综述[N].人民日报,2018-09-07(05).

　　2.加强全面依法治国的制度建设

　　主要观点:全面依法治国,既是制度文明的发展,更体现"运用法治思维和法治方式深化改革、推动发展、化解矛盾、维护稳定、应对风险"的治理智慧。社会主义法治体系日益完善,既为全面依法治国奠定坚实基础,更为良政善治筑牢坚强保障。改革发展稳定,需法治护航;经济社会发展,有赖于法治赋能;百姓平安福祉,靠法治守卫。继续推进全面依法治国,让制度更成熟更定型、发展更有质量、治理更有水平、人民更有获得感,确保党和国家事业蓬勃发展。

　　——人民日报评论部.坚持全面依法治国——让我们的制度更加成熟更加定型[N].人民日报,2019-11-12(09).

七　习　题

(一)单选题

　　1.党的十八届四中全会通过的《中共中央关于全面推进依法治国若干重大问题的决定》指出,社会主义市场经济本质上是(　　)。

　　A.计划经济　　　　　　　　　　B.竞争经济

　　C.法治经济　　　　　　　　　　D.泡沫经济

　　2.党的十八届四中全会提出,法律的权威源自(　　)。

　　A.人民的内心拥护和真诚信仰　　B.科学立法

　　C.依宪执政　　　　　　　　　　D.司法公正

　　3.(　　)是实现司法公正的基本前提。

　　A.科学立法　　　　　　　　　　B.严格执法

　　C.道德教育　　　　　　　　　　D.全民守法

　　4.(　　)是中国特色社会主义的本质要求和重要保障。

　　A.全面深化改革　　　　　　　　B.全面从严治党

　　C.全面依法治国　　　　　　　　D.全面建成小康社会

　　5.党中央"四个全面"战略布局的提出,第一次将(　　)论述为全面深化改革的姊妹篇,形成"鸟之两翼、车之两轮",党的十八届四中全会作出了全面部署。

　　A.全面建成小康社会　　　　　　B.全面依法治国

　　C.全面从严治党　　　　　　　　D.对外开放

　　6.(　　)是社会主义法治最根本的保证。

A．人民当家作主　　　　　　　　B．全面依法治国

C．党的领导　　　　　　　　　　D．坚持中国特色社会主义道路

7．（　　）是法治中国的防线。

A．科学立法　　　B．严格执法　　　C．公正司法　　　D．全民守法

8．建设中国特色社会主义法治体系，完善立法体制，深入推进科学立法、民主立法，要抓住的关键是（　　）。

A．提高立法质量　　　　　　　　B．恪守以民为本

C．立法为民理念　　　　　　　　D．公正、公平、公开原则

9．党的十九届四中全会提出，完善以（　　）为核心的中国特色社会主义法律体系，加强重要领域立法，加快我国法域外适用的法律体系建设，以良法保障善治。

A．宪法　　　B．法律　　　C．行政法规　　　D．民法典

10．《中共中央关于坚持和完善中国特色社会主义制度推进国家治理体系和治理能力现代化若干重大问题的决定》指出，坚持法治建设为了人民、依靠人民，加强（　　）法治保障，保证人民依法享有广泛的权利和自由，承担应尽的义务，引导全体人民做社会主义法治的忠实崇尚者、自觉遵守者、坚定捍卫者。

A．人权　　　B．人民　　　C．群众　　　D．政府

（二）多选题

1．党的十八届三中全会通过的《中共中央关于全面推进依法治国若干重大问题的决定》指出，全面推进依法治国，总目标是建设中国特色社会主义法治体系，建设社会主义法治国家，必须坚持（　　　）。

A．依法治国　　　B．依法执政　　　C．依法行政　　　D．依法治理

2．党的十八届四中全会指出，法律是治国之重器，良法是善治之前提。建设中国特色社会主义法治体系，必须坚持立法先行，发挥立法的引领和推动作用，抓住提高立法质量这个关键，要做到（　　　）。

A．恪守以民为本、立法为民理念

B．贯彻社会主义核心价值观

C．尽快学习和借鉴西方发达国家的立法经验

D．使每一项立法都符合宪法精神、反映人民意志、得到人民拥护

3．党的十八届四中全会指出，加快推进反腐败国家立法，完善惩治和预防腐败体系，形成（　　　）的有效机制，坚决遏制和预防腐败现象。

A．不敢腐　　　B．不能腐　　　C．不想腐　　　D．不易腐

4．党的十八届四中全会指出，用严格的法律制度保护生态环境，加快建立有效约束开发行为和促进（　　　）的生态文明法律制度，强化生产者环境保护的法律责任，大幅度提高违法成本。

A．绿色发展　　　B．循环发展　　　C．低碳发展　　　D．和谐发展

5. 党的十八届四中全会通过的《中共中央关于全面推进依法治国若干重大问题的决定》指出,坚持(　　　　)一体建设,实现科学立法、严格执法、公正司法、全民守法,促进国家治理体系和治理能力现代化。

　　A. 法治国家　　　　B. 法治政府　　　　C. 法治社会　　　　D. 法治机关

6. 全面依法治国必须坚持厉行法治,推进(　　　　),推进中国特色社会主义法治体系建设,全面深化依法治国实践。

　　A. 科学立法　　　　B. 严格执法　　　　C. 公正司法　　　　D. 全民守法

7. 法治政府建设的主要原则有(　　　　)、坚持统筹推进。

　　A. 坚持党的全面领导　　　　　　　B. 坚持以人民为中心

　　C. 坚持问题导向　　　　　　　　　D. 坚持改革创新

(三) 判断题

1. 对决策严重失误或者依法应及时作出决策但久拖不决造成重大损失的,实行终身责任追究。　　　　　　　　　　　　　　　　　　　　　　　　　　　　(　　)

2. 推进以执行为中心的诉讼制度改革。　　　　　　　　　　　　(　　)

3. 建立宪法宣誓制度,所有国家工作人员正式就职时公开向宪法宣誓。(　　)

4. 弘扬社会主义法治精神,建设社会主义法治文化,使各级党员领导干部都成为社会主义法治的忠实崇尚者、自觉遵守者、坚定捍卫者。　　　　　　　　(　　)

5. 我国的国家宪法日是 12 月 4 日。　　　　　　　　　　　　　(　　)

6. 依法履行政府职能要求,各级行政机关要坚持:法定职责必须为,法无授权不可为。　　　　　　　　　　　　　　　　　　　　　　　　　　　　　(　　)

7. 《法治政府建设实施纲要(2021—2025 年)》提出,2022 年上半年要编制完成国务院部门权责清单。　　　　　　　　　　　　　　　　　　　　　　　(　　)

8. 2021 年 7 月 1 日,习近平总书记在庆祝中国共产党成立 100 周年大会上宣布,我们党已经"形成比较完善的党内法规体系",这一体系以"1＋6"为基本框架。(　　)

(四) 简答题

习近平法治思想的主要内容是什么?

优势制度　强化执行

——全面深化改革，把制度优势转化为国家治理效能

一 聚焦问题

坚持和完善中国特色社会主义制度、推进国家治理体系和治理能力现代化的主要内容是什么？

二 学习主要内容

（一）坚定不移推进全面深化改革

改革开放是决定当代中国命运的关键一招，也是决定实现"两个一百年"奋斗目标、实现中华民族伟大复兴的关键一招，新时代必须坚定不移地推进全面改革开放。

党的十九大提出，到 2035 年，"各方面制度更加完善，国家治理体系和治理能力现代化基本实现"；到本世纪中叶"实现国家治理体系和治理能力现代化"。十九届四中全会再次明确这一目标，并强调到新中国成立一百年时，全面实现国家治理体系和治理能力现代化，使中国特色社会主义制度更加巩固、优越性充分展现。

（二）坚定全面深化改革的方向、立场和原则

全面深化改革必须坚持和完善中国特色社会主义制度和国家治理体系。

全面深化改革必须始终站稳人民立场，坚持以人民为中心的改革价值取向。

全面深化改革必须坚持党对改革的集中统一领导。

（三）坚持和完善中国特色社会主义制度，推进国家治理体系和治理能力现代化

（1）坚持和完善党的领导制度体系，提高党科学执政、民主执政、依法执政水平。

（2）坚持和完善人民当家作主制度体系，发展社会主义民主政治。

（3）坚持和完善中国特色社会主义法治体系，提高党依法治国、依法执政能力。

（4）坚持和完善中国特色社会主义行政体制，构建职责明确、依法行政的政府治理体系。

（5）坚持和完善社会主义基本经济制度，推动经济高质量发展。

（6）坚持和完善繁荣发展社会主义先进文化的制度,巩固全体人民团结奋斗的共同思想基础。

（7）坚持和完善统筹城乡的民生保障制度,满足人民日益增长的美好生活需要。

（8）坚持和完善共建共治共享的社会治理制度,保持社会稳定、维护国家安全。

（9）坚持和完善生态文明制度体系,促进人与自然和谐共生。

（10）坚持和完善党对人民军队的绝对领导制度,确保人民军队忠实履行新时代使命任务。

（11）坚持和完善"一国两制"制度体系,推进祖国和平统一。

（12）坚持和完善独立自主的和平外交政策,推动构建人类命运共同体。

（13）坚持和完善党和国家监督体系,强化对权力运行的制约和监督。

坚持和完善中国特色社会主义制度、推进国家治理体系和治理能力现代化,不仅要建立完善的制度体系,还要在不断提高制度执行力和治理能力上狠下功夫。

三　课堂教学案例推荐

1. 扬帆搏浪再起航——2020 年江西省全面深化改革综述

推荐语：2020 年,江西省委自觉把江西融入全国全面深化改革的大局中去谋划,坚持以制度建设为主线,统筹疫情防控和经济社会发展,充分发挥改革先导和突破作用,推动全面深化改革向更深层次挺进、向更高境界迈进。

凝心聚力,以改革"关键一招"应对大战大考。持续发力,以经济体制改革助推高质量跨越式发展。蹄疾步稳,以更大勇气挺进改革"深水区"。坚守初心,以改革的力度提升民生的温度。

…………

——朱华. 扬帆搏浪再起航——2020 年江西省全面深化改革综述[N].江西日报,2021-03-02(01,03).

2. 上海浦东：勇担重任破冰探路,在改革开放中尝硕果

推荐语：28 年来,浦东以开发开放的姿态大步流星往前走,拿下了一项项全国"第一",从中国改革开放的"后卫",一跃成为"前锋"。

四十年前,从浦西望向浦东,这里还是低矮的房子和阡陌农田,"宁要浦西一张床,不要浦东一间房"是当时上海市民对浦东的注脚。

四十年后,浦东已焕然一新。这里,陆家嘴高楼林立,是全球金融机构的汇聚地;这里,自贸区大胆试、大胆闯、自主改,成为制度创新的试验田,把一大批"试验成果"复制推广到全国……

——徐晶卉. 站立新时代潮头,改革开放再出发[N].文汇报,2018-05-22(01).

四 影视资料推荐

（1）视频：《世卫专家：世界需要中国抗疫经验》。

（2）视频：《世卫组织：中国方法是唯一被事实证明成功的方法》。

（3）纪录片：《筑梦路上》第二十三集"改革新篇"。

（4）纪录片：《我们走在大路上》第十七集"改革开放谱新篇"。

（5）视频：《光辉历程 全面深化改革：破解难啃的硬骨头》。

五 经典文献阅读推荐

1. 习近平论改革落实

改革既要往有利于增添发展新动力方向前进，也要往有利于维护社会公平正义方向前进，注重从体制机制创新上推进供给侧结构性改革，着力解决制约经济社会发展的体制机制问题；把以人民为中心的发展思想体现在经济社会发展各个环节，做到老百姓关心什么、期盼什么，改革就要抓住什么、推进什么，通过改革给人民群众带来更多获得感。

——习近平.习近平谈治国理政：第二卷［M］.北京：外文出版社，2017：103.

各地区各部门要牢固树立全局意识、责任意识，把抓改革作为一项重大政治责任，坚定改革决心和信心，增强推进改革的思想自觉和行动自觉，既当改革促进派、又当改革实干家，以钉钉子精神抓好改革落实，扭住关键、精准发力，敢于啃硬骨头，盯着抓、反复抓，直到抓出成效。（2016 年 2 月 23 日在中央全面深化改革领导小组第二十一次会议上的讲话要点）

改革是我们进行具有新的历史特点的伟大斗争的重要方面。全面深化改革，必须加强党对改革的领导，必须坚持问题导向，必须狠抓改革落实，必须深化对改革规律的认识和运用。要继续高举改革旗帜，站在更高起点谋划和推进改革，坚定改革定力，增强改革勇气，总结运用好党的十八大以来形成的改革新经验，再接再厉，久久为功，坚定不移将改革进行到底。（2017 年 8 月 29 日在中央全面深化改革领导小组第三十八次会议上的讲话要点）

——习近平.习近平谈治国理政：第二卷［M］.北京：外文出版社，2017：105—107.

注重系统性、整体性、协同性是全面深化改革的内在要求，也是推进改革的重要方法。改革越深入，越要注意协同，既抓改革方案协同，也抓改革落实协同，更抓改革效果协同，促进各项改革举措在政策取向上相互配合、在实施过程中相互促进、在改革成效上相得益彰，朝着全面深化改革总目标聚焦发力。

——习近平.习近平谈治国理政：第二卷［M］.北京：外文出版社，2017：109.

2. 习近平论高水平对外开放

"见出以知入，观往以知来。"一个国家、一个民族要振兴，就必须在历史前进的逻辑中前进、在时代发展的潮流中发展。中国扩大高水平开放的决心不会变，同世界分享发展机遇的决心不会变,推动经济全球化朝着更加开放、包容、普惠、平衡、共赢方向发展的决心不会变。

第一,中国将坚定不移维护真正的多边主义。以世界贸易组织为核心的多边贸易体制,是国际贸易的基石。当前,多边贸易体制面临诸多挑战。中国支持世界贸易组织改革朝着正确方向发展,支持多边贸易体制包容性发展,支持发展中成员合法权益。中国将以积极开放态度参与数字经济、贸易和环境、产业补贴、国有企业等议题谈判,维护多边贸易体制国际规则制定的主渠道地位,维护全球产业链、供应链稳定。

第二,中国将坚定不移同世界共享市场机遇。中国有 14 亿多人口和 4 亿以上中等收入群体,每年进口商品和服务约 2.5 万亿美元,市场规模巨大。中国将更加注重扩大进口,促进贸易平衡发展。中国将增设进口贸易促进创新示范区,优化跨境电商零售进口商品清单,推进边民互市贸易进口商品落地加工,增加自周边国家进口。中国将推进内外贸一体化,加快建设国际消费中心城市,发展"丝路电商",构建现代物流体系,提升跨境物流能力。

第三,中国将坚定不移推动高水平开放。中国将进一步缩减外资准入负面清单,有序扩大电信、医疗等服务业领域开放。中国将修订扩大《鼓励外商投资产业目录》,引导更多外资投向先进制造业、现代服务业、高新技术、节能环保等领域,投向中国中西部和东北地区。中国将在自由贸易试验区和海南自由贸易港做好高水平开放压力测试,出台自由贸易试验区跨境服务贸易负面清单。中国将深度参与绿色低碳、数字经济等国际合作,积极推进加入《全面与进步跨太平洋伙伴关系协定》《数字经济伙伴关系协定》。

第四,中国将坚定不移维护世界共同利益。中国将积极参与联合国、世界贸易组织、二十国集团、亚太经合组织、上海合作组织等机制合作,推动加强贸易和投资、数字经济、绿色低碳等领域议题探讨。中国将支持疫苗等关键医疗物资在全球范围内公平分配和贸易畅通。中国将推动高质量共建"一带一路",使更多国家和人民获得发展机遇和实惠。中国将积极参与应对气候变化、维护全球粮食安全和能源安全,在南南合作框架内继续向其他发展中国家提供更多援助。

——习近平.让开放的春风温暖世界——在第四届中国国际进口博览会开幕式上的主旨演讲[EB/OL].(2021-11-04)[2021-11-09].http://www.news.cn/politics/leaders/2021-11/04/c_1128031877.htm.

……开放是人类社会繁荣进步的必由之路。30 多年来,从《茂物目标》到《布特拉加亚愿景》,从宏观经济政策协调到高标准自由贸易区建设,亚太地区保持较长时期快速发展。归根结底,这得益于打造开放型经济格局的努力,得益于构筑互信、包容、合作、共赢的亚太伙伴关系。

无论世界形势如何演变,亚太经济韧性好、动力强的优势不会改变。各方要敞开胸怀,把握大势,积极主动扩大开放,推进贸易和投资自由化便利化,维护产业链供应链稳定顺畅,促进资源要素有序流动,推动经济复苏,实现联动发展。要坚持向前看、朝前走,反对歧视性、排他性做法。以意识形态划线、搞地缘政治小圈子,终究是没有前途的。亚太地区不能也不应该回到冷战时期的对立和割裂状态。

——习近平.坚持可持续发展 共建亚太命运共同体——在亚太经合组织工商领导人峰会上的主旨演讲［EB/OL］.（2021-11-11）［2021-11-12］.http://www. news. cn/politics/leaders/2021－11/11/c_1128052464. htm.

3. 习近平论全面深化改革

……邓小平同志在一九九二年提出,再有三十年的时间,我们才会在各方面形成一整套更加成熟更加定型的制度。这次全会在邓小平同志战略思想的基础上,提出要推进国家治理体系和治理能力现代化。这是完善和发展中国特色社会主义制度的必然要求,是实现社会主义现代化的应有之义。我们之所以决定这次三中全会研究全面深化改革问题,不是推进一个领域改革,也不是推进几个领域改革,而是推进所有领域改革,就是从国家治理体系和治理能力的总体角度考虑的。

——中共中央文献研究室.十八大以来重要文献选编:上［M］.北京:中央文献出版社,2014:547.

党的十九届四中全会和党的十八届三中全会历史逻辑一脉相承、理论逻辑相互支撑、实践逻辑环环相扣,目标指向一以贯之,重大部署接续递进。党的十九届四中全会不仅系统集成了党的十八届三中全会以来全面深化改革的理论成果、制度成果、实践成果,而且对新时代全面深化改革勾勒出更加清晰的顶层设计。要以坚持和完善中国特色社会主义制度、推进国家治理体系和治理能力现代化为主轴,增强以改革推进国家制度和国家治理体系建设的自觉性,突出制度建设这条主线,继续全面深化改革,既要排查梳理已经部署各项改革任务的完成情况,又要把四中全会部署的重要举措及时纳入工作日程,抓紧就党中央明确的国家治理急需的制度、满足人民对美好生活新期待必备的制度进行研究和部署,实现改革举措的有机衔接、融会贯通,确保取得扎扎实实的成效。（2019 年 11 月 26 日在中央全面深化改革委员会第十一次会议上的讲话要点）

——习近平.习近平谈治国理政:第三卷［M］.北京:外文出版社,2020:180.

4. 中共中央关于坚持和完善中国特色社会主义制度、推进国家治理体系和治理能力现代化

中国特色社会主义制度是党和人民在长期实践探索中形成的科学制度体系,我国国家治理一切工作和活动都依照中国特色社会主义制度展开,我国国家治理体系和治理能力是中国特色社会主义制度及其执行能力的集中体现。

…………

我国国家制度和国家治理体系具有多方面的显著优势,主要是:坚持党的集中统一领导,坚持党的科学理论,保持政治稳定,确保国家始终沿着社会主义方向前进的显著优势;坚持人民当家作主,发展人民民主,密切联系群众,紧紧依靠人民推动国家发展的显著优势;坚持全面依法治国,建设社会主义法治国家,切实保障社会公平正义和人民权利的显著优势;坚持全国一盘棋,调动各方面积极性,集中力量办大事的显著优势;坚持各民族

一律平等,铸牢中华民族共同体意识,实现共同团结奋斗、共同繁荣发展的显著优势;坚持公有制为主体、多种所有制经济共同发展和按劳分配为主体、多种分配方式并存,把社会主义制度和市场经济有机结合起来,不断解放和发展社会生产力的显著优势;坚持共同的理想信念、价值理念、道德观念,弘扬中华优秀传统文化、革命文化、社会主义先进文化,促进全体人民在思想上精神上紧紧团结在一起的显著优势;坚持以人民为中心的发展思想,不断保障和改善民生、增进人民福祉,走共同富裕道路的显著优势;坚持改革创新、与时俱进,善于自我完善、自我发展,使社会始终充满生机活力的显著优势;坚持德才兼备、选贤任能,聚天下英才而用之,培养造就更多更优秀人才的显著优势;坚持党指挥枪,确保人民军队绝对忠诚于党和人民,有力保障国家主权、安全、发展利益的显著优势;坚持"一国两制",保持香港、澳门长期繁荣稳定,促进祖国和平统一的显著优势;坚持独立自主和对外开放相统一,积极参与全球治理,为构建人类命运共同体不断作出贡献的显著优势。这些显著优势,是我们坚定中国特色社会主义道路自信、理论自信、制度自信、文化自信的基本依据。

当今世界正经历百年未有之大变局,我国正处于实现中华民族伟大复兴关键时期。顺应时代潮流,适应我国社会主要矛盾变化,统揽伟大斗争、伟大工程、伟大事业、伟大梦想,不断满足人民对美好生活新期待,战胜前进道路上的各种风险挑战,必须在坚持和完善中国特色社会主义制度、推进国家治理体系和治理能力现代化上下更大功夫。

——编写组.中共中央关于坚持和完善中国特色社会主义制度 推进国家治理体系和治理能力现代化若干重大问题的决定[M].北京:人民出版社,2019:1—6.

六　学习资料链接

1. 从七个方面巩固机构改革成果

主要观点:深化党和国家机构改革,是推进国家治理体系和治理能力现代化的一次集中行动,目标就是构建系统完备、科学规范、运行高效的党和国家机构职能体系,全面提高国家治理能力和治理水平。巩固机构改革成果,就要把七个方面具体任务落到实处。

——人民日报评论员.巩固机构改革成果推进国家治理体系和治理能力现代化——论学习贯彻习近平总书记在深化党和国家机构改革总结会议重要讲话[N].人民日报,2019-07-08(01).

2. 突如其来的疫情彰显"中国之制"的显著优势

主要观点:习近平总书记始终高度重视,亲自指挥、亲自部署,多次召开会议、多次听取汇报、作出重要指示,强调要坚决遏制疫情蔓延势头,坚决打赢疫情防控阻击战。这场突如其来的战役考验着我们应对重大风险的能力,凸显"中国之制"的显著优势,也进一步淬炼着"中国之制",使其更加趋于成熟和完善。

——陶文昭."疫情大考"淬炼"中国之制"[N].北京日报,2020-02-10(09).

3. 中国制度保证防疫阻击战胜利

主要观点：2020 年春天暴发的新型冠状病毒肺炎疫情是一场突如其来的重大公共卫生事件，也是一场艰辛困难的防控疫患的阻击战，展现出了中国速度、中国效率、中国力量和中国精神，充分证明了中国特色社会主义制度的强大优越性和显著优势。发挥制度优势，要恪守制度初心，始终坚持以人民为中心；要坚定制度方向，加强党的集中统一领导；要健全制度体系，构建全域系统管理机制；要强化制度落实，提高制度治理执行能力。

——宇文利. 发挥制度优势 决胜防疫阻击战[N]. 中国青年报，2020-02-17(02).

七 习 题

（一）单选题

1. 全面深化改革的总目标是（　　）。

A. 提高综合国力

B. 提高人民生活水平

C. 完善和发展中国特色社会主义制度，推进国家治理体系和治理能力现代化

D. 加大改革开放的深度，推进社会全面进步

2. 全面深化改革的出发点和落脚点是（　　）。

A. 为促进社会公平正义、增进人民福祉

B. 立党为公、执政为民

C. 为人民服务

D. 权为民所用、利为民所谋、情为民所系

3. 解决中国现实问题的根本途径是（　　）。改革是由问题倒逼而产生，又在不断解决问题中得以深化。

A. 全面建成小康社会　　　　　　　　B. 全面深化改革

C. 全面依法治国　　　　　　　　　　D. 全面从严治党

4. 改革要有方向、有立场、有原则。坚持什么样的改革（　　），决定着改革的性质和最终成败。

A. 方向　　　　　　　　　　　　　　B. 立场

C. 原则　　　　　　　　　　　　　　D. 方法

5. 在全方位改革中，（　　）是最核心和最重要的。

A. 经济体制改革　　　　　　　　　　B. 政治体制改革

C. 文化体制改革　　　　　　　　　　D. 教育体制改革

6.《中共中央关于坚持和完善中国特色社会主义制度 推进国家治理体系和治理能力现代化若干重大问题的决定》是在（　　）上通过的。

A. 党的十八届三中全会　　　　　　　B. 党的十九大

C. 党的十九届三中全会　　　　　　　D. 党的十九届四中全会

7.《中共中央关于坚持和完善中国特色社会主义制度 推进国家治理体系和治理能力现代化若干重大问题的决定》将中国特色社会主义制度显著优势总结为（　　　）个方面。

　　A. 十二个　　　　　B. 十三个　　　　　C. 十四个　　　　　D. 十五个

8. 当前,改革开放进入深水区和（　　　）,必须勇于自我革命,敢于直面问题,坚决破除一切不合时宜的思想观念和体制机制弊端。

　　A. 浑水区　　　　　B. 困难期　　　　　C. 关键期　　　　　D. 攻坚期

（二）多项选择题

1. 全面深化改革必须坚持的原则是（　　　　　）。

　　A. 坚持党对改革的集中统一领导

　　B. 坚持改革沿着中国特色社会主义方向前进

　　C. 坚持改革往有利于维护社会公平正义、增进人民福祉方向前进

　　D. 坚持社会主义市场经济改革方向

2. 全面深化改革要正确处理（　　　　）重大关系。

　　A. 解放思想和实事求是

　　B. 顶层设计和摸着石头过河

　　C. 整体推进和重点突破

　　D. 胆子要大、步子要稳

　　E. 改革、发展、稳定

3. 注重改革的（　　　　）是全面深化改革的内在要求,也是推进改革的重要方法。

　　A. 系统性　　　　　　　　　　B. 整体性

　　C. 协同性　　　　　　　　　　D. 全面性

4. 党是改革的（　　　　）,改革能否顺利推进,关键取决于党,取决于党的领导。

　　A. 决策者　　　　　　　　　　B. 倡导者

　　C. 推动者　　　　　　　　　　D. 领导者

5. 党的十九届四中全会强调,突出坚持和完善支撑中国特色社会主义制度的（　　　　　）。

　　A. 根本制度　　　　　　　　　B. 基本制度

　　C. 重要制度　　　　　　　　　D. 特别制度

6. 新中国成立七十多年来,我们党领导人民创造了世所罕见的 _____ 奇迹和 _____ 奇迹,中华民族迎来了站起来、富起来到强起来的伟大飞跃。（　　　）

　　A. 世界共同发展　　　　　　　B. 经济快速发展

　　C. 区域均衡发展　　　　　　　D. 社会长期稳定

（三）判断题

1. 中国特色社会主义制度中,具有统领地位的是党的领导制度。　　　　　　（　　　）

2. 党的十八届四中全会就改革作出了自改革开放以来最为系统全面的顶层设计,是我国改革开放进程中的里程碑。　　　　　　　　　　　　　　　　　　　　（　　　）

3. 新时代全面深化改革更多面对的是深层次体制机制问题。 （ ）

4. 坚持和完善中国特色社会主义制度、推进国家治理体系和治理能力现代化,制度完备就可以。 （ ）

(四) 简答题

坚持和完善中国特色社会主义制度、推进国家治理体系和治理能力现代化的总体目标是什么?

防范风险　安全发展

——统筹发展和安全，建设更高水平的平安中国

一　聚焦问题

如何正确应对重点领域国家安全面临的风险，建设更高水平的平安中国？

二　学习主要内容

（一）总体国家安全观

1. 总体国家安全观的内涵

总体国家安全观是指坚持国家利益至上，以人民安全为宗旨，以政治安全为根本，以经济安全为基础，以军事、文化、社会安全为保障，以促进国际安全为依托，维护各领域国家安全，构建国家安全体系，走中国特色国家安全道路。

2. 认识和理解总体国家安全观

坚持统筹发展和安全两件大事。

坚持人民安全、政治安全、国家利益至上有机统一。

坚持维护和塑造国家安全。

坚持科学统筹的根本方法。

坚持党对国家安全工作的绝对领导，是做好国家安全工作的根本原则，是维护国家安全和社会安定的根本保证。

3. 传统安全与非传统安全

传统安全包括政治安全、国土安全、军事安全。

非统安全包括经济（含金融）安全、文化安全、社会安全、科技安全、信息安全等。

（二）重点领域国家安全面临的风险

1. 政治安全

政治安全攸关党和国家安危，是国家安全的根本。

2. 国土安全

国土安全是立国之基。国土的安全状态与国家能否繁荣息息相关。

3. 经济安全

经济安全是国家安全的基础。维护国家安全，根本上是为了发展经济，更好地满足人民对美好生活的需要。

4．社会安全

社会安全与人民群众切身利益关系最密切，是人民群众安全感的晴雨表，是社会安定的风向标。

5．网络安全

网络安全已经成为我国面临的最复杂、最现实、最严峻的非传统安全问题之一。

6．外部安全

和平稳定的国际环境和国际秩序是国家安全的重要保障。

（三）建设高水平的平安中国

1．加强国家安全体系和能力建设

完善集中统一、高效权威的国家安全领导体制，健全国家安全法治体系、战略体系、政策体系、人才体系和运行机制，完善重要领域国家安全立法、制度、政策。

2．维护政治安全

牢牢掌握意识形态领域的领导权和话语权，坚定"四个自信"。

坚决防范和抵御"颜色革命"，坚决遏制西方敌对势力渗透颠覆破坏活动。

始终坚持党对一切工作的领导，坚持全面从严治党，牢固树立"四个意识"。

3．维护国土安全

提升维护国土安全能力，加强边防、海防、空防建设。

周密组织边境管控和海上维权行动，坚决捍卫领土主权和海洋权益。

坚决反对一切分裂祖国的活动。

4．维护经济安全

实施粮食安全战略。

实施金融安全战略。

5．维护社会安全

健全公共安全体制机制。

完善立体化社会治安防控体系。

6．维护网络安全

加速推动信息领域核心技术突破。

依法加强网络空间治理。

切实维护国家网络空间主权安全，共同构建网络空间命运共同体。

7．维护外部安全

奉行独立自主的和平外交政策，坚持走和平发展道路，同世界各国一道推动构建人类命运共同体。

三　课堂教学案例推荐

1. 中国"种子方舟"

推荐语：截至 2021 年 2 月 25 日，这座"宝库"已保存植物种子 10601 种 85046 份，占我

国有花植物物种总数的 36%；植物离体培养材料 2093 种 24100 份；DNA 分子材料 7324 种 65456 份；2280 种 22800 份微生物菌株，以及 2203 种 60262 份动物种质资源等，是亚洲最大的野生生物种质资源库，与英国"千年种子库"、挪威"斯瓦尔巴全球种子库"等一道，成为全球生物多样性保护的领跑者。

随着现代农业和生物技术的迅猛发展，利用种质资源有目的地改良动植物的性状与品质，为人类解决粮食、健康和环境等重大问题提供了潜在的可能性。

··············

——赵汉斌.中国"种子方舟"：为野生生物建一个安全的"家"[N].科技日报,2021-05-28(05).

2. 红火蚁

推荐语：红火蚁通过搬运种子，降低作物出苗率，或者直接取食作物的果实、幼芽等，造成作物的减产；它还通过放牧蚜虫、蚧类等分泌蜜露害虫，传播植物病害。红火蚁能够直接危害大豆、玉米、蔬菜、柑橘等 50 多种农作物，在较为严重的发生区，菜种被红火蚁搬运比率高于 40%，大豆等减产可达 20% 以上，绿豆减产 30% 以上，甘薯、土豆等减产 30% 以上，严重影响农事操作和农作物生产。

"这是工蚁，有 10 节触角，负责防御、搬运、饲喂；这个是蚁后，蚁群的中心，也是强大的生殖机器；这个大土堆就是蚁巢，它的内部呈蜂窝状……"3 月 26 日，在广东省广州市增城区举办的全国红火蚁联合防控行动启动仪式现场，工作人员指着红火蚁蚁巢展示箱一一介绍。

··············

——刘自艰.阻红火蚁入侵 需多部门联防[N].农民日报,2021-03-30(005).

（四）影视资料推荐

1. 视频：《开讲啦：粮食安全》（20210807 期）。
2. 纪录片：《暗流涌动——中国新疆反恐挑战》。
3. 专题片：《扫黑除恶——为了国泰民安》（1—6 集）。

（五）经典文献阅读推荐

1. 习近平论总体国家安全观

全面贯彻落实总体国家安全观，必须坚持统筹发展和安全两件大事，既要善于运用发展成果夯实国家安全的实力基础，又要善于塑造有利于经济社会发展的安全环境；坚持人民安全、政治安全、国家利益至上的有机统一，人民安全是国家安全的宗旨，政治安全是国家安全的根本，国家利益至上是国家安全的准则，实现人民安居乐业、党的长期执政、国家长治久安；坚持立足于防，又有效处置风险；坚持维护和塑造国家安全，塑造是更高层次更具前瞻性的维护，要发挥负责任大国作用，同世界各国一道，推动构建人类命运共同体；坚持科学统筹，始终把国家安全置于中国特色社会主义事业全局中来把握，充分调动各方面积极性，形成维护国家安全合力。

——习近平.习近平谈治国理政：第三卷[M].北京：外文出版社，2020：218.

新的征程上，我们必须增强忧患意识、始终居安思危，贯彻总体国家安全观，统筹发展和安全，统筹中华民族伟大复兴战略全局和世界百年未有之大变局，深刻认识我国社会主要矛盾变化带来的新特征新要求，深刻认识错综复杂的国际环境带来的新矛盾新挑战，敢于斗争，善于斗争，逢山开道、遇水架桥，勇于战胜一切风险挑战！

——习近平.在庆祝中国共产党成立100周年大会上的讲话[M].北京：人民出版社，2021：17—18.

2. 习近平论国家安全领导权

要坚持党对国家安全工作的绝对领导，实施更为有力的统领和协调。中央国家安全委员会要发挥好统筹国家安全事务的作用，抓好国家安全方针政策贯彻落实，完善国家安全工作机制，着力在提高把握全局、谋划发展的战略能力上下功夫，不断增强驾驭风险、迎接挑战的本领。要加强国家安全系统党的建设，坚持以政治建设为统领，教育引导国家安全部门和各级干部增强"四个意识"、坚定"四个自信"，坚决维护党中央权威和集中统一领导，建设一支忠诚可靠的国家安全队伍。

——习近平.习近平谈治国理政：第三卷[M].北京：外文出版社，2020：218.

3. 习近平论中国特色国家安全道路

要准确把握国家安全形势变化新特点新趋势，坚持总体国家安全观，走出一条中国特色国家安全道路。

增强忧患意识，做到居安思危，是我们治党治国必须始终坚持的一个重大原则。我们党要巩固执政地位，要团结带领人民坚持和发展中国特色社会主义，保证国家安全是头等大事。

党的十八届三中全会决定成立国家安全委员会，是推进国家治理体系和治理能力现代化、实现国家长治久安的迫切要求，是全面建成小康社会、实现中华民族伟大复兴中国梦的重要保障，目的就是更好适应我国国家安全面临的新形势新任务，建立集中统一、高效权威的国家安全体制，加强对国家安全工作的领导。

当前我国国家安全内涵和外延比历史上任何时候都要丰富，时空领域比历史上任何时候都要宽广，内外因素比历史上任何时候都要复杂，必须坚持总体国家安全观，以人民安全为宗旨，以政治安全为根本，以经济安全为基础，以军事、文化、社会安全为保障，以促进国际安全为依托，走出一条中国特色国家安全道路。贯彻落实总体国家安全观，必须既重视外部安全，又重视内部安全，对内求发展、求变革、求稳定、建设平安中国，对外求和平、求合作、求共赢、建设和谐世界；既重视国土安全，又重视国民安全，坚持以民为本、以人为本，坚持国家安全一切为了人民、一切依靠人民，真正夯实国家安全的群众基础；既重视传统安全，又重视非传统安全，构建集政治安全、国土安全、军事安全、经济安全、文化安全、社会安全、科技安全、信息安全、生态安全、资源安全、核安全等于一体的国家安全体系；既重视发展问题，又重视安全问题，发展是安全的基础，安全是发展的条件，富国才能强兵，强兵才能卫国；既重视自身安全，又重视共同安全，打造命运共同体，推动各方朝着互利互惠、共同安全的目标相向而行。

中央国家安全委员会要遵循集中统一、科学谋划、统分结合、协调行动、精干高效的原则，聚焦重点，抓纲带目，紧紧围绕国家安全工作的统一部署狠抓落实。

——习近平. 习近平谈治国理政：第一卷[M]. 北京：外文出版社，2018：220—201.

4. 习近平论维护重点领域国家安全

……要高度重视对青年一代的思想政治工作，完善思想政治工作体系，不断创新思想政治工作内容和形式，教育引导广大青年形成正确的世界观、人生观、价值观，增强中国特色社会主义道路、理论、制度、文化自信，确保青年一代成为社会主义建设者和接班人。

——习近平. 习近平谈治国理政：第三卷[M]. 北京：外文出版社，2020：220.

当前我国经济形势总体是好的，但经济发展面临的国际环境和国内条件都在发生深刻而复杂的变化，推进供给侧结构性改革过程中不可避免会遇到一些困难和挑战，经济运行稳中有变、变中有忧，我们既要保持战略定力，推动我国经济发展沿着正确方向前进；又要增强忧患意识，未雨绸缪，精准研判、妥善应对经济领域可能出现的重大风险。各地区各部门要平衡好稳增长和防风险的关系，把握好节奏和力度。要稳妥实施房地产市场平稳健康发展长效机制方案。要加强市场心理分析，做好政策出台对金融市场影响的评估，善于引导预期。要加强市场监测，加强监管协调，及时消除隐患。要切实解决中小微企业融资难融资贵问题，加大援企稳岗力度，落实好就业优先政策。要加大力度妥善处理"僵尸企业"处置中启动难、实施难、人员安置难等问题，加快推动市场出清，释放大量沉淀资源。各地区各部门要采取有效措施，做好稳就业、稳金融、稳外贸、稳外资、稳投资、稳预期工作，保持经济运行在合理区间。

——习近平. 习近平谈治国理政：第三卷[M]. 北京：外文出版社，2020：220—221.

……生物安全问题已经成为全世界、全人类面临的重大生存和发展威胁之一，必须从保护人民健康、保障国家安全、维护国家长治久安的高度，把生物安全纳入国家安全体系……系统规划国家生物安全风险防控和治理体系建设，全面提高国家生物安全治理能力。尽快推动出台生物安全法，加快构建国家生物安全法律法规体系、制度保障体系。

——习近平. 全面提高依法防控依法治理能力 健全国家公共卫生应急管理体系[J]. 求是，2020(5)：6.

科技领域安全是国家安全的重要组成部分。要加强体系建设和能力建设，完善国家创新体系，解决资源配置重复、科研力量分散、创新主体功能定位不清晰等突出问题，提高创新体系整体效能。要加快补短板，建立自主创新的制度机制优势。要加强重大创新领域战略研判和前瞻部署，抓紧布局国家实验室，重组国家重点实验室体系，建设重大创新基地和创新平台,完善产学研协同创新机制。要强化事关国家安全和经济社会发展全局的重大科技任务的统筹组织,强化国家战略科技力量建设。要加快科技安全预警监测体系建设,围绕人工智能、基因编辑、医疗诊断、自动驾驶、无人机、服务机器人等领域,加快推进相关立法工作。

——习近平:习近平谈治国理政:第三卷[M].北京:外文出版社,2020:221.

第二,加快构建关键信息基础设施安全保障体系。金融、能源、电力、通信、交通等领域的关键信息基础设施是经济社会运行的神经中枢,是网络安全的重中之重,也是可能遭到重点攻击的目标。"物理隔离"防线可被跨网入侵,电力调配指令可被恶意篡改,金融交易信息可被窃取,这些都是重大风险隐患。不出问题则已,一出就可能导致交通中断、金融紊乱、电力瘫痪等问题,具有很大的破坏性和杀伤力。我们必须深入研究,采取有效措施,切实做好国家关键信息基础设施安全防护。

第三,全天候全方位感知网络安全态势。知己知彼,才能百战不殆。没有意识到风险是最大的风险。网络安全具有很强的隐蔽性,一个技术漏洞、安全风险可能隐藏几年都发现不了,结果是"谁进来了不知道、是敌是友不知道、干了什么不知道",长期"潜伏"在里面,一旦有事就发作了。

——中共中央党史和文献研究院编.十八大以来重要文献选编:下[M].北京:中央文献出版社,2018:310.

当今世界正经历百年未有之大变局,我国发展的外部环境日趋复杂。防范化解各类风险隐患,积极应对外部环境变化带来的冲击挑战,关键在于办好自己的事,提高发展质量,提高国际竞争力,增强国家综合实力和抵御风险能力,有效维护国家安全,实现经济行稳致远、社会和谐安定。经济、社会、文化、生态等各领域都要体现高质量发展的要求。

——习近平.论把握新发展阶段、贯彻新发展理念、构建新发展格局[M].北京:中央文献出版社,2021:421.

六 学习资料链接

1.总体国家安全观的三重实践价值

主要观点:总体国家安全观的三重实践价值体现在以下三个方面。其一,总体国家安全观是指导我们因应"百年未有之大变局"的基本方略;其二,总体国家安全观是指导我们防范和化解重大风险的认识论和方法论;其三,总体国家安全观是指导我们坚定决心、凝聚力量、长期奋斗的路线图。

——陶坚.总体国家安全观的三重实践价值[N].光明日报,2021-04-15(10).

2. 生物安全法立法初心

主要观点:生物安全法实施标志着我国生物安全工作进入新阶段、迈上新台阶。我们既要做好自己的事情,又要积极开展国际合作,推动实现生物领域的共同安全、普遍安全。

这是生物安全立法的初心，即"维护国家安全，防范和应对生物安全风险，保障人民生命健康，保护生物资源和生态环境，促进生物技术健康发展，推动构建人类命运共同体，实现人与自然和谐共生"。

——武桂珍.全面贯彻生物安全法，筑牢国家生物安全防线[N].人民日报，2021-04-14(14).

3. 反外国制裁法立法的必要性

主要观点：反外国制裁法立法，很有必要，正当其时。一段时间以来，某些西方国家出于政治操弄需要和意识形态偏见，违反国际法和国际关系基本准则，依据其本国法律对中国有关国家机关、组织和国家工作人员实施所谓"制裁"，粗暴干涉中国内政。反外国制裁法立法，既充分表明中国已有足够能力反制裁、反干涉、反制长臂管辖，也让国际社会看到了中国维护主权安全和发展利益的坚定决心。

——郭言.反外国制裁法立法正当其时[N].经济日报，2021-06-11(01).

七 习　题

（一）单项选择题

1. 2020 年新冠肺炎疫情以极其迅猛的态势席卷全球，这场新发突发传染病疫情引发的世界性公共卫生危机，导致全球经济陷入第二次世界大战以来最严重衰退，极大影响了许多国家的安全和稳定，给人们上了一堂深刻的（　　）课，更是一堂严肃的国家安全课。

A. 社会安全　　　　　　　　　　B. 生物安全

C. 经济安全　　　　　　　　　　D. 政治安全

2. 耕地是粮食生产的"命根子"。中央农村工作会议明确指出，要严防死守（　　）亿亩耕地红线，采取长牙齿的硬措施，落实最严格的耕地保护制度。

A. 10　　　　　　B. 12　　　　　　C. 16　　　　　　D. 18

3. 2021 年 6 月 10 日，十三届全国人大常委会第二十九次会议表决通过了（　　）。此举充分表明，针对某些国家粗暴干涉中国内政实施所谓"制裁"的霸权主义行径，我国将从国家立法高度，进行更系统、更彻底、更有力的反制。

A.《中华人民共和国国家安全法》　　B.《中华人民共和国反间谍法》

C.《中华人民共和国反外国制裁法》　　D.《中华人民共和国反垄断法》

4. （　　）第十三届全国人民代表大会常务委员会第三十次会议通过中华人民共和国个人信息保护法。

A. 2020 年 8 月 20 日　　　　　　B. 2021 年 8 月 20 日

C. 2020 年 6 月 20 日　　　　　　D. 2020 年 8 月 2 日

（二）多项选择题

1. 坚持政治安全、人民安全、国家利益至上有机统一，以＿＿＿＿＿＿为宗旨，以

_____为根本。（　　　　　）

A. 经济安全　　　　B. 人民安全　　　　C. 国家利益　　　　D. 政治安全

2. 坚持和发展新时代"枫桥经验"，构建_____、_____、_____、_____的社会矛盾综合治理机制。（　　　　　）

A. 源头防控　　　　B. 排查梳理　　　　C. 纠纷化解　　　　D. 应急处置

3. 坚持_____、_____，强化社会治安重点地区排查整治，健全社会治安协调联动机制。（　　　　　）

A. 打防结合　　　　B. 问题联治　　　　C. 平安联创　　　　D. 整体防控

4. 构建_____、_____、_____、_____的应急管理体制，优化国家应急管理能力体系建设，提高防灾减灾抗灾救灾能力。（　　　　　）

A. 统一指挥　　　　B. 专常兼备　　　　C. 反应灵敏　　　　D. 上下联动

5. 坚持_____、_____，健全公共安全体制机制，严格落实公共安全责任和管理制度，保障人民生命安全。（　　　　　）

A. 人民至上　　　　B. 经济安全至上　　　C. 社会安全安全　　D. 生命至上

6. 强化粮食安全_____责任制和"菜篮子"_____负责制，实行党政同责。（　　　　　）

A. 省委书记　　　　B. 省长　　　　　　C. 市委书记　　　　D. 市长

（三）判断题

1. 毫不放松抓好粮食生产，深入实施藏粮于地、藏粮于技战略，开展种源"卡脖子"技术攻关，提高良种自主可控能力。（　　　）

2. 我国实施能源资源安全战略，保持原油和天然气稳产增产，已实现煤炭供应安全兜底、油气核心需求依靠自保。（　　　）

3. 完善国家应急管理体系应该坚持分级负责、属地为主，实行统一的响应机制。（　　　）

4. 坚持政治安全、人民安全、国家利益至上有机统一，以人民安全为宗旨，以经济安全为根本，以政治安全为基础。（　　　）

（四）简答题

1. 简述总体国家安全观的内涵。

2. 简述传统安全和非传统安全的内容。

3. 实施保障国家经济安全保障的战略有哪些?

红色铸魂　世界一流

——坚持习近平强军思想，加快国防和军队现代化

一　聚焦问题

如何坚持习近平强军思想，加快国防和军队现代化？

二　学习主要内容

（一）坚持习近平强军思想

习近平强军思想深刻回答了"新时代建设一支什么样的强大人民军队、怎样建设强大人民军队"的时代课题，实现了马克思主义军事理论中国化时代化的新飞跃，是全面推进新时代强军事业的科学指南。其主要内容有：

（1）明确强国必须强军，巩固国防和强大人民军队是新时代坚持和发展中国特色社会主义、实现中华民族伟大复兴的战略支撑。

（2）明确党在新时代的强军目标是建设一支听党指挥、能打胜仗、作风优良的人民军队，必须同国家现代化进程相一致，力争到 2035 年基本实现国防和军队现代化，到本世纪中叶把人民军队全面建成世界一流军队。

（3）明确党对军队的绝对领导是人民军队建军之本、强军之魂，必须全面贯彻党领导军队的一系列根本原则和制度，确保部队绝对忠诚、绝对纯洁、绝对可靠。

（4）明确军队是要准备打仗的，必须聚焦能打仗、打胜仗，创新发展军事战略指导，构建中国特色现代作战体系，全面提高新时代备战打仗能力，有效塑造态势、管控危机、遏制战争、打赢战争。

（5）明确作风优良是我军鲜明特色和政治优势，必须加强作风建设、纪律建设，坚定不移正风肃纪、反腐惩恶，大力弘扬我党我军光荣传统和优良作风，永葆人民军队性质、宗旨、本色。

（6）明确推进强军事业必须坚持政治建军、改革强军、科技强军、人才强军、依法治军，更加注重聚焦实战、更加注重创新驱动、更加注重体系建设、更加注重集约高效、更加注重军民融合，全面提高革命化现代化正规化水平。

（7）明确改革是强军的必由之路，必须推进军队组织形态现代化，构建中国特色现代军

事力量体系,完善中国特色社会主义军事制度。

（8）明确创新是引领发展的第一动力,必须坚持向科技创新要战斗力,统筹推进军事理论、技术、组织、管理、文化等各方面创新,建设创新型人民军队。

（9）明确现代化军队必须构建中国特色军事法治体系,推进治军方式根本性转变,提高国防和军队建设法治化水平。

（10）明确军民融合发展是兴国之举、强军之策,必须坚持发展和安全兼顾、富国和强军统一,形成全要素、多领域、高效益军民融合深度发展格局,构建一体化的国家战略体系和能力。

（二）实现党在新时代的强军目标

党在新时代的强军目标是建设一支听党指挥、能打胜仗、作风优良的人民军队,把人民军队建设成为世界一流军队。

听党指挥是灵魂,决定军队建设的政治方向。

能打胜仗是核心,反映军队的根本职能和军队建设的根本指向。

作风优良是保证,关系军队的性质、宗旨、本色。

实现强军目标,必须同国家现代化进程相一致。

（三）构建一体化国家战略体系和能力

构建一体化的国家战略体系和能力,是实现发展和安全兼顾、富国和强军统一的必然选择。必须在国家总体战略中统一富国和强军两大目标、统筹发展和安全两件大事、统合经济和国防两种实力,把国防和军队建设有机融入经济社会发展大体系,逐步实现国家各领域战略布局一体融合、战略资源一体整合、战略力量一体运用。

三 课堂教学案例推荐

三湾改编——党领导人民军队的开端

推荐语:"三湾改编"是中国共产党建设新型人民军队最早的一次成功探索和实践,初步解决了如何把以农民及旧军人为主要成分的革命军队建设成为一支无产阶级新型人民军队的问题,从组织上确立了党对军队的领导,是把工农革命军建设成为无产阶级领导的新型人民军队的重要开端。

（1927年9月中下旬,秋收）起义军在向南转移途中,处境十分困难。……

9月29日,部队到达江西省永新县三湾村时,前委决定对保留下来的不足千人的队伍进行改编:由原来的一个师缩编为一个团;建立党的各级组织和党代表制度,党的支部建在连上,班、排有小组,连以上设党代表,营、团建立党委,前委由毛泽东领导;在连以上建立各级士兵委员会,实行民主制度,官兵平等,经济公平。……

——中共中央党史研究室.中国共产党历史:第一卷（1921—1949）[M].北京:中共党史出版社,2011:243.（标题为编者所加）

四 影视资料推荐

(1) 纪录片：《强军》。

(2) 专题片：《将改革进行到底》第七集"强军之路"。

(3) 纪录片：《我们走在大路上》第二十一集"强军战歌"。

(4) 纪录片：《筑梦路上》第二十六集"再筑军魂"。

(5) 纪录片：《大阅兵2019》。

(6) 纪录片：《永远的军魂》第一集"旗帜"。

(7) 纪录片：《我们一起走过——致敬改革开放40周年》第十五集"强军战歌最嘹亮"。

(8) 视频：《致敬2019：来，一起聆听强军脉动》。

(9) 纪录片：《山河岁月》第十集。

(10) 纪录片：《百年求索》第九集"古田会议"。

五 经典文献阅读推荐

1. 习近平论强军目标

全军要深入贯彻落实党的十八大精神，高举中国特色社会主义伟大旗帜，以邓小平理论、"三个代表"重要思想、科学发展观为指导，牢牢把握党在新形势下的强军目标，全面加强军队革命化现代化正规化建设，为建设一支听党指挥、能打胜仗、作风优良的人民军队而奋斗。

建设一支听党指挥、能打胜仗、作风优良的人民军队，是党在新形势下的强军目标。听党指挥是灵魂，决定军队建设的政治方向；能打胜仗是核心，反映军队的根本职能和军队建设的根本指向；作风优良是保证，关系军队的性质、宗旨、本色。全军要准确把握这一强军目标，用以统领军队建设、改革和军事斗争准备，努力把国防和军队建设提高到一个新水平。

——习近平.习近平谈治国理政：第一卷[M].北京：外文出版社，2018：220.

2. 习近平论党对军队的绝对领导

……强国必须强军，军强才能国安。坚持党指挥枪、建设自己的人民军队，是党在血与火的斗争中得出的颠扑不破的真理。人民军队为党和人民建立了不朽功勋，是保卫红色江山、维护民族尊严的坚强柱石，也是维护地区和世界和平的强大力量。

新的征程上，我们必须全面贯彻新时代党的强军思想，贯彻新时代军事战略方针，坚持党对人民军队的绝对领导，坚持走中国特色强军之路，全面推进政治建军、改革强军、科技强军、人才强军、依法治军，把人民军队建设成为世界一流军队，以更强大的能力、更可靠的手段捍卫国家主权、安全、发展利益！

——习近平.在庆祝中国共产党成立100周年大会上的讲话[M].北京：人民出版社，2021：15.

3．习近平论军民融合

把军民融合发展上升为国家战略，是我们长期探索经济建设和国防建设协调发展规律的重大成果，是从国家发展和安全全局出发作出的重大决策，是应对复杂安全威胁、赢得国家战略优势的重大举措。要加强集中统一领导，贯彻落实总体国家安全观和新形势下军事战略方针，突出问题导向，强化顶层设计，加强需求统合，统筹增量存量，同步推进体制和机制改革、体系和要素融合、制度和标准建设，加快形成全要素、多领域、高效益的军民融合深度发展格局，逐步构建军民一体化的国家战略体系和能力。

——习近平.习近平谈治国理政：第二卷［M］.北京：外文出版社，2017：412.

4．习近平论做好军事斗争准备工作

当今世界正面临百年未有之大变局，我国发展仍处于重要战略机遇期，同时各种可以预料和难以预料的风险挑战增多。全军要正确认识和把握我国安全和发展大势，强化忧患意识、危机意识、打仗意识，扎扎实实做好军事斗争准备各项工作，坚决完成党和人民赋予的使命任务。

要把新时代军事战略思想立起来，把新时代军事战略方针立起来，把备战打仗指挥棒立起来，把抓备战打仗的责任担当立起来。要强化战斗队思想，坚持战斗力这个唯一的根本的标准，各项工作和建设、各方面力量和资源都要聚焦军事斗争准备、服务军事斗争准备，推动军事斗争准备工作有一个很大加强。

要深化战争和作战筹划，确保一旦有事能快速有效应对。要加快推进联合作战指挥体系建设，提升联合作战指挥能力。要加强新型作战力量建设，增加新质战斗力比重。要大抓实战化军事训练，提高练兵备战质量和水平。要坚持问题导向，对突出短板弱项要扭住不放、持续用力，一个问题一个问题解决，确保取得成效。

——习近平.习近平谈治国理政：第三卷［M］.北京：外文出版社，2020：390—391.

六　学习资料链接

1．新时代中国军队的使命

主要内容：进入新时代，中国军队依据国家安全和发展战略要求，坚决履行党和人民赋予的使命任务，为巩固中国共产党领导和社会主义制度提供战略支撑，为捍卫国家主权、统一、领土完整提供战略支撑，为维护国家海外利益提供战略支撑，为促进世界和平与发展提供战略支撑。

——中华人民共和国国务院新闻办公室.新时代的中国国防［EB/OL］.（2019-07-24）
［2020-02-16］.http：//www.xinhuanet.com/politics/2019-07-24/c_1124792450.htm.

2．使命担当，改革强军

主要观点：我们必须以高度的政治意识、长远的战略眼光、强烈的法治理念，不断提升认识和推进军队改革的思想水平和思维层次，增强贯彻落实习主席重要决策指示的战略自

觉和主动作为,强化历史自觉和使命担当,确保强军"升级版"落到实处。

——刘亚洲.坚决打赢改革强军这场攻坚战[EB/OL].(2016-01-13)[2020-02-16].ht-tp://www.mod.gov.cn/intl/2016-01/13/content_4636339.htm.

3.军队抽组医疗力量承担武汉火神山医院医疗救治任务

主要内容:经中央军委主席习近平批准,军队抽组1400名医护人员于2月3日起承担武汉火神山新型冠状病毒感染肺炎专科医院医疗救治任务。该医院主要救治确诊患者,编设床位1000张,开设重症监护病区、重症病区、普通病区,设置感染控制、检验、特诊、放射诊断等辅助科室。

——朱鸿亮,周娜.经中央军委主席习近平批准 军队抽组医疗力量承担武汉火神山医院医疗救治任务[EB/OL].(2020-02-02)[2020-02-16].http://www.xinhuanet.com/politics/2020-02/02/c_1125521591.htm.

七 习 题

(一) 单选题

1. 人民军队建军之本、强军之魂是( )。

A. 建设现代化军队
B. 信息化建设
C. 机械化建设
D. 党对军队的绝对领导

2. 我军鲜明的特色和政治优势是( )。

A. 艰苦奋斗
B. 党对军队的绝对领导
C. 作风优良
D. 军民融合

3. ( )是强军的必由之路,必须构建中国特色现代军事力量体系。

A. 训练　　　B. 改革　　　C. 实战　　　D. 开放

4. 党对军队绝对领导的最高实现形式是( )。

A. 政治委员指导
B. 军委主席负责制
C. 党委领导
D. 军队司令领导

5. ( )是保持人民军队本质和宗旨的根本保障。

A. 作风优良　　B. 艰苦奋斗　　C. 为人民服务　　D. 党指挥枪

6. 适应世界新军事革命发展趋势和国家安全需求,提高建设质量和效益,确保到2020年基本实现_____,_____建设取得重大进展,_____有大的提升。( )

A. 现代化　信息化　战斗能力
B. 机械化　信息化　战斗能力
C. 机械化　信息化　战略能力
D. 现代化　信息化　战略能力

7. 力争到2035年_____国防和军队现代化,到本世纪中叶把人民军队_____世界一流军队。( )

A. 全面实现　基本建成
B. 全面实现　全面建成

C. 基本实现　　基本建成　　　　　　D. 基本实现　　全面建成

8. 树立（　　　）是核心战斗力的思想，推进重大技术创新、自主创新，加强军事人才培养体系建设，建设创新型人民军队。

A. 创新　　　　　　B. 科技　　　　　　C. 人才　　　　　　D. 技术

9. 军队是要准备打仗的，一切工作都必须坚持（　　　）标准，向能打仗、打胜仗聚焦。

A. 战斗力　　　　　B. 斗争力　　　　　C. 战争力　　　　　D. 硬实力

10. 人民军队战无不胜的根本保证是（　　　）。

A. 武器精良　　　　B. 党的领导　　　　C. 作风优良　　　　D. 能打胜仗

11. 党对军队绝对领导的根本原则和制度，奠基于（　　　）。

A. 南昌起义　　　　B. 井冈山根据地　　C. 三湾改编　　　　D. 古田会议

12. 坚持党的（　　　）是党指挥枪原则落地生根的坚实基础。

A. 支部建在排上　　　　　　　　　　　B. 支部建在连上

C. 支部建在营上　　　　　　　　　　　D. 支部建在最基层上

（二）多选题

1. 新时代的强军目标，是建设一支（　　　　）的人民军队。

A. 听党指挥　　　　B. 能打胜仗　　　　C. 本领过硬　　　　D. 作风优良

2. 推进强军事业必须坚持（　　　　）。

A. 政治建军　　　　B. 改革强军　　　　C. 科技兴军　　　　D. 依法治军

3. 军民融合发展是（　　　　）。

A. 兴国之举　　　　B. 兴军之本　　　　C. 立军之魂　　　　D. 强军之策

4. 必须构建（　　　　）的军民融合格局。

A. 全要素　　　　　B. 多领域　　　　　C. 高效益　　　　　D. 深度发展

5. 建设巩固国防和强大军队，是一项宏大的系统工程，必须埋头苦干，加紧完成（　　　　）建设的历史任务，缩小与军事强国的差距，为最终实现国防和军队现代化奠定更加坚实的基础。

A. 革命化　　　　　B. 信息化　　　　　C. 机械化　　　　　D. 规模化

6. 党对军队的绝对领导的基本内容是（　　　　）。

A. 军队必须完全地无条件地置于中国共产党的领导之下

B. 军队必须在思想上政治上行动上始终与党中央、中央军委保持高度一致

C. 军队必须坚决维护党中央、中央军委权威

D. 军队必须任何时候任何情况下都坚决听从党中央、中央军委指挥

7. 建设世界一流军队，必须（　　　　）。

A. 坚持政治建军、改革强军、科技兴军、依法治军

B. 深入推进练兵备战

C. 构建中国特色现代军事力量体系

D. 牢固树立战斗力这个唯一的根本的标准

8. 坚持党对军队绝对领导的制度,是( )。

A. 我们党在领导人民军队进行革命、建设和改革的实践中探索总结出来的

B. 我国的基本军事制度

C. 与中国特色社会主义政治制度相配套相吻合

D. 我们党运用马克思主义国家学说建设新型人民军队的伟大创造

9. 构建中国特色现代军事力量体系,重点是优化作战力量结构,建设现代化( )、战略支援部队和武警部队,促进各军兵种力量协调发展。

A. 陆军　　　　　　B. 海军　　　　　　C. 空军　　　　　　D. 火箭军

(三) 判断题

1. 武器精良是人民军队战无不胜的根本保证。　　　　　　　　　　( )

2. 党对军队绝对领导的根本原则和制度,奠基于古田会议。　　　　( )

3. 首长分工负责制是党对军队绝对领导的最高实现形式。　　　　　( )

4. 军队强不强,关键看打仗;战场打不赢,一切等于零。　　　　　( )

5. 科技兴军是人民军队的立军之本。　　　　　　　　　　　　　　( )

6. 构建中国特色现代军事力量体系是建设世界一流军队的力量基础。( )

7. 军政军民团结是实现富国和强军相统一的重要政治保障。　　　　( )

(四) 简答题

1. 党对军队绝对领导的制度内容有哪些?

2. 党在新时代的强军目标是什么?

第二十二专题

同根同源　两岸一家

——坚持"一国两制"，推进祖国统一

一　聚焦问题

如何确保"一国两制"实践行稳致远？

二　学习主要内容

（一）全面准确贯彻"一国两制"方针

1. "一国两制"是一项前无古人的开创性事业

"一国两制"科学构想的形成。

"一国两制"科学构想运用于香港、澳门问题的成功实践。

2. 准确理解和贯彻"一国两制"、"港人治港"、"澳人治澳"、高度自治的方针

必须始终准确把握"一国"和"两制"的关系。

必须落实中央对特别行政区全面管治权，维护国家主权、安全、发展利益。

必须聚焦发展这个第一要务，推动港澳融入国家发展大局。

必须坚持爱国者治港治澳原则。

（二）确保"一国两制"实践行稳致远

为保证香港、澳门长期繁荣稳定，确保"一国两制"实践行稳致远，党的十八大以来，党和国家采取了一系列重大举措，坚持和完善了"一国两制"的制度体系。

2016年11月，十二届全国人大常委会第二十四次会议通过关于香港特别行政区基本法第一百零四条的解释。

2020年5月，十三届全国人大三次会议通过《全国人民代表大会关于建立健全香港特别行政区维护国家安全的法律制度和执行机制的决定》。同年6月，十三届全国人大常委会第二十次会议通过《中华人民共和国香港特别行政区维护国家安全法》，并将其列入香港基本法附件三。

2021年3月，《全国人民代表大会关于完善香港特别行政区选举制度的决定》，以及新修订的《中华人民共和国香港特别行政区基本法附件一香港特别行政区行政长官的产生办法》和《中华人民共和国香港特别行政区基本法附件二香港特别行政区立法会的产生办法和表

决程序》先后通过。

（三）实现祖国完全统一

民族复兴、国家统一是大势所趋、大义所在、民心所向。

一个中国原则是两岸关系的政治基础。

"和平统一、一国两制"是实现国家统一的最佳方式。

坚决反对和遏制任何形式的"台独"。

三 课堂教学案例推荐

香港新征程——香港回归 20 年经济发展纪实

推荐语：香港回归 20 年是不断与内地融合互惠的 20 年。20 年来，内地与香港经济全面、深度融合，实现了两地互利共赢。

1997 年 7 月 1 日，中国对香港恢复行使主权，设立香港特别行政区。20 年，弹指一挥间。党的十八大以来，以习近平同志为核心的党中央针对香港形势发展变化的新情况，审时度势，从战略和全局高度指导"一国两制"实践，稳妥应对香港出现的各种复杂局势，对港工作取得许多新突破、新进展、新成就。

⋯⋯⋯⋯⋯

——鄂志寰，贾国强，劳佳迪，等.香港新征程——香港回归 20 年经济发展纪实[J].中国经济周刊，2017(25)：18—43.

四 影视资料推荐

（1）纪录片：《筑梦路上》第二十集"港澳回归"、第二十七集"海峡两岸"。

（2）纪录片：《正道沧桑——社会主义 500 年》第三十八集"最佳方式"、第四十一集"百年团聚"。

（3）纪录片：《我们一起走过——致敬改革开放 40 周年》第十六集"我的中国心"。

（4）视频：《图看"九二共识"》。

五 经典文献阅读推荐

1. 习近平论祖国统一

⋯⋯祖国必须统一，也必然统一。这是七十载两岸关系发展历程的历史定论，也是新时代中华民族伟大复兴的必然要求。两岸中国人、海内外中华儿女理应共担民族大义、顺应历史大势，共同推动两岸关系和平发展、推进祖国和平统一进程。

第一，携手推动民族复兴，实现和平统一目标。民族复兴、国家统一是大势所趋、大义所在、民心所向。一水之隔、咫尺天涯，两岸迄今尚未完全统一是历史遗留给中华民族的创伤。两岸中国人应该共同努力谋求国家统一，抚平历史创伤。广大台湾同胞都是中华民族一分子，要做堂堂正正的中国人，认真思考台湾在民族复兴中的地位和作用，把促进国家完全统一、共谋民族伟大复兴作为无上光荣的事业。

台湾前途在于国家统一，台湾同胞福祉系于民族复兴。两岸关系和平发展是维护两岸和平、促进两岸共同发展、造福两岸同胞的正确道路。两岸关系和平发展要两岸同胞共同推动，靠两岸同胞共同维护，由两岸同胞共同分享。中国梦是两岸同胞共同的梦，民族复兴、国家强盛，两岸中国人才能过上富足美好的生活。在中华民族走向伟大复兴的进程中，台湾同胞定然不会缺席。两岸同胞要携手同心，共圆中国梦，共担民族复兴的责任，共享民族复兴的荣耀。台湾问题因民族弱乱而产生，必将随着民族复兴而终结！

第二，探索“两制”台湾方案，丰富和平统一实践。“和平统一、一国两制”是实现国家统一的最佳方式，体现了海纳百川、有容乃大的中华智慧，既充分考虑台湾现实情况，又有利于统一后台湾长治久安。

制度不同，不是统一的障碍，更不是分裂的借口。“一国两制”的提出，本来就是为了照顾台湾现实情况，维护台湾同胞利益福祉。“一国两制”在台湾的具体实现形式会充分考虑台湾现实情况，会充分吸收两岸各界意见和建议，会充分照顾到台湾同胞利益和感情。在确保国家主权、安全、发展利益的前提下，和平统一后，台湾同胞的社会制度和生活方式等将得到充分尊重，台湾同胞的私人财产、宗教信仰、合法权益将得到充分保障。

两岸同胞是一家人，两岸的事是两岸同胞的家里事，当然也应该由家里人商量着办。和平统一，是平等协商、共议统一。两岸长期存在的政治分歧问题是影响两岸关系行稳致远的总根子，总不能一代一代传下去。两岸双方应该本着对民族、对后世负责的态度，凝聚智慧，发挥创意，聚同化异，争取早日解决政治对立，实现台海持久和平，达成国家统一愿景，让我们的子孙后代在祥和、安宁、繁荣、尊严的共同家园中生活成长。

在一个中国原则基础上，台湾任何政党、团体同我们的交往都不存在障碍。以对话取代对抗、以合作取代争斗、以双赢取代零和，两岸关系才能行稳致远。我们愿意同台湾各党派、团体和人士就两岸政治问题和推进祖国和平统一进程的有关问题开展对话沟通，广泛交换意见，寻求社会共识，推进政治谈判。

我们郑重倡议，在坚持“九二共识”、反对“台独”的共同政治基础上，两岸各政党、各界别推举代表性人士，就两岸关系和民族未来开展广泛深入的民主协商，就推动两岸关系和平发展达成制度性安排。

第三，坚持一个中国原则，维护和平统一前景。尽管海峡两岸尚未完全统一，但中国主权和领土从未分割，大陆和台湾同属一个中国的事实从未改变。一个中国原则是两岸关系的政治基础。坚持一个中国原则，两岸关系就能改善和发展，台湾同胞就能受益。背离一个中国原则，就会导致两岸关系紧张动荡，损害台湾同胞切身利益。

统一是历史大势，是正道。"台独"是历史逆流，是绝路。广大台湾同胞具有光荣的爱国主义传统，是我们的骨肉天亲。我们坚持寄希望于台湾人民的方针，一如既往尊重台湾同胞、关爱台湾同胞、团结台湾同胞、依靠台湾同胞，全心全意为台湾同胞办实事、做好事、解难事。广大台湾同胞不分党派、不分宗教、不分阶层、不分军民、不分地域，都要认清"台独"只会给台湾带来深重祸害，坚决反对"台独"分裂，共同追求和平统一的光明前景。我们愿意为和平统一创造广阔空间，但绝不为各种形式的"台独"分裂活动留下任何空间。

中国人不打中国人。我们愿意以最大诚意、尽最大努力争取和平统一的前景，因为以和平方式实现统一，对两岸同胞和全民族最有利。我们不承诺放弃使用武力，保留采取一切必要措施的选项，针对的是外部势力干涉和极少数"台独"分裂分子及其分裂活动，绝非针对台湾同胞。两岸同胞要共谋和平、共护和平、共享和平。

第四，深化两岸融合发展，夯实和平统一基础。两岸同胞血脉相连。亲望亲好，中国人要帮中国人。我们对台湾同胞一视同仁，将继续率先同台湾同胞分享大陆发展机遇，为台湾同胞台湾企业提供同等待遇，让大家有更多获得感。和平统一之后，台湾将永保太平，民众将安居乐业。有强大祖国做依靠，台湾同胞的民生福祉会更好，发展空间会更大，在国际上腰杆会更硬、底气会更足，更加安全、更有尊严。

我们要积极推进两岸经济合作制度化，打造两岸共同市场，为发展增动力，为合作添活力，壮大中华民族经济。两岸要应通尽通，提升经贸合作畅通、基础设施联通、能源资源互通、行业标准共通，可以率先实现金门、马祖同福建沿海地区通水、通电、通气、通桥。要推动两岸文化教育、医疗卫生合作，社会保障和公共资源共享，支持两岸邻近或条件相当地区基本公共服务均等化、普惠化、便捷化。

第五，实现同胞心灵契合，增进和平统一认同。国家之魂，文以化之，文以铸之。两岸同胞同根同源、同文同种，中华文化是两岸同胞心灵的根脉和归属。人之相交，贵在知心。不管遭遇多少干扰阻碍，两岸同胞交流合作不能停、不能断、不能少。

两岸同胞要共同传承中华优秀传统文化，推动其实现创造性转化、创新性发展。两岸同胞要交流互鉴、对话包容，推己及人、将心比心，加深相互理解，增进互信认同。要秉持同胞情、同理心，以正确的历史观、民族观、国家观化育后人，弘扬伟大民族精神。亲人之间，没有解不开的心结。久久为功，必定能达到两岸同胞心灵契合。

支持和追求国家统一是民族大义，应该得到全民族肯定。伟大祖国永远是所有爱国统一力量的坚强后盾！我们真诚希望所有台湾同胞，像珍视自己的眼睛一样珍视和平，像追求人生的幸福一样追求统一，积极参与到推进祖国和平统一的正义事业中来。

——中共中央党史和文献研究院.十九大以来重要文献选编：上［M］.北京：中央文献出版社,2019：743—747.

我们要全面准确贯彻"一国两制"、"港人治港"、"澳人治澳"、高度自治的方针，落实中央对香港、澳门特别行政区全面管治权，落实特别行政区维护国家安全的法律制度和执行机制，维护国家主权、安全、发展利益，维护特别行政区社会大局稳定，保持香港、澳门长期繁荣稳定。

解决台湾问题、实现祖国完全统一，是中国共产党矢志不渝的历史任务，是全体中华儿女的共同愿望。要坚持一个中国原则和"九二共识"，推进祖国和平统一进程。包括两岸同胞在内的所有中华儿女，要和衷共济、团结向前，坚决粉碎任何"台独"图谋，共创民族复兴美好未来。任何人都不要低估中国人民捍卫国家主权和领土完整的坚强决心、坚定意志、强大能力！

——习近平. 在庆祝中国共产党成立 100 周年大会上的讲话［M］. 北京：人民出版社，2021：20—21.

以和平方式实现祖国统一，最符合包括台湾同胞在内的中华民族整体利益。我们坚持"和平统一、一国两制"的基本方针，坚持一个中国原则和"九二共识"，推动两岸关系和平发展。两岸同胞都要站在历史正确的一边，共同创造祖国完全统一、民族伟大复兴的光荣伟业。

中华民族具有反对分裂、维护统一的光荣传统。"台独"分裂是祖国统一的最大障碍，是民族复兴的严重隐患。凡是数典忘祖、背叛祖国、分裂国家的人，从来没有好下场，必将遭到人民的唾弃和历史的审判！台湾问题纯属中国内政，不容任何外来干涉。任何人都不要低估中国人民捍卫国家主权和领土完整的坚强决心、坚定意志、强大能力！祖国完全统一的历史任务一定要实现，也一定能够实现！

——习近平. 在纪念辛亥革命 110 周年大会上的讲话［M］. 北京：人民出版社，2021：11.

2. 习近平论"一国两制"

"一国两制"是中国的一个伟大创举，是中国为国际社会解决类似问题提供的一个新思路新方案，是中华民族为世界和平与发展作出的新贡献，凝结了海纳百川、有容乃大的中国智慧。坚持"一国两制"方针，深入推进"一国两制"实践，符合香港居民利益，符合香港繁荣稳定实际需要，符合国家根本利益，符合全国人民共同愿望。

——中共中央党史和文献研究院. 十八大以来重要文献选编：下［M］. 北京：中央文献出版社，2018：784.

香港、澳门回归祖国以来，"一国两制"实践取得举世公认的成功。事实证明，"一国两制"是解决历史遗留的香港、澳门问题的最佳方案，也是香港、澳门回归后保持长期繁荣稳定的最佳制度。

…………

解决台湾问题、实现祖国完全统一，是全体中华儿女共同愿望，是中华民族根本利益所在。必须继续坚持"和平统一、一国两制"方针，推动两岸关系和平发展，推进祖国和平统一进程。

——中共中央党史和文献研究院. 十九大以来重要文献选编：上［M］. 北京：中央文献出版社，2019：39.

我们要全面准确贯彻"一国两制"、"港人治港"、"澳人治澳"、高度自治的方针，严格依照宪法和基本法办事，支持特别行政区政府和行政长官依法施政、积极作为，支持香港、澳门融入国家发展大局，增强香港、澳门同胞的国家意识和爱国精神，维护香港、澳门长期繁荣稳定。我们要坚持一个中国原则，坚持"九二共识"，推动两岸关系和平发展，扩大两岸经济文化交流合作,同台湾同胞分享大陆发展的机遇,增进台湾同胞福祉,推进祖国和平统一进程。

　　维护国家主权和领土完整,实现祖国完全统一,是全体中华儿女共同愿望,是中华民族根本利益所在。在这个民族大义和历史潮流面前,一切分裂祖国的行径和伎俩都是注定要失败的,都会受到人民的谴责和历史的惩罚! 中国人民有坚定的意志、充分的信心、足够的能力挫败一切分裂国家的活动! 中国人民和中华民族有一个共同信念,这就是:我们伟大祖国的每一寸领土都绝对不能也绝对不可能从中国分割出去!

　　——中共中央党史和文献研究院.十九大以来重要文献选编:上[M].北京:中央文献出版社,2019:391—392.

六　学习资料链接

1. "一国两制"底线绝不容挑战

主要观点:"一国两制"是解决历史遗留的香港问题的最佳方案,也是香港回归后保持长期繁荣稳定的最佳制度安排。作为一项开创性事业,"一国两制"对中央来说是治国理政的重大课题,对香港和香港同胞来说是重大历史转折。贯彻落实"一国两制"方针,始终要强调"三条底线"不能触碰:绝对不能允许任何危害国家主权安全、绝对不能允许挑战中央权力和香港特别行政区基本法权威、绝对不能允许利用香港对内地进行渗透破坏的活动。

　　——人民日报评论员."一国两制"底线不容挑战[N].人民日报,2019-08-07(01).

2. 严重挑战"一国两制"原则底线,难逃法律的审判

主要观点:香港发生的抗议示威和暴力行为中,一些激进分子鼓吹"港独",喊出"光复香港、时代革命"的口号,撕毁香港基本法,包围和冲击中联办,肆意侮辱国旗、国徽和区徽。种种违法暴力行径公然冒犯国家尊严,严重挑战"一国两制"原则底线,难逃法律的审判。

　　——新华社记者.严重挑战"一国两制"原则底线难逃法律的审判[EB/OL].(2019-08-20)[2020-02-16].http://www.xinhuanet.com/gangao/2019-08/20/c_1124895542.htm.

七　习　题

(一) 单选题

1. 丰富"一国两制"实践和推进祖国统一的政治基础是(　　)。

A. 坚持四项基本原则　　　　　　B. 坚持和平统一

C. 坚持一个中国原则　　　　　　D. 坚持"一国两制"

2. 从中华民族整体利益把握两岸关系大局,最根本的、最核心的是(　　)。

A. 在坚持"九二共识"的前提下实现台湾高度自治

B. 聚焦两岸经济发展这个第一要务

C. 维护国家领土和主权完整

D. 坚决维护台海和平稳定

3. 党的十九大报告中指出，坚持"一国两制"，推进祖国统一，两岸同胞是命运与共的骨肉兄弟，是血浓于水的一家人。我们秉持"（　　）"理念，尊重台湾现有的社会制度和台湾同胞生活方式，愿意率先同台湾同胞分享大陆发展的机遇。

　　A. 两岸一家亲　　　　　　　　　　B. 一国两制

　　C. 推进祖国统一　　　　　　　　　D. 九二共识

4. 党的十九大报告中指出，坚持"一国两制"，推进祖国统一，我们坚持（　　）为主体的"港人治港""澳人治澳"，发展壮大爱国爱港爱澳力量，增强香港、澳门同胞的国家意识和爱国精神，让香港、澳门同胞同祖国人民共担民族复兴的历史责任、共享祖国繁荣富强的伟大荣光。

　　A."一国两制"　　B. 爱国者　　　C."九二共识"　　D. 祖国统一

5. 党的十九大报告中指出，坚持"一国两制"，推进祖国统一，要支持特别行政区政府和行政长官依法施政、积极作为，团结带领香港、澳门各界人士齐心协力谋发展、促和谐，保障和改善民生，有序推进民主，维护社会稳定，履行（　　）的宪制责任。

　　A. 维护祖国统一、国家发展、国际安全

　　B. 维护国家主权、安全、发展利益

　　C."一国两制"、"九二共识"、国家安全

　　D. 维护国家主权、信息安全、信息网络

（二）多选题

1. 香港问题和澳门问题是历史上殖民主义侵略遗留下来的问题，是分别属于中国和（　　　　）之间、中国和（　　　　）之间的问题。

　　A. 英国　　　　　　B. 美国　　　　　　C. 葡萄牙　　　　　D. 西班牙

2. 下列关于"一国两制"的说法正确的是（　　　　）。

　　A."一国两制"的构想是由邓小平同志创造性提出的

　　B."一国两制"的方针最先在香港问题和澳门问题上付诸实践

　　C."一国两制"是和平统一香港、澳门、台湾的最好办法

　　D."一国两制"是对资本主义制度的一种吞并

（三）判断题

1. "一国"是根，根深才能叶茂；"一国"是本，本固才能枝荣。　　　　　　（　　　）

2. 香港特别行政区的高度自治权是"固有权力""自主权力"，香港的事情全由香港人来管，中央一点都不管。　　　　　　　　　　　　　　　　　　　　　　　　（　　　）

3. 我们绝不允许任何人、任何组织、任何政党、在任何时候、以任何形式、把任何一块中国领土从中国分裂出去！　　　　　　　　　　　　　　　　　　　　　　　（　　　）

（四）简答题

如何准确把握"一国"和"两制"的关系？

第二十三专题

友及天下　不树一敌

——坚持习近平外交思想，推动构建人类命运共同体

一　聚焦问题

如何坚持习近平外交思想，推进人类命运共同体建设？

二　学习主要内容

（一）坚持习近平外交思想

1. 习近平外交思想的核心要义

习近平外交思想，明确了新时代我国外交工作的形势任务、目标原则、路径手段、战略策略、体制机制，是一个科学系统、内涵丰富的思想体系。其核心要义主要有：

第一，坚持以维护党中央权威为统领加强党对对外工作的集中统一领导。

第二，坚持以实现中华民族伟大复兴为使命推进中国特色大国外交。

第三，坚持以维护世界和平、促进共同发展为宗旨推动构建人类命运共同体。

第四，坚持以中国特色社会主义为根本增强战略自信。

第五，坚持以共商共建共享为原则推动"一带一路"建设。

第六，坚持以互相尊重、合作共赢为基础走和平发展道路。

第七，坚持以深化外交布局为依托打造全球伙伴关系。

第八，坚持以公平正义为理念引领全球治理体系改革。

第九，坚持以国家核心利益为底线维护国家主权、安全、发展利益。

第十，坚持以外交工作优良传统和时代特征相结合为方向塑造中国外交独特风范。

2. 新时代外交工作的根本遵循

习近平外交思想是习近平新时代中国特色社会主义思想的重要组成部分，是马克思主义基本原理同中国特色大国外交实践相结合的重大理论成果结晶，是以习近平同志为核心的党中央治国理政思想在外交领域的集中体现，是新时代我国对外工作的根本遵循和行动指南。

习近平外交思想是对新时代外交理论的继承与发展。

习近平外交思想是二十一世纪马克思主义在外交领域的最新成果。

习近平外交思想是对中华优秀传统文化的传承创新。

习近平外交思想是对传统国际关系理论的扬弃超越。

（二）坚持走和平发展道路

1. 坚持独立自主和平外交政策

（1）坚定不移奉行独立自主和平外交政策的必要性。

（2）独立自主和平外交政策的内容。

2. 推动建设新型国际关系

（1）新型国际关系的内涵和核心。

（2）推动建设以相互尊重、公平正义、合作共赢为核心的新型国际关系。

（三）推动构建人类命运共同体

1. 人类命运共同体的提出过程

2. 人类命运共同体的内涵

第一，政治上，要相互尊重、平等协商，坚决摒弃冷战思维和强权政治，走对话而不对抗、结伴而不结盟的国与国交往新路。

第二，安全上，要坚持以对话解决争端、以协商化解分歧，统筹应对传统和非传统安全威胁，反对一切形式的恐怖主义。

第三，经济上，要同舟共济，促进贸易和投资自由化便利化，推动经济全球化朝着更加开放、包容、普惠、平衡、共赢的方向发展。

第四，文化上，要尊重世界文明多样化，促进文明交流、加强文明互鉴、实现文明共存。

第五，生态上，要坚持环境友好，合作应对气候变化，保护好人类赖以生存的地球家园。

3. 促进"一带一路"国际合作

共建"一带一路"倡议的核心内涵：促进基础设施建设和互联互通，加强经济政策协调和发展战略对接，促进协同联动发展，实现共同繁荣。

三 课堂教学案例推荐

1. 美国的新型"媒体霸权主义"

推荐语：美国的舆论施压出现了从"直接介入"走向"媒介渗透"、从"传统媒体言论攻击"走向"新媒体集群发酵"、从"鼓动歪曲报道"走向"滥用公权身份煽动"的三种变化。

在近期的香港风波中，美国不仅直接参与策划了暴乱行动，更在媒体空间以"全政府式""全媒体式"的方式进行舆论施压。这种施压，表面上是美国在支持所谓的言论和新闻"自由"，实质上是强势营造只符合美国声音的一种舆论声音存在，是一种赤裸裸的"媒体霸权主义"。当前美国的舆论施压呈现出如下三种变化，值得社会各界警觉。

············

——冷淞.警惕美国的新型"媒体霸权主义"[N].光明日报，2019-08-30(02).

2. 内马铁路助力肯尼亚经济社会发展

推荐语：内马铁路全程采用中国标准，一期动工后，雇佣当地员工超过 2.6 万人，约占全部员工的 90%；与当地 400 余家材料供应商以及百余家公司开展合作，为当地间接创造了 2 万多个就业岗位；为肯尼亚培养了大批施工技术人员，带动水泥、钢材、运输等行业发展，提高了肯尼亚的工业化水平。

....

内马铁路是肯尼亚 2030 年远景规划的旗舰项目，同时也是东非铁路网的重要组成部分，线路从肯尼亚首都内罗毕引出，延伸到达肯尼亚与乌干达之间的边境城市马拉巴，全程采用中国标准，客运设计时速为 120 公里。其中一期工程全长 120 公里，由中国交通建设集团有限公司承建。

....

——吕强.内马铁路助力肯尼亚经济社会发展[N].人民日报,2019-08-15(03).

（四）影视资料推荐

（1）纪录片：《筑梦路上》第二十八集"大国外交"、二十九集"一带一路"。

（2）电影：《共同命运》。

（3）视频：《3 分钟看懂"一带一路"》。

（4）视频：《"一带一路"为全球治理提出了中国方案》。

（5）视频：《福田康夫："一带一路"倡议是构建人类命运共同体的体现》。

（6）视频：《中国外交部：习近平外交思想是中国特色大国外交的根本遵循和行动指南》。

（7）视频：《王毅谈 2021 年中国外交工作重点》。

（五）经典文献阅读推荐

1. 习近平论和平共处

60 年来，历经国际风云变幻的考验，和平共处五项原则作为一个开放包容的国际法原则，集中体现了主权、正义、民主、法治的价值观。

——和平共处五项原则已经成为国际关系基本准则和国际法基本原则。和平共处五项原则精辟体现了新型国际关系的本质特征，是一个相互联系、相辅相成、不可分割的统一体，适用于各种社会制度、发展水平、体量规模国家之间的关系。1955 年，万隆会议通过的十项原则是对和平共处五项原则的引申和发展。上个世纪 60 年代兴起的不结盟运动把五项原则作为指导原则。1970 年和 1974 年联合国大会通过的有关宣言都接受了和平共处五项原则。和平共处五项原则为当今世界一系列国际组织和国际文件所采纳，得到国际社会广泛赞同和遵守。

——和平共处五项原则有力维护了广大发展中国家权益。和平共处五项原则的精髓，就是所有国家主权一律平等，反对任何国家垄断国际事务。这为广大发展中国家捍卫国家主权和独立提供了强大思想武器，成为发展中国家团结合作、联合自强的旗帜，加深了广大发展中国家相互理解和信任，促进了南南合作，也推动了南北关系改善和发展。

——和平共处五项原则为推动建立更加公正合理的国际政治经济秩序发挥了积极作用。和平共处五项原则摒弃了弱肉强食的丛林法则，壮大了反帝反殖力量，加速了殖民体系崩溃瓦解。在东西方冷战对峙的大背景下，所谓"大家庭""集团政治""势力范围"等方式都没有处理好国与国关系，反而带来了矛盾、激化了局势。与之形成鲜明对照的是，和平共处五项原则为和平解决国家间历史遗留问题及国际争端开辟了崭新道路。

——习近平.弘扬和平共处五项原则建设合作共赢美好世界——在和平共处五项原则发表60周年纪念大会上的讲话[M].北京：人民出版社，2014：4—5.

2. 习近平论中国特色大国外交

从党的十九大到党的二十大，是实现"两个一百年"奋斗目标的历史交汇期，在中华民族伟大复兴历史进程中具有特殊重大意义。纵观人类历史，世界发展从来都是各种矛盾相互交织、相互作用的综合结果。我们要深入分析世界转型过渡期国际形势的演变规律，准确把握历史交汇期我国外部环境的基本特征，统筹谋划和推进对外工作。既要把握世界多极化加速推进的大势，又要重视大国关系深入调整的态势。既要把握经济全球化持续发展的大势，又要重视世界经济格局深刻演变的动向。既要把握国际环境总体稳定的大势，又要重视国际安全挑战错综复杂的局面。既要把握各种文明交流互鉴的大势，又要重视不同思想文化相互激荡的现实。

——习近平.习近平谈治国理政：第三卷[M].北京：外文出版社，2020：428.

3. 习近平论创造美好世界

文明因多样而交流，因交流而互鉴，因互鉴而发展。我们要加强世界上不同国家、不同民族、不同文化的交流互鉴，夯实共建亚洲命运共同体、人类命运共同体的人文基础。为此，我愿提出4点主张。

第一，坚持相互尊重、平等相待。每一种文明都扎根于自己的生存土壤，凝聚着一个国家、一个民族的非凡智慧和精神追求，都有自己存在的价值。人类只有肤色语言之别，文明只有姹紫嫣红之别，但绝无高低优劣之分。认为自己的人种和文明高人一等，执意改造甚至取代其他文明，在认识上是愚蠢的，在做法上是灾难性的！如果人类文明变得只有一个色调、一个模式了，那这个世界就太单调了，也太无趣了！我们应该秉持平等和尊重，摒弃傲慢和偏见，加深对自身文明和其他文明差异性的认知，推动不同文明交流对话、和谐共生。

我访问过世界上许多地方，最吸引我的就是韵味不同的文明，如中亚的古城撒马尔罕、埃及的卢克索神庙、新加坡的圣淘沙、泰国的曼谷玉佛寺、希腊的雅典卫城等。中国愿同各国开展亚洲文化遗产保护行动，为更好传承文明提供必要支撑。

第二，坚持美人之美、美美与共。每一种文明都是美的结晶，都彰显着创造之美。一切美好的事物都是相通的。人们对美好事物的向往,是任何力量都无法阻挡的! 各种文明本没有冲突,只是要有欣赏所有文明之美的眼睛。我们既要让本国文明充满勃勃生机,又要为他国文明发展创造条件,让世界文明百花园群芳竞艳。

文明之美集中体现在哲学、社会科学等经典著作和文学、音乐、影视剧等文艺作品之中。现在,大量外国优秀文化产品进入中国,许多中国优秀文化产品走向世界。中国愿同有关国家一道,实施亚洲经典著作互译计划和亚洲影视交流合作计划,帮助人们加深对彼此文化的理解和欣赏,为展示和传播文明之美打造交流互鉴平台。

第三,坚持开放包容、互学互鉴。一切生命有机体都需要新陈代谢,否则生命就会停止。文明也是一样,如果长期自我封闭,必将走向衰落。交流互鉴是文明发展的本质要求。只有同其他文明交流互鉴、取长补短,才能保持旺盛生命活力。文明交流互鉴应该是对等的、平等的,应该是多元的、多向的,而不应该是强制的、强迫的,不应该是单一的、单向的。我们应该以海纳百川的宽广胸怀打破文化交往的壁垒,以兼收并蓄的态度汲取其他文明的养分,促进亚洲文明在交流互鉴中共同前进。

人是文明交流互鉴最好的载体。深化人文交流互鉴是消除隔阂和误解、促进民心相知相通的重要途径。这些年来,中国同各国一道,在教育、文化、体育、卫生等领域搭建了众多合作平台,开辟了广泛合作渠道。中国愿同各国加强青少年、民间团体、地方、媒体等各界交流,打造智库交流合作网络,创新合作模式,推动各种形式的合作走深走实,为推动文明交流互鉴创造条件。

第四,坚持与时俱进、创新发展。文明永续发展,既需要薪火相传、代代守护,更需要顺时应势、推陈出新。世界文明历史揭示了一个规律:任何一种文明都要与时偕行,不断吸纳时代精华。我们应该用创新增添文明发展动力、激活文明进步的源头活水,不断创造出跨越时空、富有永恒魅力的文明成果。

激发人们创新创造活力,最直接的方法莫过于走入不同文明,发现别人的优长,启发自己的思维。2018 年,中国国内居民出境超过 1.6 亿人次,入境游客超过 1.4 亿人次,这是促进中外文明交流互鉴的重要力量。中国愿同各国实施亚洲旅游促进计划,为促进亚洲经济发展、增进亚洲人民友谊贡献更大力量。

——习近平.习近平谈治国理政:第三卷[M].北京:外文出版社,2020:468—470.

……和平、和睦、和谐是中华民族 5000 多年来一直追求和传承的理念,中华民族的血液中没有侵略他人、称王称霸的基因。中国共产党关注人类前途命运,同世界上一切进步力量携手前进,中国始终是世界和平的建设者、全球发展的贡献者、国际秩序的维护者!

新的征程上,我们必须高举和平、发展、合作、共赢旗帜,奉行独立自主的和平外交政策,坚持走和平发展道路,推动建设新型国际关系,推动构建人类命运共同体,推动共建"一带一路"高质量发展,以中国的新发展为世界提供新机遇。中国共产党将继续同一切爱好和平的国家和人民一道,弘扬和平、发展、公平、正义、民主、自由的全人类共同价值,坚持合作、不搞对抗,坚持开放、不搞封闭,坚持互利共赢、不搞零和博弈,反对霸权主义和强权政治,推动历史车轮向着光明的目标前进！

——习近平.在庆祝中国共产党成立100周年大会上的讲话[M].北京：人民出版社，
2021：16.

六 学习资料链接

1. 抗疫：中国充分展现负责任大国担当

主要观点：新冠肺炎疫情是人类与重大传染性疾病在全球范围内展开的一场严峻斗争。面对突如其来、史无前例的疫情，中国人民与世界各国人民休戚与共，团结协作，共战病毒，共克时艰，谱写了携手构建人类命运共同体的新篇章。在抗击疫情的中国战场与开展国际合作中，我们以习近平新时代中国特色社会主义思想和习近平外交思想为指引，充分发挥中国特色社会主义制度优势，充分展现负责任大国担当，赢得国际社会的高度评价。

——王毅.以习近平外交思想为指引 在全球抗疫合作中推动构建人类命运共同体[J].
求是，2020(8)：30—35.

2. 全球化需要"合作式对话"

主要观点：所谓"合作式对话"，是说进行跨文化之间的交流时，不是一定要分清彼此，争出个优劣对错，而是对公共性的问题，特别是人类社会的共同问题，采取一种合作式的探讨态度。"合作式对话"代表了"冷战"结束、人类走向全球化时代最需要把握的一种富有建设性的思维方式。

——李德顺.用"合作式对话"代替"比较式对话"[N].北京日报，2019-08-26(14).

3. 人类命运共同体的伟大实践

主要观点：40多年改革开放的经验表明，要实现由认识向实践的飞跃，在制定实践方案之后，还要进行中间试验，即先在小范围内进行试点，取得经验后再逐步推广。推动构建人类命运共同体，也遵循了这一规律。过去几年"一带一路"完成了总体布局，绘就了一幅"大写意"，在此基础上，聚焦重点、精雕细琢，打造了一系列双边、多边区域命运共同体，为推动构建人类命运共同体树立了典范、积累了经验。

——葛传根.构建人类命运共同体：从愿景到现实的伟大实践[N].学习时报，2019-08-
23(A2).

4. 不断开创中国特色大国外交新局面

新时代推进中国特色大国外交，必须以习近平外交思想为根本遵循和行动指南，统筹国内国际两个大局，牢牢把握服务民族振兴、促进人类进步的主线，推动构建人类命运共同体，坚定维护国家主权、安全、发展利益，积极参与引领全球治理体系改革，打造更加完善的全球伙伴关系网络，不断开创中国特色大国外交新局面。

——王帆.推动历史车轮向着光明的目标前进[J].红旗文稿，2021(13)：44—47.

七　习　题

(一) 单选题

1. 党的十七大报告指出,我们要始终不渝走( )道路。

　A. 全球合作　　　　B. 维护世界和平　　　C. 和平发展　　　　D. 共同富裕

2. 构建人类命运共同体的路径具体包括五个方面,其中在( )方面,我们要坚持以对话解决争端、以协商化解分歧,统筹应对传统和非传统安全威胁,反对一切形式的恐怖主义。

　A. 政治　　　　　　B. 安全　　　　　　　C. 发展　　　　　　D. 文明

3. 我国处理对外关系的基本准则是( )。

　A. 对内搞活,对外开放　　　　　　　B. 独立自主和平外交政策

　C. 和平共处五项原则　　　　　　　　D. 不与任何大国和集团结盟

4. 我国独立自主的和平外交政策,应坚持把( )作为外交工作的基本出发点和落脚点。

　A. 发展对外经济关系　　　　　　　　B. 发展睦邻友好关系

　C. 维护国家主权、安全、发展利益　　D. 反对霸权主义和强权政治

5. 当今世界和平与发展的主要障碍是( )。

　A. 领土争端　　　　　　　　　　　　B. 民族矛盾

　C. 宗教纷争　　　　　　　　　　　　D. 霸权主义和强权政治

6. 推动建立以合作共赢为核心的新型国际关系,是我们党立足时代发展潮流和我国根本利益作出的战略选择,反映了中国人民和世界人民的共同心愿。新型国际关系,新在( )。

　A. 相互尊重、公平正义、合作共赢　　B. 求和平、公平正义

　C. 相互尊重、不冲突　　　　　　　　D. 不对抗、合作共赢

7. 习近平在( )9月和10月,出访中亚和东南亚国家期间,先后提出了"一带一路"倡议。

　A. 2012 年　　　　B. 2013 年　　　　　C. 2014 年　　　　　D. 2015 年

8. 我国必须始终不渝走和平发展道路、奉行( )的开放战略。

　A. 互利共赢　　　B. 互相合作　　　　C. 包容互信　　　　D. 开放共赢

9. 要以( )建设为重点,坚持引进来和走出去并重,遵循共商共建共享原则,加强创新能力开放合作,形成陆海内外联动、东西双向互济的开放格局。

　A. "金砖机制"　　B. 自贸区　　　　　C. "一带一路"　　　D. 区域合作

10. 推动建立新型国际关系,要坚决维护( )。

　A. 安全利益　　　B. 国家核心利益　　C. 政治利益　　　　D. 经济利益

11. 我国的外交战略是坚定不移地奉行( )政策。

　A. 对内搞活,对外开放　　　　　　　B. 独立自主和平外交

C. 和平共处 　　　　　　　　　　D. 不结盟外交

（二）多选题

1. 在处理国际关系和外交关系方面，我们坚持（　　　　）的外交工作布局。

A. 大国是关键　　　　　　　　　B. 周边是首要

C. 发展中国家是基础　　　　　　D. 多边是舞台

2. 推动构建人类命运共同体，就是要各国人民同心协力，建设（　　　　）、清洁美丽的世界。

A. 持久和平　　　B. 普遍安全　　　C. 共同繁荣　　　D. 开放包容

3. 和平共处五项原则是我国处理对外关系的基本准则，它包括（　　　　）、和平共处。

A. 互相尊重主权和领土完整　　　B. 互不侵犯

C. 互不干涉内政　　　　　　　　D. 平等互利

4. （　　　　）是"一带一路"国际合作的重要内容，如同车之两轮、鸟之两翼。

A. "丝绸之路经济带"　　　　　　B. "引进来"

C. "21世纪海上丝绸之路"　　　　D. "走出去"

（三）判断题

1. 经济全球化既有积极作用也有负面影响。　　　　　　　　　　　（　　　）

2. 世界要和平，人民要合作，国家要发展，社会要进步。　　　　　（　　　）

3. 当前，冷战已经结束，世界再也不会出现新的动荡和冲突了。　　（　　　）

4. 中国外交政策的宗旨是维护世界和平，促进共同发展。　　　　　（　　　）

5. 当前，世界面临的不稳定性不确定性突出，人类面临许多共同挑战。（　　　）

6. 中俄关系是新型大国关系的典范。　　　　　　　　　　　　　　（　　　）

7. 习近平外交思想关于共建"一带一路"的倡议，创造性的继承了古代丝绸之路精神。
　　　　　　　　　　　　　　　　　　　　　　　　　　　　　（　　　）

8. 新型国际关系特别"新"在合作共赢。　　　　　　　　　　　　　（　　　）

9. 共建"一带一路"倡议源于中国，机遇和成果也属于中国。　　　　（　　　）

（四）简答题

1. 习近平外交思想的核心要义是什么？

2. 构建人类命运共同体的科学内涵是什么？

四面八方　党来领导

—— 坚持和加强党的领导，全面从严治党

一 聚焦问题

新时期如何坚持和完善党的领导？

二 学习主要内容

（一）实现中华民族伟大复兴关键在党

1. 中国共产党的领导地位是历史和人民的选择

历史充分证明，没有中国共产党，就没有新中国，就没有中华民族伟大复兴。历史和人民选择了中国共产党。

2. 中国特色社会主义最本质的特征

（1）党的领导是中国特色社会主义最本质的特征。

第一，党的领导直接关系着中国特色社会主义的性质、方向和命运。

第二，党的领导是实现社会主义现代化和民族复兴的最根本保证。

（2）党的领导是中国特色社会主义制度的最大优势。

第一，中国特色社会主义制度是党领导人民创建的。

第二，党的领导是充分发挥中国特色社会主义制度优势的根本保障。

第三，党的自身优势是中国特色社会主义制度优势的主要来源。

3. 新时代中国共产党的历史使命

新时代中国共产党的历史使命，就是统揽伟大斗争、伟大工程、伟大事业、伟大梦想，在全面建成小康社会的基础上全面建设社会主义现代化国家，实现中华民族伟大复兴的中国梦。"四个伟大"中起决定性作用的是党的建设伟大工程。

（二）坚持党对一切工作的领导

1. 党是最高政治领导力量

第一，党是政治方向的引领者。

第二，党是政治体系的统领者。

第三,党是重大决策的决断者。

2. 党的领导制度是我国的根本领导制度

党的领导制度是经过革命、建设、改革长期探索形成的根本制度成果。

党的领导制度是一个系统完备、内涵丰富的制度体系。

党的领导制度是我国的根本领导制度,是由党的领导在我国政治生活中的地位和作用所决定的。

把党的领导制度作为我国的根本领导制度,彰显了我们党的高度制度自觉、制度自信。

3. 确保党始终总揽全局协调各方

确保党始终总揽全局、协调各方,必须增强政治意识、大局意识、核心意识、看齐意识,自觉维护党中央权威和集中统一领导,自觉在思想上政治上行动上同党中央保持高度一致。

确保党始终总揽全局、协调各方,必须坚持和完善党的领导的体制机制。

确保党始终总揽全局、协调各方,必须坚持党的民主集中制原则。

确保党始终总揽全局、协调各方,必须全面增强党的执政本领。

(三) 全面从严治党

1. 全面从严治党是伟大的自我革命

全面从严治党是一场伟大的自我革命。

全面从严治党以其丰富内涵诠释了自我革命的内在要求。

全面从严治党推进自我革命不断走向深入。

全面从严治党,要求增强系统性、预见性、创造性、实效性。

全面从严治党永远在路上,中国共产党的自我革命任重而道远。

2. 新时代党的建设总要求

第一,原则是坚持和加强党的全面领导。

第二,方针是坚持党要管党、全面从严治党。

第三,主线是坚持党的长期执政能力建设、先进性和纯洁性建设。

第四,布局是以党的政治建设为统领,全面推进党的政治建设、思想建设、组织建设、作风建设、纪律建设,把制度建设贯穿其中,深入推进反腐败斗争。

第五,目标是建设始终走在时代前列、人民衷心拥护、勇于自我革命、经得起各种风浪考验、朝气蓬勃的马克思主义执政党。

3. 把全面从严治党引向深入

第一,把政治建设摆在首位。

第二,加强党的思想建设。

第三,加强党的组织建设。

第四,加强党的作风建设。

第五,加强党的纪律建设。

第六，将制度建设贯穿党的各项建设之中。

第七，巩固发展反腐败斗争压倒性胜利。

三　课堂教学案例推荐

1. 江西：对2万余个村（社区）党组织延伸巡察全覆盖

推荐语：完成对全省2万余个村（社区）党组织延伸巡察全覆盖，发现并反馈问题7万多个，完成整改6万余个……江西各地稳步推进市县巡察向村（社区）延伸，着力打通全面从严治党"最后一公里"。

江西省委坚持把推进村（社区）巡察工作作为推动全面从严治党向基层延伸、提高基层治理能力的重要抓手，健全完善了"省统筹，市推进，县主责，乡、村和县级相关职能部门参与"的工作格局。

·············

——江西：对2万余个村（社区）党组织延伸巡察全覆盖[EB/OL].（2021-08-27）[2021-08-28].https://www.ccdi.gov.cn/yaowen/202108/t20210825_248892.html.

2. 董宏受贿案一审开庭

推荐语：2021年8月26日，山东省青岛市中级人民法院一审公开开庭审理了中央巡视组原副组长董宏受贿一案。

青岛市人民检察院起诉指控：1999年至2020年，被告人董宏利用担任广东国际信托投资公司破产清算组成员、海南省委副秘书长、北京市人民政府副秘书长、中央文献研究室原副主任、中央巡视组副组长等职务上的便利以及职权、地位形成的便利条件，为有关单位和个人在项目开发、工程承揽、职务提拔等方面谋取利益，直接或者通过他人非法收受相关人员给予的财物共计折合人民币4.6亿余元，提请以受贿罪追究其刑事责任。

·············

——中央巡视组原副组长董宏受贿案一审开庭[EB/OL].（2021-08-26）[2021-08-27].https://news.cctv.com/2021/08/26/ARTIncng4h5zMZK7qJi1K31Y210826.shtml

四　影视资料推荐

（1）资料片：《将改革进行到底》第九集"党的自我革新"。

（2）纪录片：《筑梦路上》第二十五集"从严治党"。

（3）纪录片：《我们走在大路上》第十六集"打铁必须自身硬"。

（4）专题片：《不忘初心 继续前进》第一集"举旗立向"、第七集"永立潮头"。

（5）纪录片：《我们一起走过——致敬改革开放40周年》第十七集"万山磅礴看主峰"。

（6）专题片：《巡视利剑》第一集"利剑高悬"。

（7）纪录片：《辉煌中国》第一集"圆梦工程"。

（8）专题片：《国家监察》。

（9）专题片：《零容忍》。

五 经典文献阅读推荐

1. 习近平论中国共产党的初心使命

当今世界正经历百年未有之大变局，我国正处于实现中华民族伟大复兴关键时期，我们党正带领人民进行具有许多新的历史特点的伟大斗争，形势环境变化之快、改革发展稳定任务之重、矛盾风险挑战之多、对我们党治国理政考验之大前所未有。我们党作为百年大党，要始终得到人民拥护和支持，书写中华民族千秋伟业，必须始终牢记初心和使命，坚决清除一切弱化党的先进性、损害党的纯洁性的因素，坚决割除一切滋生在党的肌体上的毒瘤，坚决防范一切违背初心和使命、动摇党的根基的危险。

·············

第一，不忘初心、牢记使命，必须作为加强党的建设的永恒课题和全体党员、干部的终身课题常抓不懈。……党的初心和使命是党的性质宗旨、理想信念、奋斗目标的集中体现，激励着我们党永远坚守，砥砺着我们党坚毅前行。从石库门到天安门，从兴业路到复兴路，我们党近百年来所付出的一切努力、进行的一切斗争、作出的一切牺牲，都是为了人民幸福和民族复兴。正是由于始终坚守这个初心和使命，我们党才能在极端困境中发展壮大，才能在濒临绝境中突出重围，才能在困顿逆境中毅然奋起。忘记初心和使命，我们党就会改变性质、改变颜色，就会失去人民、失去未来。

……不忘初心、牢记使命不是一阵子的事，而是一辈子的事，每个党员都要在思想政治上不断进行检视、剖析、反思，不断去杂质、除病毒、防污染。

——习近平.习近平谈治国理政：第三卷[M].北京：外文出版社，2020：537—539.

2. 习近平论坚持和加强党的领导

……我们党在一个有着13亿多人口的大国长期执政，要保证国家统一、法制统一、政令统一、市场统一，要实现经济发展、政治清明、文化昌盛、社会公正、生态良好，要顺利推进新时代中国特色社会主义各项事业，必须完善坚持党的领导的体制机制，更好发挥党的领导这一最大优势，担负好进行伟大斗争、建设伟大工程、推进伟大事业、实现伟大梦想的重大职责。

——习近平.习近平谈治国理政：第三卷[M].北京：外文出版社，2020：89.

……办好中国的事情，关键在党。中华民族近代以来180多年的历史、中国共产党成立以来100年的历史、中华人民共和国成立以来70多年的历史都充分证明，没有中国共产党，就没有新中国，就没有中华民族伟大复兴。历史和人民选择了中国共产党。中国共产党领导是中国特色社会主义最本质的特征，是中国特色社会主义制度的最大优势，是党和国家的根本所在、命脉所在,是全国各族人民的利益所系、命运所系。

新的征程上,我们必须坚持党的全面领导,不断完善党的领导,增强"四个意识"、坚定"四个自信"、做到"两个维护",牢记"国之大者",不断提高党科学执政、民主执政、依法执政水平,充分发挥党总揽全局、协调各方的领导核心作用!

——习近平.在庆祝中国共产党成立100周年大会上的讲话[M].北京:人民出版社,2021:10—11.

3. 习近平论全面从严治党

……新形势下,我们党面临着许多严峻挑战,党内存在着许多亟待解决的问题。尤其是一些党员干部中发生的贪污腐败、脱离群众、形式主义、官僚主义等问题,必须下大气力解决。全党必须警醒起来。打铁还需自身硬。我们的责任,就是同全党同志一道,坚持党要管党、从严治党,切实解决自身存在的突出问题,切实改进工作作风,密切联系群众,使我们党始终成为中国特色社会主义事业的坚强领导核心。

——中共中央文献研究室.十八大以来重要文献选编:上[M].北京:中央文献出版社,2014:70.

……全面从严治党首先要尊崇党章。党章总纲明确提出"坚持党要管党、从严治党",这是党的建设的根本方针。党章第三十七条规定"党组织必须严格执行和维护党的纪律",这是对主体责任的具体要求。各级党委要在思想认识、方法措施上跟上全面从严治党战略部署,把纪律挺在前面,发现问题就要提提领子、扯扯袖子,使红红脸、出出汗成为常态。

——习近平.习近平谈治国理政:第二卷[M].北京:外文出版社,2017:163.

全党必须铭记生于忧患、死于安乐,常怀远虑、居安思危,继续推进新时代党的建设新的伟大工程,坚持全面从严治党,坚定不移推进党风廉政建设和反腐败斗争,勇敢面对党面临的长期执政考验、改革开放考验、市场经济考验、外部环境考验,坚决战胜精神懈怠的危险、能力不足的危险、脱离群众的危险、消极腐败的危险。必须保持越是艰险越向前的英雄气概,敢于斗争、善于斗争,逢山开道、遇水架桥,做到难不住、压不垮,推动中国特色社会主义事业航船劈波斩浪、一往无前。

——中共中央关于党的百年奋斗重大成就和历史经验的决议[M].北京:人民出版社,2021:73—74.

……勇于自我革命是中国共产党区别于其他政党的显著标志。我们党历经千锤百炼而朝气蓬勃,一个很重要的原因就是我们始终坚持党要管党、全面从严治党,不断应对好自身在各个历史时期面临的风险考验,确保我们党在世界形势深刻变化的历史进程中始终走在时代前列,在应对国内外各种风险挑战的历史进程中始终成为全国人民的主心骨!

新的征程上,我们要牢记打铁必须自身硬的道理,增强全面从严治党永远在路上的政治自觉,以党的政治建设为统领,继续推进新时代党的建设新的伟大工程,不断严密党的组织体系,着力建设德才兼备的高素质干部队伍,坚定不移推进党风廉政建设和反腐败斗争,坚决清除一切损害党的先进性和纯洁性的因素，清除一切侵蚀党的健康肌体的病毒，确保党不变质、不变色、不变味，确保党在新时代坚持和发展中国特色社会主义的历史进程中始终成为坚强领导核心！

——习近平.在庆祝中国共产党成立100周年大会上的讲话[M].北京：人民出版社，2021：19—20.

4．习近平论理想信念

……抓好思想教育这个根本。"欲事立，须是心立。"加强思想教育和理论武装，是党内政治生活的首要任务，是保证全党步调一致的前提。毛泽东同志曾经指出："掌握思想教育，是团结全党进行伟大政治斗争的中心环节。"党内政治生活出现这样那样的问题，根子还是一些党员、干部理想信念这个"压舱石"发生了动摇，世界观、人生观、价值观这个"总开关"出现了松动。理想信念，源自坚守，成于磨砺。要坚持不懈强化理论武装，毫不放松加强党性教育，持之以恒加强道德教育，教育引导广大党员、干部筑牢信仰之基、补足精神之钙、把稳思想之舵，坚守真理、坚守正道、坚守原则、坚守规矩，明大德、严公德、守私德，重品行、正操守、养心性，做到以信念、人格、实干立身。

——中共中央党史和文献研究院.十八大以来重要文献选编：下[M].北京：中央文献出版社，2018：457—458.

5．习近平论牢固树立"四个意识"，坚决维护党中央权威

我们党作为马克思主义政党，讲政治是突出的特点和优势。没有强有力的政治保证，党的团结统一就是一句空话。我国曾经有过政治挂帅、搞"阶级斗争为纲"的时期，那是错误的。但是，我们也不能说政治就不讲了、少讲了，共产党不讲政治还叫共产党吗？"纪纲一废，何事不生？"在这里，我要十分明确地说，政治纪律和政治规矩这根弦不能松，腐败问题是腐败问题，政治问题是政治问题，不能只讲腐败问题、不讲政治问题。干部在政治上出问题，对党的危害不亚于腐败问题，有的甚至比腐败问题更严重。在政治问题上，任何人同样不能越过红线，越过了就要严肃追究其政治责任。有些事情在政治上是绝不能做的，做了就要付出代价，谁都不能拿政治纪律和政治规矩当儿戏。

——中共中央文献研究室.习近平关于全面从严治党论述摘编[M].北京：中央文献出版社，2016：80.

"自知者英，自胜者雄。"民族复兴梦想越接近，改革开放任务越繁重，越要加强党的建设。安不忘危，才是生存发展之道。我们党面临的"四大考验"、"四种危险"是长期的、复杂的、严峻的。要坚持党中央集中统一领导，在各级党组织和广大党员、干部中强化政治意识、大局意识、核心意识、看齐意识，确保在思想上政治上行动上始终同党中央保持高度一致。要继续推进全面从严治党，牢牢把握加强党的执政能力建设和先进性建设这条主线，加强和规范新形势下党内政治生活，坚定不移推进党风廉政建设和反腐败斗争，不断增强党自我净化、自我完善、自我革新、自我提高能力，提高党的领导水平和执政水平、增强拒腐防变和抵

御风险能力,确保党始终成为中国特色社会主义事业的坚强领导核心。

——中共中央党史和文献研究院.十八大以来中央文献选编:下[M].北京:中央文献出版社,2018:403—404.

6. 中共中央关于党的百年奋斗历史经验的总结

……一百年来,党领导人民进行伟大奋斗,积累了宝贵的历史经验,这就是:坚持党的领导,坚持人民至上,坚持理论创新,坚持独立自主,坚持中国道路,坚持胸怀天下,坚持开拓创新,坚持敢于斗争,坚持统一战线,坚持自我革命。以上十个方面,是经过长期实践积累的宝贵经验,是党和人民共同创造的精神财富,必须倍加珍惜、长期坚持,并在新时代实践中不断丰富和发展。

——编写组.《中共中央关于党的百年奋斗重大成就和历史经验的总结》辅导读本[M].北京:人民出版社,2021:12.

7. 习近平论党的政治建设

旗帜鲜明讲政治,既是马克思主义政党的鲜明特征,也是我们党一以贯之的政治优势。党领导人民治国理政,最重要的就是坚持正确政治方向,始终保持我们党的政治本色,始终沿着中国特色社会主义道路前进。……

…………

保证全党服从中央,维护党中央权威和集中统一领导,是党的政治建设的首要任务,必须常抓不懈。……

——习近平.总结党的历史经验,加强党的政治建设[J].求是,2021(16):11—12.

（六）学习资料链接

1. 新时代如何坚持和完善党的领导制度体系?

主要观点:党有效领导一切的关键是要坚持和完善党的领导制度体系。坚持和完善党的领导制度体系是中国共产党长期执政的基本经验,是实现中华民族伟大复兴中国梦的重要保障。坚持和完善党的领导制度体系,是一项庞大、艰巨、长期的系统工程,需要精心研究、精心规划、精心部署、精心制定、精心实施。

——徐光春.新时代坚持和完善党的领导制度体系[J].红旗文稿,2020(11):4—10.

2. 以零容忍的态度惩治腐败

主要内容:从2012年12月到2021年5月,在党中央坚强领导下,纪检监察机关共立案审查调查省部级以上领导干部392人、厅局级干部2.2万人、县处级干部17万余人、乡科级干部61.6万人,查处落实中央八项规定精神不力问题、“四风”问题62.65万起。

——党在革命性锻造中更加坚强有力[EB/OL].(2021-06-28)[2021-08-27].https://www.ccdi.gov.cn/yaowen/202106/t20210628_244976.html.

3. 党内法规不断充实完善

主要内容：治国必先治党，治党务必从严，从严必依法度。加强党内法规制度建设，是全面从严治党、依规治党的必然要求。党的十八大以来党内法规出台力度空前，截至2021年5月，中央党内法规共210部，部委党内法规共162部，地方党内法规共3210部。

——坚持依规治党 形成比较完善的党内法规体系［EB/OL］.（2021-07-07）［2021-08-27］. https://www.ccdi.gov.cn/yaowen/202107/t20210707_245605.html.

七 习　题

（一）单选题

1. "坚持党要管党、全面从严治党"是新时代党的建设的（　　　）。

A. 根本方针　　　　B. 根本要求　　　　C. 基本目标　　　　D. 基本要求

2. 党的建设理论和实践的重大创新是（　　　）。

A. 把思想建设作为党的基础性建设　　　　B. 把党的政治建设摆在首位

C. 持之以恒正风肃纪　　　　D. 夺取反腐败斗争胜利

3. 实现中华民族伟大复兴关键在（　　　）。

A. 社会精英　　　　B. 人民群众　　　　C. 中国共产党　　　　D. 民族团结

4. （　　　）是中国特色社会主义最本质的特征，是中国特色社会主义制度的最大优势。

A. 中国共产党领导　　　　B. 人民当家作主

C. 马克思主义　　　　D. 实事求是

5. 进入新时代，我们党面临的"四大危险"，即（　　　），使我党的执政环境具有尖锐性和严峻性。

A. 精神懈怠危险、能力不足危险、脱离群众危险、消极腐败危险

B. 精神懈怠危险、封闭僵化危险、脱离群众危险、消极腐败危险

C. 精神懈怠危险、能力不足危险、官僚主义危险、消极腐败危险

D. 精神懈怠危险、能力不足危险、脱离群众危险、宗派主义

6. 党的十九大首次把（　　　）纳入党的建设总体布局，是党的根本性建设，决定党的建设方向和效果。

A. 思想建设　　　　B. 政治建设　　　　C. 组织建设　　　　D. 制度建设

7. 基层党组织建设要以提升（　　　）为重点，突出政治功能，努力成为宣传党的主张、贯彻党的决定、领导基层治理、团结动员群众、推动改革发展的坚强战斗堡垒。

A. 凝聚力　　　　B. 领导力　　　　C. 组织力　　　　D. 战斗力

8. 全面从严治党是在什么时候提出的？（　　　）

A. 党的群众路线教育实践活动总结大会

B. 党的十八大

C. 党的十八届三中全会

D. 党的十八届四中全会

9. 中国共产党人的初心和使命,就是为中国人民_____,为中华民族_____。这个初心和使命是激励中国共产党人不断前进的根本动力。(　　)

A. 谋幸福,谋未来　　　　　　　　B. 谋生活,谋复兴

C. 谋幸福,谋复兴　　　　　　　　D. 谋生活,谋未来

10. 全党必须牢记,(　　)的问题,是检验一个政党、一个政权性质的试金石。

A. 为什么人　　　B. 执政宗旨　　　C. 建党宗旨　　　D. 权力来源

11. 中国共产党是中国特色社会主义事业的(　　)。

A. 坚强领导核心　　B. 主心骨　　　C. 领航人　　　D. 实践者

12. 坚持党总揽全局、协调各方的领导核心地位,是党作为最高(　　)力量在治国理政中的重要体现。

A. 政治　　　　B. 经济　　　　C. 文化　　　　D. 精神

13. (　　)是党的根本大法,是全党必须遵循的总规矩。

A. 《中国共产党章程》　　　　　　B. 《中国共产党纪律处分条例》

C. 《中华人民共和国宪法》　　　　D. 入党誓词

14. "四风"是指(　　)。

A. 吃喝玩乐风、欺上瞒下风、享乐之风、奢靡之风

B. 形式主义、官僚主义、享乐主义和奢靡之风

C. 党风、政风、作风和家风

D. 形式主义、官僚主义、享乐主义和山头主义

15. "四个意识"是指(　　)。

A. 政治意识、服务意识、核心意识、看齐意识

B. 政治意识、大局意识、核心意识、看齐意识

C. 政治意识、服务意识、大局意识、核心意识

D. 政治意识、服务意识、看齐意识、核心意识

16. 党的十九大报告指出,(　　)决定党的建设方向。

A. 政治建设　　B. 思想建设　　　C. 制度建设　　　D. 组织建设

17. 党内(　　)是党的生命。

A. 监督　　　　B. 纪律　　　　C. 民主　　　　D. 原则

(二) 多选题

1. 进入新时代,党面临的执政环境是复杂的,党内存在的(　　　　)等突出问题尚未得到根本解决。

A. 思想不纯　　B. 组织不纯　　　C. 作风不纯　　　D. 品种不纯

2. 新时代中国共产党的历史使命，就是统揽（　　　　），在全面建成小康社会的基础上全面建成社会主义现代化强国，实现中华民族伟大复兴的中国梦。

　　A. 伟大斗争　　　　B. 伟大工程　　　　C. 伟大事业　　　　D. 伟大梦想

3. 我们要更加自觉地坚定党性原则，勇于直面问题，敢于刮骨疗毒，消除一切损害党的先进性和纯洁性的因素，清除一切侵蚀党的健康肌体的病毒，不断增强党的（　　　　），确保我们党永葆旺盛生命力和强大战斗力。

　　A. 政治领导力　　　B. 思想引领力　　　C. 群众组织力　　　D. 社会号召力

4. 党是最高政治领导力量，这是（　　　　）。

　　A. 马克思主义政党学说的基本原则　　　B. 对历史经验的深刻总结

　　C. 推进伟大事业的根本保证　　　　　　D. 学者的形而上总结

5. 为什么党的领导是中国特色社会主义最本质的特征？因为这一论断（　　　　）。

　　A. 符合科学社会主义的基本原则　　　B. 反映中国特色社会主义的历史经验

　　C. 适应新时代历史使命的实践要求　　D. 符合人类社会发展规律

（三）判断题

1. 中国共产党是世界上最大的政党，要领导14亿人的社会主义大国，我们党既要政治过硬，也要本领过硬。　　　　　　　　　　　　　　　　　　　　　（　　　）

2. 确保党始终总揽全局、协调各方，必须增强政治意识、大局意识、核心意识、看齐意识。　　　　　　　　　　　　　　　　　　　　　　　　　　　　　（　　　）

3. 旗帜鲜明讲廉洁是我们党作为马克思主义政党的根本要求。　　　　（　　　）

4. 共产党人要牢记党的宗旨，挺起精神脊梁，解决好世界观、人生观、价值观这个"总开关"问题。　　　　　　　　　　　　　　　　　　　　　　　　　　（　　　）

5. "坚持无禁区、全覆盖、零容忍，坚持重遏制、强高压、长震慑"是党的制度建设的具体要求。　　　　　　　　　　　　　　　　　　　　　　　　　　　　（　　　）

6. 办好中国的事情关键在党，实现中华民族伟大复兴关键在党。　　　（　　　）

7. 伟大梦想是目标，指引前进方向；伟大斗争是手段，激发前进动力；伟大工程是保障，提供前进保证；伟大事业是主题，开辟前进道路。其中，起决定性作用的是党的建设伟大斗争。　　　　　　　　　　　　　　　　　　　　　　　　　　　　（　　　）

8. 十三届全国人大一次会议审议通过的宪法修正案，把"中国特色社会主义最本质的特征是中国共产党的领导"载入宪法总纲。　　　　　　　　　　　　　　（　　　）

9. 确保党始终总揽全局、协调各方，可以有选择地坚持民主集中制原则。（　　　）

（四）简答题

1. 新时代中国共产党的历史使命是什么？

2. 如何确保党始终总揽全局、协调各方？

3. 把全面从严治党引向深入的要求是什么？

习题参考答案

第一专题

（一）单选题

1—5. BADCD 6—8. CBB

（二）多选题

1. ABC 2. BCD 3. ABC 4. ABCD 5. BCD 6. AD

（三）判断题

1. √ 2. × 3. × 4. √ 5. × 6. × 7. × 8. √

（四）简答题

1. 什么是马克思主义中国化？

答：马克思主义中国化就是把马克思主义基本原理同中国具体实际和时代特征结合起来,运用马克思主义的立场、观点、方法研究和解决中国革命、建设、改革中的实际问题;就是总结和提炼中国革命、建设、改革的实践经验,从而认识和掌握客观规律,为马克思主义理论宝库增添新的内容;就是运用中国人民喜闻乐见的民族语言来阐述马克思主义理论,使之成为具有中国特色、中国风格、中国气派的马克思主义。

2. 马克思主义中国化实现了哪三次飞跃？

答：第一次历史性飞跃发生在新民主主义革命时期,形成了毛泽东思想。第二次飞跃发生在社会主义进入改革开放和社会主义现代化建设新时期,形成了包括邓小平理论、"三个代表"重要思想、科学发展观在内的中国特色社会主义理论体系。第三次飞跃发生在中国特色社会主义新时代,形成了习近平新时代中国特色社会主义思想。

3. 简述近代中国的基本国情。

答：近代的中国是半殖民地半封建社会：（1）帝国主义的侵略在一定程度上加速了封建社会自给自足自然经济的解体,客观上为中国资本主义发展创造了一定条件,但不能使中国发展成为资本主义国家。（2）帝国主义列强通过政治的、经济的和文化的侵略,使中国半殖民地半封建化。

第二专题

（一）单选题

1—5. CDCAC 6—10. DBCCA 11. D

（二）多选题

1. ABD 2. ABCD 3. AB 4. ABCD 5. ABC 6. ABD 7. ABCD 8. ABCD 9. BC

（三）判断题

1. √ 2. √ 3. √ 4. × 5. √ 6. × 7. × 8. √

（四）简答题

1. 毛泽东思想的主要内容是什么?

答：毛泽东思想的主要内容包括：（1）新民主主义革命理论；（2）社会主义革命和社会主义建设理论；（3）革命军队和军事战略理论；（4）政策和策略理论；（5）思想政治工作和文化工作理论；（6）党的建设理论。

2. 毛泽东思想活的灵魂是什么?

答：毛泽东思想活的灵魂，是贯穿于毛泽东思想各个组成部分的立场、观点和方法，包括三个方面，即实事求是、群众路线、独立自主。

首先，实事求是是毛泽东思想的精髓。其次，群众路线是中国共产党的根本路线。最后，独立自主是中国革命和建设的基本立足点。

3. 简述毛泽东思想的历史地位。

答：第一，毛泽东思想是马克思主义中国化第一次历史性飞跃的理论成果。毛泽东思想是马克思主义中国化的第一个理论形态，实现了马克思主义中国化的第一次历史性飞跃。毛泽东思想所确立的马克思主义中国化的方向、基本原则和基本方法，指导着党不断地把马克思主义中国化的进程推向前进。

第二，毛泽东思想是中国革命和建设的科学指南。在毛泽东思想的指引下，我们党领导全国人民，找到了一条新民主主义革命的正确道路，完成了反对帝国主义、封建主义、官僚资本主义的任务，结束了中国半殖民地半封建社会的历史，建立了中华人民共和国；找到了一条从新民主主义向社会主义过渡的道路，确立了社会主义基本制度，实现了中国历史上最深刻最伟大的社会变革。在此基础上，毛泽东又对适合中国国情的社会主义道路进行了艰辛探索。毛泽东思想关于中国革命和建设的科学论述，为建设和发展中国特色社会主义继续发挥理论指导作用。

第三，毛泽东思想是中国共产党和中国人民宝贵的精神财富。毛泽东思想形成和发展的历史条件，与我们今天面临的形势和任务有很大的不同，但这丝毫没有减弱和降低毛泽东思想的科学价值。不了解毛泽东思想，就不能对中国特色社会主义理论体系有深刻的认识。毛泽东思想基本原理、原则和科学方法具有普遍的意义。毛泽东追求和倡导的中华民族重新自立于世界民族之林的远大理想，实事求是的思想路线，全心全意为人民服务的宗旨，自力更生、艰苦奋斗的革命精神，等等，依然是中国人民不断奋进的强大精神动力，将长期激励和指导我们前进。

第三专题

（一）单选题

1—5. ABCDA　6—10. BAABB　11—15. CCBDB　16. A

（二）多选题

1. BCD　2. ABCD　3. ACD　4. ABC　5. ABD　6. ABD　7. BCD　8. AB　9. ABC　10. ABCD

11. ABCD

（三）判断题

1. ×　2. √　3. √　4. ×　5. ×　6. √　7. √　8. ×

（四）简答题

1. 简述新民主主义基本纲领的主要内容。

答：新民主主义的政治纲领是：推翻帝国主义和封建主义的统治，建立一个无产阶级领导、以工农联盟为基础的、各革命阶级联合专政的新民主主义的共和国。

新民主主义的经济纲领是：没收封建地主阶级的土地归农民所有,没收官僚资产阶级的垄断资本归新民主主义的国家所有,保护民族工商业。

新民主主义的文化纲领是：无产阶级领导的人民大众的反帝反封建的文化,即民族的科学的大众的文化。

2.简述土地革命、武装斗争、农村革命根据地建设三者之间的关系。

答：中国革命走农村包围城市、武装夺取政权的道路,其根本在于处理好土地革命、武装斗争、农村革命根据地建设三者之间的关系。土地革命是民主革命的基本内容;武装斗争是中国革命的主要形式,是农村根据地建设和土地革命的强有力保证;农村革命根据地是中国革命的战略阵地,是进行武装斗争和开展土地革命的依托。在党的领导下,实现了土地革命、武装斗争、农村革命根据地建设三者的密切结合和有机统一。

3.新民主主义革命总路线的内容是什么?

答：新民主主义革命总路线的内容是：无产阶级领导的,人民大众的,反对帝国主义、封建主义、官僚资本主义的革命。

4.简述新民主主义革命三大法宝及其相互关系。

答：毛泽东在《〈共产党人〉发刊词》一文中指出,统一战线,武装斗争,党的建设,是中国共产党在中国革命中战胜敌人的三个法宝。正确地理解和处理了这三个问题及其相互关系,就等于正确地领导了全部中国革命。统一战线和武装斗争是中国革命的两个基本特点,是战胜敌人的两个基本武器。统一战线是实行武装斗争的统一战线,武装斗争是统一战线的中心支柱,党的组织则是掌握统一战线和武装斗争这两个武器以实行对敌冲锋陷阵的英勇战士。

第四专题

(一)单选题

1—5.BBCAA 6—10.DDCBD

(二)多选题

1.ABCD 2.ABCD 3.BCD 4.ACD 5.ABC 6.ACD 7.ABC 8.ABCD 9.AB

(三)判断题

1.√ 2.× 3.√ 4.√ 5.× 6.× 7.×

(四)简答题

1.简述社会主义改造的历史经验。

答：社会主义改造的历史经验：(1)坚持社会主义工业化建设与社会主义改造同时并举;(2)采取积极引导、逐步过渡的方式;(3)用和平的方法进行改造。

2.我国社会主义基本制度确立的重大意义是什么?

答：我国社会主义基本制度的确立具有重要意义：(1)极大地提高了工人阶级和广大劳动人民的积极性和创造性,极大地促进了我国社会生产力的发展,使广大劳动人民真正成为国家的主人。(2)使占世界人口四分之一的东方大国进入了社会主义,是世界社会主义发展史上又一个历史性的伟大胜利,再次证明了马克思主义的真理性,而且有自己的独创,丰富和发展了马克思主义。

第五专题

(一)单选题

1—5.BCCBB 6—10.DADDA

（二）多选题

1. ABD　2. ABCD　3. AC　4. ABC　5. ABCD　6. BC　7. ABCD

（三）判断题

1. √　2. ×　3. ×　4. √　5. ×　6. ×

（四）简答题

1. 简述毛泽东关于社会主义社会存在两类不同性质矛盾的理论。

答：（1）社会主义社会有两类社会矛盾，即敌我矛盾和人民内部矛盾，这是两类性质完全不同的矛盾。（2）敌我矛盾是人民同反抗社会主义革命、敌视和破坏社会主义建设的社会势力和社会集团的矛盾，这是根本利益对立基础上的矛盾，因而是对抗性的矛盾。（3）人民内部矛盾，包括工人阶级内部的矛盾，农民阶级内部的矛盾，知识分子内部的矛盾，工农两个阶级之间的矛盾，工人、农民同知识分子之间的矛盾，工人阶级和其他劳动人民同民族资产阶级的矛盾，也包括政府和人民群众之间的矛盾，民主同集中的矛盾，领导同被领导之间的矛盾，国家机关某些工作人员的官僚主义作风同群众之间的矛盾，等等。一般说来，人民内部矛盾是在人民根本利益一致基础上的矛盾，因而是非对抗性的矛盾。

2. 简述社会主义初步探索的意义。

答：第一，巩固和发展了我国的社会主义制度；第二，为开创中国特色社会主义提供了宝贵经验、理论准备、物质基础；第三，丰富了科学社会主义的理论和实践。

3. 简述社会主义建设道路初步探索有哪些重要思想成果。

答：社会主义建设道路初步探索时期取得的重要思想成果包括：调动一切积极因素为社会主义事业服务的思想，正确认识和处理社会主义社会矛盾的思想，走中国工业化道路的思想，初步探索的其他理论成果等。

第六专题

（一）单选题

1—5. DACAC　6—10. CBADC　11—15. ABDDA

（二）多选题

1. ABCD　2. ABCD　3. BCD　4. CD　5. ABCD　6. BCD　7. ABC

（三）判断题

1. ×　2. √　3. ×　4. √　5. √　6. √　7. √

（四）简答题

1. 邓小平理论的主要内容有哪些？

答：邓小平理论的主要内容包括：（1）解放思想、实事求是的思想路线；（2）社会主义初级阶段理论；（3）党的基本路线；（4）社会主义的根本任务；（5）"三步走"战略；（6）改革开放理论；（7）社会主义市场经济理论；（8）"两手抓，两手都要硬"的思想；（9）"一国两制"的构想；（10）中国问题的关键在党，坚持、加强和改善党的领导的思想，等等。

2. 为什么说社会主义的根本任务是发展生产力？

答：马克思主义基本原理告诉我们，生产力是社会发展的最根本的决定性因素。社会主义的根本任务是发展生产力。社会主义革命是为了解放生产力，发展生产力。

发展生产力，重在发展，发展是硬道理，中国解决所有问题的关键是要靠自己的发展。

发展就要抓住机遇。我们必须正确估量国际环境对于实现我们战略目标的有利和不利因素，以高度的历史责任感和紧迫感抓住机遇,珍惜机遇,用好机遇,千方百计地发展自己,发展经济。

中国要发展,离不开科学。社会生产力的巨大发展,劳动生产率的大幅度提高,最主要的是靠科学的力量、技术的力量。

第七专题

(一)单选题

1—5. CAADB　6—10. AAACC　11—12. CB

(二)多选题

1. ABC　2. ABC　3. ABCD　4. ABC　5. BD　6. ABCD　7. ABD　8. ABCD

(三)判断题

1. ×　2. ×　3. √　4. √

(四)简答题

1. "三个代表"重要思想的核心观点是什么?

答:"三个代表"重要思想的核心观点是:中国共产党必须始终代表中国先进生产力的发展要求,代表中国先进文化的前进方向,代表中国最广大人民的根本利益。这是对"三个代表"重要思想的集中概括。

2. 党的十五大勾画的实现第三步战略目标的蓝图是什么?

答:(1) 21 世纪第一个十年实现国民生产总值比 2000 年翻一番,使人民的小康生活更加宽裕,形成比较完善的社会主义市场经济体制;(2)再经过十年的努力,到建党一百周年时,使国民经济更加发展,各项制度更加完善;(3)到 21 世纪中叶新中国成立一百周年时,基本实现现代化,建成富强、民主、文明的社会主义国家。

第八专题

(一)单选题

1—5. BCDDC　6—10. ACCAA　11. B

(二)多选题

1. ABCD　2. BCD　3. ABCD　4. ABC　5. BCD　6. ABC　7. ABCD　8. ABC

(三)判断题

1. ×　2. √　3. √　4. √

(四)简答题

1. 科学发展观的科学内涵有哪些?

答:科学发展观的科学内涵包括:第一要义是发展,核心立场是以人为本,基本要求是全面协调可持续,根本方法是统筹兼顾。

2. 简述科学发展观关于社会主义和谐社会建设的总要求和途径。

答:总要求:民主法治、公平正义、诚信友爱、充满活力、安定有序、人与自然和谐相处。

途径:我们既要从"大社会"着眼,把和谐社会建设落实到包括经济建设、政治建设、文化建设、社会建设、生态文明建设和党的建设等在内的党和国家全部工作之中;又要从"小社会"着手,以解决人民群众最关心最直接最现实的利益问题为重点,着力发展社会事业、促进社会公平正义、建设和谐文化、完善社会管理、增强社会创造活力,走共同富裕道路,推动社会建设与经济建设、政治建设、文化建设协调发展。

第九专题

（一）单选题

1—5. CDBDB   6—10. AACCA

（二）多选题

1. ABC   2. ACDE   3. ABD   4. BCD

（三）判断题

1. √   2. ×   3. ×   4. √

（四）简答题

1. 百年未有之大变局的主要表现是什么？

答案：一是世界经济版图变化深刻前所未有；二是新一轮科技革命和产业变革带领的新陈代谢和激烈竞争前所未有；三是国际力量对比发生的革命性变化前所未有；四是全球治理体系的不适应、不对称前所未有；五是人类前途命运的休戚与共前所未有。

2. 习近平新时代中国特色社会主义思想具有哪些理论特质？

答案：秉持人民至上，彰显历史自觉，坚持实事求是，突出问题导向，强化战略思维，发扬斗争精神。

第十专题

（一）单选题

1—5. CBCAD   6—8. DCD

（二）多选题

1. AD   2. ABC   3. ABC   4. ABC   5. ABCD   6. ABCD   7. BCD   8. ABC   9. ABC

（三）判断题

1. √   2. √   3. ×   4. √   5. ×   6. ×   7. √

（四）简答题

1. 简述"两步走"发展战略的主要内容。

答：实现社会主义现代化强国"两步走"战略的具体安排：第一阶段，从 2020 年到 2035 年，在全面建成小康社会的基础上，再奋斗 15 年，基本实现社会主义现代化。第二个阶段，从 2035 年到本世纪中叶，在基本实现现代化的基础上，再奋斗 15 年，把我国建设成富强民主文明和谐美丽的社会主义现代化强国。

2. 新发展阶段有哪些特征？

答案：（1）面临新的发展环境。（2）解决新的社会主要矛盾。（3）实现新的奋斗目标。

第十一专题

（一）单选题

1—5. BBDBA   6—7. AA

（二）多选题

1. ABD   2. ABCD   3. ABC   4. ABCD   5. ABCD

（三）判断题

1. √　2. ×　3. √　4. ×　5. ×　6. √

（四）简答题

1. 简述新发展理念的科学内涵。

答：1.（1）创新是引领发展的第一动力，注重解决发展动力问题。（2）协调是持续健康发展的内在要求，注重解决发展不平衡问题。（3）绿色是永续发展的必要条件和人民对美好生活追求的重要体现，注重解决人与自然和谐共生问题。（4）开放是国家繁荣发展的必由之路，注重解决发展内外联动问题。（5）共享是中国特色社会主义的本质要求，注重解决社会公平正义问题。

2. 如何完整、准确、全面贯彻新发展理念？

答：（1）从根本宗旨把握新发展理念。（2）从问题导向把握新发展理念。（3）从忧患意识把握新发展理念。

3. 如何准确理解共同富裕？

答：（1）共同富裕是涵盖全体中国人民的全民富裕。（2）共同富裕是物质与精神生活统一的全面富裕。（3）共同富裕是分阶段全过程促进的全程富裕。（4）共同富裕是承认相对差异的共同富裕。

第十二专题

（一）单选题

1—5. ACCDB　6. C

（二）多选题

1. ABD　2. ABCD　3. ABD　4. ABCD　5. ABCD

（三）判断题

1. √　2. ×　3. ×　4. √　5. √　6. √　7. ×

（四）简答题

1. 习近平经济思想的主要内容是什么？

答：（1）坚持加强党对经济工作的集中统一领导。（2）坚持以人民为中心的发展思想。（3）坚持适应把握经济发展新常态。（4）坚持使市场在资源配置中起决定性作用，更好发挥政府作用，推动有效市场和有为政府更好结合。（5）坚持适应我国经济发展主要矛盾变化完善宏观调控。（6）坚持问题导向部署经济发展新战略。（7）坚持正确工作策略和方法。

2. 建设现代化经济体系的内容是什么？

答：（1）创新引领、协同发展的产业体系；（2）统一开放、竞争有序的市场体系；（3）体现效率、促进公平的收入分配体系；（4）彰显优势、协调联动的城乡区域发展体系；（5）资源节约、环境友好的绿色发展体系；（6）多元平衡、安全高效的全面开放体系；（7）充分发挥市场作用、更好发挥政府作用的经济体制。

3. 新发展格局的内涵是什么？

答：新发展格局是开放的国内国际双循环，这意味着：以国内大循环为主体，绝不是关起门来封闭运行；必须提升国际循环质量和水平；必须打破联通内外循环的制度性壁垒。

第十三专题

（一）单选题

1—5．ADDBA　6—9．CACC

（二）多选题

1．ACD　2．AB　3．ABCD　4．ABD　5．ABD　6．ABCD　7．ABCD

（三）判断题

1．×　2．√　3．√　4．×　5．×　6．×　7．×

（四）简答题

中国特色社会主义民主政治制度包含哪些主要内容？

答：（1）人民民主专政是我国的国体；（2）人民代表大会是我国的政体；（3）中国共产党领导的多党合作和政治协商制度是我国的政党制度；（4）民族区域自治制度是我国的民族制度；（5）基层群众自治制度是我国的基层民主制度。

第十四专题

（一）单选题

1—5．CBCDD　6—8．DDB

（二）多选题

1．AD　2．ABCD　3．AC　4．ABCD　5．ABC　6．ABC

（三）简答题

1．社会主义核心价值体系的主要内容是什么？

答：马克思主义指导思想、中国特色社会主义共同理想、以爱国主义为核心的民族精神和以改革创新为核心的时代精神、社会主义荣辱观。

2．新时代如何建设社会主义文化强国？

答：第一，建设社会主义文化强国，必须培养高度的文化自信；第二，建设社会主义文化强国，必须大力发展文化事业和文化产业；第三，建设社会主义文化强国，必须提高国家文化软实力。

第十五专题

（一）单选题

1—5．CCBCB　6—10．ABCBD

（二）多选题

1．AC　2．ACD　3．CD　4．BCD　5．AB　6．ACD

（三）简答题

1．简述脱贫攻坚精神。

答：上下同心、尽锐出战、精准务实、开拓创新、攻坚克难、不负人民。

2．简述我国脱贫攻坚取得的重大历史性成就。

答：（1）农村贫困人口全部脱贫，为实现全面建成小康社会目标任务作出了关键性贡献。（2）脱贫地区经济社会发展大踏步赶上来,整体面貌发生历史性巨变。(3)脱贫群众精神风貌焕然一新,增添了自立自强的信心勇气。(4)党群干群关系明显改善,党在农村的执政基础更加牢固。(5)创造了减贫治理的中国样本,为全球减贫事业作出了重大贡献。

第十六专题

(一)单选题

1—5. DACDA

(二)多选题

1. ABD 2. ABCD 3. BCD 4. ACD 5. ABC

(三)简答题

1. 习近平生态文明思想的主要内容是什么?

答:第一,坚持人与自然和谐共生。第二,绿水青山就是金山银山。第三,良好生态环境是最普惠的民生福祉。第四,统筹山水林田湖草沙系统治理。第五,用最严格制度最严密法治保护生态系统。第六,共谋全球生态文明建设。

2. 推动绿色发展应从哪些方面入手?

答:第一,加快构建生态文明体系。第二,全面推动绿色发展。第三,深入推进生态文明体制改革。第四,有效防范生态环境风险。第五,提高环境治理水平。

第十七专题

(一)单选题

1—4. BBCD

(二)多选题

1. ABCD 2. ABCD

(三)判断题

1. √ 2. × 3. √ 4. √

(四)简答题

1. 简述社会管理和社会治理的区别。

答:第一,社会管理侧重于政府对社会进行管理,政府是社会管理合法权力的主要来源;而社会治理则强调合法权力来源的多样性,社会组织、企事业单位、社区组织等也同样是合法权力的来源。

第二,社会管理中政府凌驾于社会之上,习惯于对社会进行命令和控制;而社会治理更多的是在多元行为主体之间形成密切的、平等的网络关系,它把有效的管理看作是各主体之间的合作过程。

第三,社会管理更多地是表现为从自身主观意愿出发管控社会,想当然地自上而下为民做主;而社会治理更多地强调发挥多主体的作用,更多地鼓励参与者自主表达、协商对话。

第四,社会管理的实践主要依靠政府的权力,依靠发号施令;而社会治理则在运用权力之外,形成了市场的、法律的、文化的、习俗的等多种管理方法和技术。

2. 经济发展与民生建设是什么关系?

答：第一,经济发展是改善民生的前提。

第二,抓民生就是抓发展。

第三,改善民生要坚持尽力而为与量力而行相统一。

第十八专题

（一）单选题

1—5. CABCB　6—10. CCAAA

（二）多选题

1. ABC　2. ABD　3. ABC　4. ABC　5. ABC　6. ABCD　7. ABCD

（三）判断题

1. √　2. ×　3. √　4. ×　5. √　6. √　7. √　8. ×

（四）简答题

习近平法治思想的主要内容是什么？

答：第一,坚持党对全面依法治国的领导。第二,坚持以人民为中心。第三,坚持中国特色社会主义法治道路。第四,坚持依宪治国、依宪执政。第五,坚持在法治轨道上推进国家治理体系和治理能力现代化。第六,坚持建设中国特色社会主义法治体系。第七,坚持依法治国、依法执政、依法行政共同推进,法治国家、法治政府、法治社会一体建设。第八,坚持全面推进科学立法、严格执法、公正司法、全民守法。第九,坚持统筹推进国内法治和涉外法治。第十,坚持建设德才兼备的高素质法治工作队伍。第十一,坚持抓住领导干部这个"关键少数"。

第十九专题

（一）单选题

1—5. CABAA　6—8. DBD

（二）多选题

1. ABCD　2. ABCD　3. ABC　4. BCD　5. ABC　6. BD

（三）判断题

1. √　2. ×　3. √　4. ×

（四）简答题

坚持和完善中国特色社会主义制度、推进国家治理体系和治理能力现代化的总体目标是什么？

答：党成立一百周年时,在各方面制度更加成熟更加定型上取得明显成效;到2035年,各方面制度更加完善,基本实现国家治理体系和治理能力现代化;到新中国成立一百周年时,全面实现国家治理体系和治理能力现代化,使中国特色社会主义制度更加巩固、优越性充分展现。

第二十专题

（一）单选题

1—4. BDCB

（二）多选题

1. BD　2. ABCD　3. AD　4. ABCD　5. AD　6. BD

（三）判断题

1. √　2. ×　3. ×　4. ×

（四）简答题

1. 简述总体国家安全观的内涵。

答：总体国家安全观是指坚持国家利益至上，以人民安全为宗旨，以政治安全为根本，以经济安全为基础，以军事、文化、社会安全为保障，以促进国际安全为依托，维护各领域国家安全，构建国家安全体系，走中国特色国家安全道路。

2. 简述传统安全和非传统安全的内容？

答：传统安全包括政治安全、国土安全、军事安全。非传统安全包括经济安全、文化安全、社会安全、科技安全、信息安全等。

3. 实施保障国家经济安全保障的战略有哪些？

答：为强化国家经济安全保障，国家实施粮食安全战略、实施能源资源安全战略、实施金融安全战略。

第二十一专题

（一）单选题

1—5. DCBBD　6—10. CDBAB　11—12. CB

（二）多选题

1. ABD　2. ABCD　3. AD　4. ABCD　5. BC　6. ABCD　7. ABCD　8. ABCD　9. ABCD

（三）判断题

1. ×　2. ×　3. ×　4. √　5. ×　6. √　7. √

（四）简答题

1. 党对军队绝对领导的制度内容有哪些？

答：坚持军队最高领导权和指挥权属于党中央、中央军委，中央军委实行主席负责制；实行党委制、政治委员制、政治机关制；实行党委（支部）统一的集体领导下的首长分工负责制；实行支部建在连上。

2. 党在新时代的强军目标是什么？

答：党在新时代的强军目标是建设一支听党指挥、能打胜仗、作风优良的人民军队，把人民军队建成为世界一流军队。

第二十二专题

（一）单选题

1—5. CCABB

（二）多选题

1. AC 2. ABC

（三）判断题

1. √ 2. × 3. √

（四）简答题

简述准确把握"一国"和"两制"的关系。

答："一国两制"是一个完整的概念。

"一国"是实行"两制"的前提和基础，"两制"从属和派生于"一国"，并统一于"一国"之中。"一国"是根，根深才能叶茂；"一国"是本，本固才能枝荣。

必须牢固树立"一国"意识，坚守"一国"原则，正确处理特别行政区和中央的关系。在"一国"的基础之上，"两制"的关系应该也完全可以做到和谐相处、相互促进。

第二十三专题

（一）单选题

1—5. CBCCD 6—10. ABACB 11. B

（二）多选题

1. ABCD 2. ABCD 3. ABCD 4. BD

（三）判断题

1. √ 2. √ 3. × 4. √ 5. √ 6. √ 7. √ 8. √ 9. ×

（四）简答题

1. 习近平外交思想的核心要义是什么？

答：第一，坚持以维护党中央权威为统领加强党对对外工作的集中统一领导。第二，坚持以实现中华民族伟大复兴为使命推进中国特色大国外交。第三，坚持以维护世界和平、促进共同发展为宗旨推动构建人类命运共同体。第四，坚持以中国特色社会主义为根本增强战略自信。第五，坚持以共商共建共享为原则推动"一带一路"建设。第六，坚持以互相尊重、合作共赢为基础走和平发展道路。第七，坚持以深化外交布局为依托打造全球伙伴关系。第八，坚持以公平正义为理念引领全球治理体系改革。第九，坚持以国家核心利益为底线维护国家主权、安全、发展利益。第十，坚持以外交工作优良传统和时代特征相结合为方向塑造中国外交独特风范。

2. 构建人类命运共同体的科学内涵是什么？

答：第一，政治上，要相互尊重、平等协商，坚决摒弃冷战思维和强权政治，走对话而不对抗、结伴而不结盟的国与国交往新路。第二，安全上，要坚持以对话解决争端、以协商化解分歧，统筹应对传统和非传统安全威胁，反对一切形式的恐怖主义。第三，经济上，要同舟共济，促进贸易和投资自由化便利化，推动经济全球化朝着更加开放、包容、普惠、平衡、共赢的方向发展。第四，文化上，要尊重世界文明多样化，促进文明交流、加强文明互鉴、实现文明共存。第五，生态上，要坚持环境友好，合作应对气候变化，保护好人类赖以生存的地球家园。

第二十四专题

(一)单选题

1—5. ABCAA　6—10. BCACA　11—15. AAABB　16—17. AC

(二)多选题

1. ABC　2. ABCD　3. ABCD　4. ABC　5. ABC

(三)判断题

1. √　2. √　3. ×　4. √　5. ×　6. √　7. ×　8. √　9. ×

(四)简答题

1. 新时代中国共产党的历史使命是什么?

答:新时代中国共产党的历史使命,就是统揽伟大斗争、伟大工程、伟大事业、伟大梦想,在全面建成小康社会的基础上全面建成社会主义现代化强国,实现中华民族伟大复兴的中国梦。

2. 如何确保党始终总揽全局、协调各方?

答:必须增强政治意识、大局意识、核心意识、看齐意识,自觉维护党中央权威和集中统一领导,自觉在思想上政治上行动上同党中央保持高度一致。必须坚持和完善党的领导的体制机制。必须坚持党的民主集中制原则。必须全面增强党的执政本领。

3. 把全面从严治党引向深入的要求是什么?

答:第一,把政治建设摆在首位。第二,加强党的思想建设。第三,加强党的组织建设。第四,加强党的作风建设。第五,加强党的纪律建设。第六,将制度建设贯穿于党的各项建设之中。笫七,巩固发展反腐败斗争压倒性胜利。

第二版后记

本书是教育部高校示范马克思主义学院和优秀教学科研团队建设项目（重点选题）——"高职高专'毛泽东思想和中国特色社会主义理论体系概论'课专题教学指南研究"（项目批准号：19JDSZK019）的成果之一。《毛泽东思想和中国特色社会主义体系理论概论》（2021年版）于2021年秋季开始使用，本课题组在对教学专题进行完善的同时，对《"毛泽东思想和中国特色社会主义理论体系概论"课专题教学学生辅学教程（高职高专）》进行了修订。

我们在课题研究和教学实施中坚持以下原则：

第一，遵循教材，紧抓重点问题。"毛泽东思想和中国特色社会主义理论体系概论"课的教学内容纵向涉及马克思主义中国化进程的理论成果，横向涉及习近平新时代中国特色社会主义思想的方方面面。为便于高职高专院校学生的学习，我们按照教材逻辑结构，在遵循教材的同时又不拘泥于教材，而是提炼教学主题，以重点问题为核心，及时融入习近平新时代中国特色社会主义思想的最新成果，将教学内容优化成三个模块二十四个专题。

第二，依据学情，增强针对性。为更加符合高职高专院校学生的理论学习能力、理解能力，使学生学有所得，我们将习近平新时代中国特色社会主义思想的最新发展成果有机融入教学内容，从学生应知必知的理论出发，结合学生关注的社会热点问题开展教学，增强教学的时效性和针对性。

第三，立足江西，反映地域特征。江西"物华天宝，人杰地灵"，是中华文明的重要组成部分，历史资源和生态资源丰富，更是"红色摇篮"。在教学设计和实施中，我们将江西丰富的红色、绿色、古色资源和教学有机结合，增强教学的实效性。

本书的修订工作由课题组成员共同完成，具体分工如下：江西财经职业学院朱欣成，负责第一专题；江西财经职业学院刘洋利，负责第二专题；九江职业大学陶杨，负责第三专题；江西陶瓷工艺美术职业技术学院丁露、陈莹，负责第四专题；江西财经职业学院余丹，负责第五专题；九江职业大学王学兵，负责第六专题；九江职业技术学院王亮，负责第七专题；九江职业技术学院余倩，负责第八专题；江西财经职业学院江国钰，负责第九专题；九江职业大学贾梅，负责第十专题；九江职业大学徐丹华，负责第十一专题；江西交通职业技术学院冯炎莲，负责第十二专题；江西财经职业学院康卫平，负责第十三专题；江西财经职业学院胡娟，负责第十四专题；江西财经职业学院冯秋娟，负责第十五专题；江西财经职业学院熊晓兰，负责第十六专题；江西财经职业学院虞欢，负责第十七专题；江西财经职业学院黄伟林，负责第十八专题；江西交通职业技术学院聂慧芝、颜娟娟，负责第十九专题；江西陶瓷工艺美术职业技术学院李雄德，负责第二十专题；江西财经职业学院黄亮，负责第二十一专题；江西交通职业技术学院李霞、成建玲，负责第二十二专题；江西陶瓷工艺美术职业技术学院许倩晔，负责第二十三专题；江西财经职业学院张天明、钟水青，负责第二十四专题。在本书的修订过程中，江国钰老师发挥了重要作用。

为做好修订工作，课题组成员认真学习了党的十九大和十九届历次全会精神、习近平总书记在庆祝中国共产党成立 100 周年大会上的"七一"重要讲话，以及《习近平新时代中国特色社会主义思想三十讲》《习近平新时代中国特色社会主义思想学习纲要》《中共中央关于党的百年奋斗重大成就和历史经验的决议》等内容，多次讨论，力图更全面、更深刻地理解习近平新时代中国特色社会主义思想，并运用到教学中，以进一步引导学生增强"四个自信"。

本次修订工作得到了中央马克思主义理论研究和建设工程首席专家、北京大学马克思主义学院教授、博士生导师陈占安教授的悉心指导，这使我们受益匪浅。南昌大学马克思主义学院院长胡伯项教授，西安电子科技大学马克思主义学院党委书记夏永林教授，南昌航空大学马克思主义学院"毛泽东思想和中国特色社会主义理论体系概论课"教研室负责人侯景娟副教授、李江波副教授，江西理工大学马克思主义学院武立敬副教授、吴光辉副教授，九江学院马克思主义学院院长陈胜才教授、副院长赵文副教授，宜春学院马克思主义学院院长范松仁教授、副院长张兴亮副教授提出了中肯、宝贵的意见，我们感激不尽！

在编写过程中，我们学习、借鉴了学者、专家的相关研究成果，对此，我们深表谢意。囿于编者的水平和能力，本书难免有疏漏和一些地方不尽如人意。我们进行"概论"课专题教学是一种尝试，同人的意见和建议将使我们进一步深化对毛泽东思想和中国特色社会主义理论体系的教学研究，共同为提高职业院校"概论"课的教学质量而努力，期待大家批评指正！

编者

2022 年 3 月 1 日